◎　国家社科基金重大项目
　　"开放经济条件下我国虚拟经济运行安全法律保障研究"
　　（批准号：14ZDB148）成果

◎　重庆市"十四五"重点出版物出版规划项目

虚拟经济有限发展法学理论及其根源

肖顺武 ◎著

重庆大学出版社

图书在版编目(CIP)数据

虚拟经济有限发展法学理论及其根源/肖顺武著
. -- 重庆:重庆大学出版社,2023.1
(虚拟经济运行安全法律保障研究丛书)
ISBN 978-7-5689-3745-0

Ⅰ.①虚… Ⅱ.①肖… Ⅲ.①虚拟经济—经济安全—
法规—研究—中国 Ⅳ.①D922.144

中国国家版本馆 CIP 数据核字(2023)第 038566 号

虚拟经济有限发展法学理论及其根源
XUNI JINGJI YOUXIAN FAZHAN FAXUE LILUN JI QI GENYUAN

肖顺武 著
策划编辑:孙英姿 张慧梓 许璐
责任编辑:黄菊香 版式设计:许璐
责任校对:谢芳 责任印制:张策

*

重庆大学出版社出版发行
出版人:饶帮华
社址:重庆市沙坪坝区大学城西路 21 号
邮编:401331
电话:(023) 88617190 88617185(中小学)
传真:(023) 88617186 88617166
网址:http://www.cqup.com.cn
邮箱:fxk@ cqup.com.cn(营销中心)
全国新华书店经销
重庆升光电力印务有限公司印刷

*

开本:720mm×1020mm 1/16 印张:16.25 字数:226 千
2023 年 1 月第 1 版 2023 年 1 月第 1 次印刷
ISBN 978-7-5689-3745-0 定价:88.00 元

作者简介

————————

　　肖顺武,湖南隆回人,法学博士,西南政法大学经济法学院教授,博士生导师,企业法与竞争法教研室主任,重庆市首批人文社科重点研究基地中国农村经济法制创新研究中心主任,重庆市法学会统筹城乡发展法制研究会常务理事、学术委员会副主任,重庆大学虚拟经济法治研究中心研究员。

总　序

必然是长期孕育的,但必然总是需要偶然来点亮的。

20 世纪与 21 世纪之交,由中国一些土生土长的经济学家如刘骏民、成思危教授所创制的"虚拟经济"概念,尤其是将传统市场经济重新解读为"实体经济与虚拟经济二元格局"的学说,像夜空中划过的一道亮光,照亮了许多人的眼睛。虚拟经济理念自此便在中国的大地上逐渐兴起。可惜隔行如隔山,与大多数行外人一样,当时的我知之甚少,更谈不上明了其中所蕴含的时代意义了。

在博士论文选题时,考虑到硕士学的是民法,博士学的是经济法,便准备在经济法基本理论方面下些功夫,试图寻找一个能跨越民法与经济法,类似于"贯通民法与经济法的人性精神"之类的选题,要将民法与经济法的共生互补以及这两者对人类经济社会发展的不可或缺,彻底地研究一番,以弥合两个学科间长期的对立,缓和学者们喋喋不休的争论。就在即将确定题目之前,好友杨泽延与卢代富来家小坐,听了我的想法后,反倒建议我最好务实一些,先从具体问题着手,选一个既以民法规则为基础又以经济法国家干预手段为寄托的题目,比如"证券内幕交易法律规制问题研究",以后再俟机扩大研究范围,进而深耕经济法的基本理论。

或许是太出乎意料了,这一题目竟然直戳我的心窝。突然,我想起来了:1992 年我正读硕士,其时中国股市刚建立不久,普通百姓还一头雾水,我却受人仓促相邀,懵懵懂懂地参加了《中国股票债券买卖与法律实务》的编写。莫非两位好友的这个题目,恰好将我潜意识中留存的有关股票、债券的一点点余烬给重新点燃？我几天睡不着觉,天天跑书店和图书馆,去追寻带有"内幕交易"的所有纸张与文字,还特意托好友卢云豹夫妇联系台湾的亲朋帮忙查寻相关资料。最后,提交给导师李昌麒教授审核的题目自然就是"内幕交易及其法律控制研究"了。好在,该选题不仅得到了恩师的首肯,还获得了国家社科基金项目的资助,论文也顺利通过了答辩,并被评为重庆市优秀博士论文,获重庆市第四届优秀社科成果二等奖。

2002 年博士论文业已完成,但一些超越该论文范围的根本性问题却持续困扰着我。直到有一天,当"虚拟经济"这四个字不经意地溜进眼帘时,我的眼睛竟然放出光来。由于证券是最典型的虚拟经济交易品,因而它不能不让我怦然心动,甚至也让我豁然开朗——似乎那些缠绕在我心中多年的许多困惑瞬间冰消雪融。我觉得太亲切了,相见恨晚,激动之余再也止不住去搜集有关虚拟经济的论著。尽管经济学中的数学计算、模型推演等很难看懂,但这并不妨碍我从其论说的字里行间去领悟那背后所隐含的意蕴,于是义无反顾地埋头研习。

什么是虚拟经济？一个人基于投资获得了一个公司的投资凭证——股票,钱物投进公司让公司花去了,可持有股票的这个人,因某种原因不想继续当股东分红利,而别的投资者恰好又看好这家公司的前景想挤进投资者行列,当这两人进行了该股票的买卖时,他们就完成了一次虚拟经济交易。实践中,能作为虚拟经济交易品的,除股票外,还有债券、期货、保险及其他金融衍生工具。当这些偶发的、个别的交易一旦普遍化、标准化和电子化,虚拟经济市场之繁荣与发达也就再也无法阻挡了。

之所以说它"虚拟",是与传统实体经济的商品交换相对而言的:因为包含劳动价值的财产已移转给公司了,此处用以交换的股票,本身是不包含人类劳动价值的——说到底,它仅仅是记录投资的证明或符号而已。也就是说,从旨在实现劳动价值与获得使用价值的传统商品交换演变到纯粹没有价值的"符号交换",这就意味着市场已经从实体经济迈向了虚拟经济。

本来,传统市场经济是以实体经济为主的经济,在这样的经济格局中,虚拟经济不过是实体经济的副产品,也是实体经济运行所借用的一种工具。但令人惊奇的是,20世纪末中国的一些经济学家发现虚拟经济的发展速度已经超越了实体经济,且其规模足以与实体经济相媲美。也就是说,市场经济已经由原来的实体经济独霸天下,不知不觉地进入了实体经济与虚拟经济平分秋色的"二元经济时代"。

在现代市场经济体系中,虚拟经济确实有其积极作用,它可以促进实体经济的飞速发展,甚至有"现代经济的中枢""现代经济的核心""市场经济的'发动机'"等美誉。不过,虚拟经济背后也潜藏着巨大的风险:在人类历史上发生的历次金融危机之中,人们已经真切地感受到了它给实体经济带来的反制、威胁,甚至破坏。

徜徉于这崭新的经济学理论之中,累却快乐着。到2007年,以"虚拟经济概念"及"二元经济时代"审视我国的经济法及其理论,我完成了《虚拟经济及其法律制度研究》一书的写作。此时恰逢北京大学吴志攀教授组织出版"国际金融法论丛",吴教授阅过书稿之后,当即同意将其纳入他的丛书之中,恩师李昌麒教授也欣然命笔为该书作序,最后由北京大学出版社付梓出版。就我本人而言,该书只是一个法学学者学习经济学并思考经济法的一些体会,它未必深刻,但却是国内将虚拟经济理念引入经济法领域并对经济法的体系结构和变革方向做出新的解读的第一部法学著作。特别是该书提出的"虚拟经济立法的核心价值是安全"的论述,不幸被次年波及全球的美国次贷危机所反证,也使得这本书多少露出了些许光华。也许是出于这些原因吧,在2009年的评奖中,该书获得教育部优秀人文社科成果三等奖和重庆市第六届优秀社科成果二等奖。乘此东风,我又组织团队申报了教育部人文社科规划项目《中国预防与遏制金融危机对策研究——以虚拟经济安全法律制度建设为视角》，领着一群朝气蓬勃、年轻有为的博士，于2012年完成书稿，并由重庆大学出版社出版发行。

然而，实践是向前的，也是超越既有理论预设的。随着改革开放的不断推进，虚拟经济也飞速发展。在创造经济奇迹的同时，我国经济也出现了更加纷繁复杂的问题和矛盾。其中虚拟经济的"脱实向虚"及其与实体经济之间的冲突，衍生出了现代市场经济发展中一个全新的、具有重大时代意义的命题——虚拟经济治理及其法治化。但作为一个经济学上与实体经济相对的概念，即使在经济学界也未获得普遍认可的情形下，寄望于法学界的广泛了解与大量投入，暂时是不太现实的。也就是说，将其引入法学界容易，但要得到法学学者们的广泛认同，并调动法学学术资源对其展开研究，还需要更为漫长的时间和更为艰难的历程。虚拟经济安全运行的法治化治理，至今仍然是经济学界和法学界远未解决的重大历史课题。

在前几年的研究项目申报中，尽管由母校西南政法大学资助并由法律出版社出版的拙著《人性经济法论》已经获得了教育部优秀人文社科成果二等奖，但在民法学与经济法学的争论尚未了结而民法学已然成为显学的年代，要获准经济法基本理论方面的选题依然是困难重重。因接连受挫，不免有些怅然若失。于是，索性决定放弃中小项目的申报，直接冲击国家社科基金重大项目。物色选题时，约请几位博士生一同前来商讨，提出的建议选题有好几个，且都很有价值，只是未能让我动心。最后当一位博士生提出"开放经济条件下我国虚拟经济运行安全法律保障研究"这一选题建议时，我顿觉像当年偶遇"虚拟经济"这几个字时一样地怦然心动。我拍着桌子跳了起来，挥着这个题目，激动地用方言大声说："啥都甭说了！就是他娃娃了！"意思是：什么都别说了，就认定这个宝贝疙瘩了！

在商请合作者的过程中，北京大学的彭冰教授、中国人民大学的朱大旗教授、中国政法大学的刘少军教授、华东政法大学的吴弘教授、武汉大学的冯果教授对此选题很是赞同，欣然同意作为子课题负责人参与项目的申报。

在课题的进程中,他们不仅参与论证、发表前期成果,自始至终给予支持,彭冰教授和冯果教授还建议,推荐年轻人出任主研,将子课题负责人让位给重庆大学杨署东教授和靳文辉教授。

不仅如此,在之后的研究中,许许多多校内外的专家学者都给予了我们无私的支持和帮助。像北京大学的吴志攀教授,中国政法大学的时建中教授,华东政法大学的顾功耘教授,西南政法大学李昌麒教授、谭启平教授、岳彩申教授、盛学军教授和叶明教授,西北政法大学的强力教授,中国人民大学的涂永前教授,西南财经大学的高晋康教授,重庆大学的冉光和教授、刘星教授、刘渝琳教授、周孝华教授和黄英君教授等等,都为课题的论证、前期成果的产出和课题的推进与完成,做出了重要贡献。

当然,在研究进程中,我自己的团队,甚至法学院经济法学科的博士生和硕士生们,自课题立项以来,都不同程度地参与了课题研究的工作,还发表了一些阶段性成果;而来自社会各界的众多朋友,也都以各种方式关心课题的进展,给予了我们热情的鼓励与帮助……在此,我们谨向参与、关心和支持过本课题研究的所有人,表达最诚挚的谢意!

谁知课题获批后不久,身体就和我开了一个小小的玩笑,是家人的呵护、亲友的关爱、弟子们的陪伴,让我对未来充满了信心。不过,课题多少还是受了些影响,曾一度进展缓慢。然而,团队的力量是巨大的:课题组里的资深专家就是定海神针,而课题组中活跃着的一批充满活力并在学术界崭露头角的年轻教授和博士,则勇挑重担、冲锋陷阵,成了课题研究的主力。

早在之前的课题申报过程中,写作班子就将申请书打造成了一份内容扎实、逻辑严谨、格式规范的文件,近20万字,不是专著却胜似专著;在课题研究的推进中,每当遇到各种困难和烦恼时,课题成员们总是互相鼓励,互相支持,使我们的研究能够持续,我们的理论能够得到校正;特别是在近几年最终成果的打造过程中,本丛书十部著作的作者们,不畏艰辛,秉承"上对得起重大项目,下对得起学术良心"的信念,克服重重困难,使得丛书最终得以出炉。这十多位年轻作者的才华与风采,也尽藏于本丛书的简牍之中。

本丛书十部著作并不是简单的罗列或拼凑,而是有其自身的内在逻辑,也就是说有一根红线贯穿始终。为了找到这根红线,课题组花了好几年的时间。我们认为,既然虚拟经济是虚拟的,它就必然带有人设的性质。正如没有人为预先设定且为游戏者公认并一体遵行的游戏规则就没有游戏一样,虚拟经济的运行需要规则先行。同时从治理的角度来看,即使游戏有了内在的规则,也还需要游戏的外部法律边界及法律监督:如游戏不得触犯禁赌法令,游戏不得扰民,游戏不得损害他人利益和社会公共利益等。尤其是虚拟经济呈现出的"弱寄生性""离心规律""高风险性""风险传导性"等,明确无误地表明其"有利有弊"的"双刃剑"特质,决定了追求公平正义的法律肩负着为其提供内部规则和外部边界的艰巨使命。具体而言,虚拟经济赋予法律的天职,就在于通过法律制度的设计,为虚拟经济的运行设定"限度",铺设"轨道",装置"红绿灯",进而为虚拟经济运行安全设定交通规则,作为虚拟经济运行、虚拟经济监管和虚拟经济司法的制度支撑。

基于上述基本认知,我们认为:所谓虚拟经济有限发展法学理论,是指根据虚拟经济自身运行规律,从法律自身的宗旨和价值出发,主张法律在保障虚拟经济发展的同时,为预防与克服其负面效应,保障其运行安全和可持续发展,而将其置于法律约束下的安全范围内运行的一种法学思想。

这一理论虽然是以虚拟经济运行的"双刃剑"规律和体现法律公平正义基本要求的安全价值为基础提出来的,但我们认为,它主要还是从法学,特别是从经济法学国家适度干预理论的角度提出来的,因而与纯粹的经济学理论有着明显的不同。不过,最大的疑问还不在此处。在研究过程中,一些热切关心我们课题的学者常常忍不住提出这样的疑问:为什么实体经济不需要"有限发展"而虚拟经济却要"有限发展"呢? 这是问题的关键。对此,我们的回答主要有三条:其一,人类社会的基本生活(如衣食住行及娱乐)毕竟只能仰赖实体经济,实体经济提供的产品和服务,除了受生产力水平的约束和人类需求的制约外,就其品种、数量和质量来说,根本就不存在"有限发展"的问题。仅此一点,虚拟经济就难以望其项背;其二,虚拟经济毕竟是寄生于实体经济的,不论其寄生性的强弱如何,最终还是决定了它不能野蛮生长以至于自毁其所寄生的根基;其三,实体经济伴随人类的始终,而虚拟经济则是一种历史现象,它仅仅是实体经济发展到一定阶段的产物,而且其产生以后并不一定能与实体经济"白头偕老"。

虚拟经济有限发展法学理论的确立,让我们找到了解题的一把金钥匙。它昭示着这样一个最基本的道理:我们在草原上发现了一匹自由驰骋的骏马,但我们只有给这匹骏马套上缰绳,它才会把我们驮向我们想要去的"诗和远方"。

然而,学术是严谨、苛刻而精致的,也有它自身相对固化了的"八股"定式。要说清楚这一理论的来龙去脉、前因后果、内在机理、外部表征、政策制约、法律规范、理论影响和实践效果,就要以学术的方式加以展开和表达。本丛书的十部著作正是这种展开和表达的具象:它们以"虚拟经济有限发展法学理论"为主线,按其内在逻辑展开——总体为"1+9"模式,即1个总纲,9个专题。而这"1+9"模式具体又可分为以下相互关联的四个板块:

板块一也就是"1+9"中的"1",即《虚拟经济有限发展法学理论总说》,它既是整个研究的总纲,即总设计图或者总路线指引图,也是对整个研究成果的全面提炼和总结。不过,这一总纲与后面的九部专著各有分工,各有侧重,各有特色,虽构成一个系统,却不能相互取代。板块二是"虚拟经济有限发展法学理论及其证成",旨在立论和证明,包括《虚拟经济有限发展法学理论及其根源》《虚拟经济立法的历史演进:从自由放任到有限发展》和《近现代经济危机中虚拟经济立法的过与功——虚拟经济有限发展法学理论的例证》三部著作。它们分别从立论及其理论解析、历史归纳和典型案例证明的角度,提出并证明虚拟经济有限发展法学理论。板块三的主旨是"虚拟经济有限发展法学理论指引下的观念变革",主要包括《虚拟经济安全的法律塑造》《虚拟经济有限发展法学理论的法律表达:立法模式与体系建构》《虚拟经济运行安全法律制度的立法后评估:以中国为样本》三部著作。其特点在于,它既是虚拟经济有限发展法学理论的应用,又是虚拟经济有限发展理论的进一步证明,是介于理论证成与实践应用之间的一个板块,对我国虚拟经济立法的价值、原则、模式、体系及立法质量的提升与检测,具有重要的指导意义。板块四是虚拟经济有限发展法学理论的具体运用,包括《虚拟经济有限发展法学理论视角下的银行法律制度变革》《虚拟经济有限发展法学理论视角下的证券法律制度变革》《虚拟经济有限发展法学理论视角下的期货法律制度变革》三部著作,试图以此三个典型领域为例,揭示虚拟经济有限发展法学理论在银行、证券和期货立法方面的具体映射与应用。

这四个板块之间的关系,可参考下图:

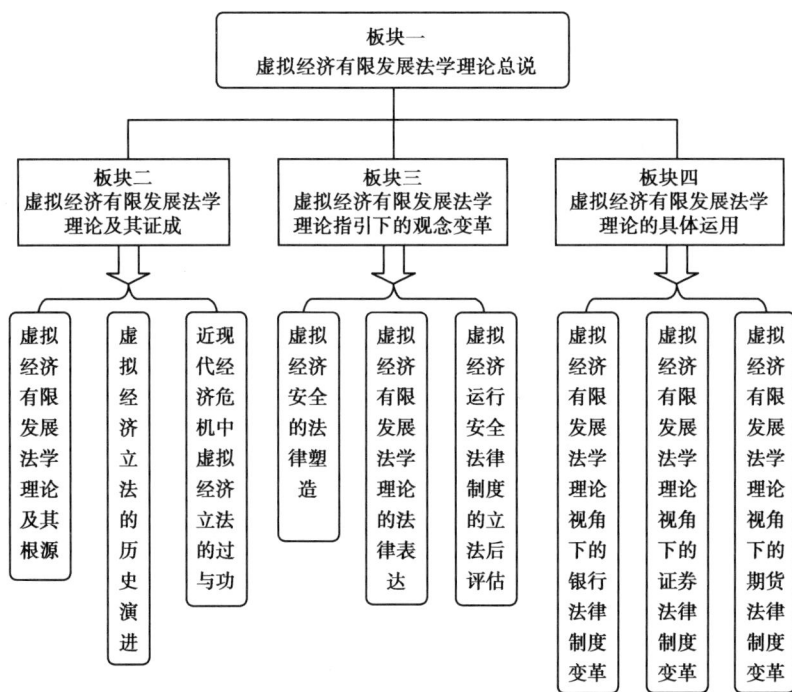

虚拟经济有限发展法学理论的论证与展开思路图

国家社科基金重大项目这一名称本身就体现出了它的分量。能在这一序列中获得"开放经济条件下我国虚拟经济运行安全法律保障研究"这一项目，既是偶然也是必然；既让我们有些激动和自豪，也让我们深感责任和压力。这几年，我们尽力做了，而且按"重大"之分量，踏踏实实地做了。至于成不成功，是否达到重大，就有待理论的佐证和实践的检验了。

我们处于一个大变革的时代，旧的事物陆续悄然退场，新的事物又在不知不觉中挤进我们的生活，甚至渐渐成为社会生活的一种主流。虚拟经济正是在这一历史巨变中膨胀，不断挣脱传统实体经济的束缚，而与实体经济分庭抗礼的。更有甚者，甚至到了反过来挟持、绑架、威胁实体经济的地步。正是这种二元经济格局的形成及两者之间的长期博弈和激烈冲突，给世界经济的发展以及各国政府的经济治理提出了前所未有的挑战。据我本人的揣测，在未来的几十甚至上百年里，如何看待和治理虚拟经济，不仅是中国面临的一大难题，也是世界面临的一大难题。

好在，越来越多的人正在逐渐看清虚拟经济脱实向虚的天性及其负面效应和可能的危害，有先见之明者已经着手强化监管、变革法治，竭尽趋利避害之能事，力图让虚拟经济助力实体经济，增进人民福祉。前几年我国着力扼制虚拟经济"脱实向虚"，这几年我国高层对虚拟经济采取既更开放又更注重其监管的策略，即可看作是"虚拟经济有限发展法学理论"在实践中得到的初步印证。

世界上没有尽善尽美的东西，也没有绝对的真理和最后的真理，学术上存在不足就是学术本身可能自带的一种"秉性"。例如，本研究中原预想的交叉学科知识的运用，现在看来还很不成熟；有的问题，如保险及其他一些金融衍生品也未能辟专题来讨论，等等，都是短时间内很难弥补起来的不足，需寄望于后续研究中的努力了。

我向来认为，学术的魅力不仅体现在努力创新的过程之中，更体现在学界从未停歇过的争辩、质疑和批判之中。任何致力于社会科学研究的学者，所提出的观点或理论，都不可能是尽善尽美的，而学术正是在这种不完美之中求得点滴的进步,从而得以蹒跚前行的。为此,我们热忱欢迎学界诸君提出批评与指正。

虚拟经济概念及市场经济"二元格局"理论的提出,看似偶然,却是必然。它拨云见日,让人们突然看清了自己所生活的这个时代的"庐山真面目"。然而,其意义可能被我们的社会公众严重地低估了。就我的感受而言,它带来的思想冲击与震撼,当不亚于20世纪80年代托夫勒掀起的《第三次浪潮》,也不亚于当下人们热议的区块链、人工智能、大数据以及元宇宙等。而法律,特别是始终站在市场经济历史洪流风口浪尖的经济法,随着经济理念及经济格局的不断变迁而不断革新,一定是势不可挡,也一定是不可逆转的。

我仍然坚信,必然是长期孕育的,但必然总是需要偶然来点亮的。

胡光志

2022年12月10日

前　言

————

　　虚拟经济有限发展法学理论,是根据虚拟经济自身运行规律,从法律自身的宗旨和价值出发,主张法律在保障虚拟经济发展的同时,为预防与克服其负面效应,保障其运行安全和可持续发展,而将其置于法律约束下的安全范围内运行的一种法学思想。就其实质而言,它是将虚拟经济的发展置于法律约束下的安全范围内运行的一种制度解释范式。虚拟经济有限发展法学理论一方面肯定虚拟经济的发展和有限发展,并认为虚拟经济的有限发展具有前提性的约束价值。另一方面,该理论基于社会整体利益的需要和发展性的动态需求,在三个向度上展示其核心内涵,即虚拟经济有限发展法学理论在规模上强调虚拟经济的发展要与实体经济相匹配,在价值上强调虚拟经济发展的实质公平,在理念上强调虚拟经济发展的边界性。

　　从人类发展进程来看,实体经济发展到今天,在某种程度上已经开始进入所谓的增长极限,甚至进入一种有增长而无发展的"内卷化"状态。虚拟经济是一种植根于实体经济的社会价值运动形式,既是实体经济发展到一定程度和阶段的表现,也是实体经济进一步发展的客观需要。与实体经济相比,虚拟经济具有弱寄生性,这使得其在实现自己独特的运动方式的同时,必然需要限制其发展的广度和深度。正是在这种意义上,我们归纳和提炼出了虚拟经济有限发展法学理论。进而言之,正因为实体经济的发展在一定时空范围内是有限的,因此,依附于实体经济的虚拟经济在一定时空范围内也必然是有限的。当然,如果仅仅以此来定位虚拟经济有限发展法学理论,显然无法对现实产生真实的指导意义,甚至只能产生盲人摸象般的认识效果。因此,为全面理解虚拟经济有限发展法学理论,我们需从不同层面展开诠释。

第一个层面是虚拟经济有限发展理论的本体论建构。在清晰界定虚拟经济的概念、特征和地位的基础上,笔者对何为虚拟经济的有限发展进行了阐释。作为所有权进一步虚化的产物,虚拟经济以"交易—再交易"为主要运动形式,具有高风险性和弱寄生性,并在现代实体经济的发展中发挥着独特的作用。作为一种环境友好型的经济形态,虚拟经济对于实体经济发展所需要的资本积聚、现代产业结构的迭代升级、现代市场经济危机的应对(虽然虚拟经济很多时候也是危机的一部分)等都具有举足轻重的作用。可以说,虽然虚拟经济是"虚"的,但是它对经济社会发展产生的作用却是"实"的。

第二个层面是虚拟经济有限发展的原因探究。以发生学的视角观之,虚拟经济的运行状态、虚拟经济在国家经济谱系中的地位、虚拟经济在宏观上受制于制度环境的现实在理论层面决定了虚拟经济只能有限发展。从根本上讲,虽然虚拟经济本身是"虚"的,但是其赖以产生的基础——实体经济却是"实"的。而且,实体经济本身也不是无限的,更不可能无限发展,因此,植根于其中的虚拟经济,作为一种所谓的"人造之物"——虚拟经济的存在高度依赖人类建构的制度环境,必须接受人类价值立场的检视——必须服务于实体经济。换言之,虚拟经济的发展本身不是目的,提升人类社会的福利水平才是目的。鉴于这样一种价值立场,虚拟经济遁入有限发展的命题就显得水到渠成。

第三个层面是虚拟经济有限发展中的市场逻辑与政府规制。虚拟经济的发展,不仅要仰仗自生自发秩序的力量,也需要政府这只"有形之手"的保驾护航。本质上,虚拟经济是资本在现代市场经济体系中逐利的"新常态",

传统的价值规律、需求定律在虚拟经济中的表现与在实体经济中的表现形式可能大相径庭。如果政府规制缺位、越位抑或过度，那么虚拟经济的可持续发展问题、异化问题、安全运行问题、利益相关者的权益保障问题等就会受到不当挑战和宰制，甚至会通过市场机制放大虚拟经济和实体经济之间的矛盾，并引发整个社会经济"脱实向虚"的风险。因此，虚拟经济的健康发展，同样必须注重市场的决定性作用，更好地发挥政府的作用。

第四个层面是虚拟经济有限发展的法学度量。交易让生活变得更美好是市场经济正当性的最充分理据，因此，衡量虚拟经济是否实现了有限发展，也应当从交易及交易的利益相关者角度进行分析。事实上，衡量虚拟经济是否实现了有限发展的观测点如下：一是要看虚拟经济中市场主体的权益保护是否充分，而这又可以从弱势主体基础交易需求的满足和强势主体对策行为的治理两个维度得到回答；二是要看虚拟经济中公权力机构的责任配置是否科学与合理；三是要看虚拟经济制度架构的体系化程度，一个支离破碎的虚拟经济制度体系，即使其表面博人眼球，也可能造成自相矛盾、杂乱无章的结果，无法增强其作为法律制度的稳定性、可预见性和有效性。

第五个层面是如何才能实现虚拟经济的有限发展。道路千万条，但是，在社会复杂问题的解决方面，"条条大路通罗马"更多只是一种愿景，在坦途中取得一个又一个胜利则更如一个传说。具体而言，实现虚拟经济的有限发展是多维度的：在目标层面，要注重国家干预与市场调节的有机联动；在规模层面，需要虚拟经济在整体规模上实现与实体经济匹配或者基本匹配，这也是基于美国虚拟经济危机的反思和对我国成功经验的总结；在间接融资层面，需要注重维持以大银行为中心的虚拟经济资金配置体制；在金融监管层面，需要坚持以审慎监管为特色的监管体制，并尽量将监管制度化为一种"技术"层面的操作；在直接融资层面，要结合《中华人民共和国证券法》的相关规定，注重直接融资市场的发展边界。

公平之水滔滔，正义之浪滚滚。我们要站在世界历史长河中、站在实现中华民族伟大复兴的新时代背景下来思考虚拟经济有限发展的问题。事实上,真正有生命力和管用的东西,都是经过实践检验的,这就是来自中国的经验总结、扎根中国现实的理论创新和匹配中国需要的制度建构。模仿是超越的必要阶段,但是纯粹的模仿永远不是超越的答案。如果我们继续将英美的虚拟经济治理及理论奉为圭臬,那么我们永远只能亦步亦趋,或者重走这些国家走过的虚拟经济治理道路。鉴于此,笔者提出了虚拟经济有限发展法学理论。作为一种新的理论和解释范式,其可能面临着解释问题的困境乃至挑战,甚至存在这样那样的不足,但这是基于中国的实践经验总结后的思维性跳跃,它力图去同化乃至替代先前的理论,力图去重新评价先前的事实,这一内在过程也许是曲折的,但前进的趋势是清晰的。

目　录

绪　论

斗转星移,千帆竞过,人类进入变数乃常数的 21 世纪。如果说基于互联网的各种业态已经成为 21 世纪初期最为闪亮的名片,那么,虚拟经济的空前发展则是我们这个时代最为夺目的风景。资源的全球性配置,价值的世界性流动,世界资本市场从来没有像今天这样息息相关,荣衰与共,回眸凝视,这既是世界虚拟经济发展的原因,也是世界虚拟经济深化发展的结果。从人类发展进程来看,实体经济发展到今天,在某种程度上已经开始进入所谓的增长极限(麦多斯语):实体经济必须基于这个蓝色星球的有限资源以实现增长。在一定的时空范围内,这种增长不能是无限的,而只能是有限的。虚拟经济是一种植根于实体经济的社会价值运动形式,既是实体经济发展到一定程度和阶段的表现,也是实体经济进一步发展的客观需要。笔者认为,虚拟经济具有寄生性,但这是一种弱寄生性,虚拟经济的这一特性使得其在实现自己独特的运动方式的同时,必然需要限制其发展的广度和深度。正是在这种意义上,我们归纳和提炼出了虚拟经济有限发展法学理论。进言之,正因为实体经济的发展在一定时空范围内是有限的,因此,依附于实体经济的虚拟经济在一定时空范围内也必然是有限的。但是,如果仅仅以此来理解虚拟经济有限发展法学理论,只能产生盲人摸象般的认识效果。我们要更准确地把握虚拟经济有限发展法学理论,尚需深刻理解以下两个方面的含义。

1. 虚拟经济的有限发展意味着虚拟经济必须得到发展

与一般的理解不同，倡导虚拟经济的有限发展首先意味着我们要大力发展虚拟经济。

（1）虚拟经济是环境友好型经济，应该大力发展。正如美国经济学家威利·莱顿维塔和爱德华·卡斯特罗诺瓦所指出的，表征虚拟经济的虚拟商品虽然具有某种与实体经济商品同等的价值和消费体验，但是，虚拟商品不会对环境产生任何不利影响，在人类历史上第一次实现了经济增长与环境恶化的分离。在全球生活水平不断提升的当今时代，人类消费需求除了基于实体经济的物质性需求，更多地转向对虚拟商品的需求。对美好生活的追求与虚拟经济提供的商品之间的平衡不断被实现和被打破，这也成为虚拟经济发展和进一步发展的持续性内在动力。

（2）虚拟经济有助于实体经济的发展，必须大力发展。虚拟经济虽不创造实体经济那种物质财富，但并不意味着虚拟经济就是一无是处的。虚拟经济作为实体经济发展到一定阶段的产物，其对实体经济的发展具有反向促进作用。在一国实体经济发展的过程中，作为实体经济重要基础的企业（公司）有两个问题是无法回避的：①如何实现企业剩余资源的临时性利用以保障企业实现其利益的最大化——因为企业的资源不可能完全实现精准配置，总有一部分资源在一定时期之内是"闲置"的。②如何实现企业资源的空间优化配置。从某种程度上讲，以上两个问题的解决都依赖虚拟经济发挥其作用：就前者而言，虚拟经济可以实现临时性资源的价值性流动，从而避免资源的闲置；就后者而言，虚拟经济可以通过价值性流动而不必借助企业资源的物理空间移动，从而实现资源的跨时空转移——这恰恰是虚拟经济的重要内容之一——金融的本质性功能。此外，虚拟经济对于实体经济实现资本的积聚、产业结构的升级等，都具有不可或缺的作用。可以说，实体经济越发达，就越需要有发达的虚拟经济与其匹配。因此，要大力发展实体经济，就必须大力发展虚拟经济。

（3）虚拟经济能减缓经济危机的爆发周期，并削弱其破坏力度，值得大力发展。设想一下，一个国家如果没有虚拟经济，那么这个国家的生产、交易、消费、投资等经济环节就必须非常契合。比如，生产量加大了，消费量也必须加大；要继续生产，就必须保证产品的价值能实现。但是，在现实生活中，生产和消费之间总是不能完全吻合甚至是存在摩擦的。此时，虚拟经济的发展，就能在一定程度上解决实体经济生产经营中的时间、空间脱节问题。比如，有了大宗期货市场的存在，大宗货物的生产者就可以有稳定的预期，从而保障生产的持续推进。虚拟经济也能够在一定程度上实现经济的"脱实向虚"，为实体经济中的资本寻找新的利益实现空间，从而避免实体经济中资本相对过剩而导致的实体经济利润难以满足资本需要的情况出现。同时，正因为虚拟经济对社会价值的跨时空配置，所以虚拟经济在某种程度上实现了对实体经济危机的消解。考察世界经济危机爆发的历史，我们就可以看到，资本主义世界 1929—1933 年经济危机中的那些荒诞现象，如牛奶被倒入地沟、猪被赶入密西西比河之类的浪费，不是说就完全没有了，但这种情形无疑会越来越少。即便是 2020 年爆发的负油价现象，也没有出现大规模的资源浪费问题。虽然原因可能是多方面的，但其中之一就是当今时代的虚拟经济发展得比 20 世纪更好，从而让整个世界的经济更有弹性和活力。从亚洲金融危机到 2008 年爆发的全球性金融危机，包括自 2020 年以来的新冠肺炎疫情引发的世界经济动荡，我们发现并将继续见证，尽管这些危机看似越来越严重，但其产生的破坏性影响并没有相应增长，在笔者看来，虚拟经济的深入发展可能就是答案之一。

2. 虚拟经济有限发展的重心在于"有限"

一如实体经济不能无限增长——环境和资源承受不了，虚拟经济也不能无限发展，其原因在于：

（1）虚拟经济会减损整个社会的就业吸纳能力。虚拟经济是一种社会价值的流动，属于较高级的经济运动形式。因此，与实体经济相比，其对就业的吸纳能力大大降低了。特别是随着信息网络技术的发展,包括人工智能对现代虚拟经济的深层次嵌入,一些本来需要劳动者完成的工作更多地被机器或者程序所替代。同时,一个虚拟经济领域的劳动者从事的劳动更为"复杂",也在某种程度上意味着其对更多的所谓"简单"劳动的替代。虚拟经济的就业吸纳能力可以说是远远低于实体经济的,这也是当时特朗普提出美国"再工业化"口号后得到广大中下层劳动者支持的重要原因之一。显然,任由虚拟经济无限发展势必造成实体经济的进一步萎缩——因为在一定时空范围内,一个国家的资源是有限的,那这个国家的失业挑战也会更大。在这种情况下,就算资本在虚拟经济领域实现了社会平均利润,甚至攫取了超过社会平均水平的利润,其对社会公平的戕害也是后患无穷的。

(2)虚拟经济的过度发展会挤压实体经济的发展空间。对资本而言,投入实体经济还是虚拟经济不是一个价值判断问题,而纯粹是一个利润最大化的技术性问题。安全性和利润程度是决定资本流向的重要因素,而虚拟经济在这两方面是具有一定优势的。就资本的安全性而言,与进入实体经济相比,资本进入虚拟经济的速度更快,一旦感知到风险,资本抽离的速度也是很快的。与此相对,实体经济需要资源或者资金的固化或者相对固化,一旦投入,资源或者资金的撤回往往意味着巨额亏损,因此,在实体经济领域,不是说没有投机,而是相对而言投机更少。就资本的利润程度而言,存在以下三种情况:①如果实体经济领域和虚拟经济领域的利润率相同,那么,资本更愿意进入虚拟经济领域,道理很简单,虚拟经济领域很容易"闻风而动、全身而退",而实体经济领域往往只能"靠天吃饭、坚持到底"。②如果实体经济领域的利润高于虚拟经济领域,则资本自然愿意进入实体经济领域。③如果虚拟经济领域的利润高于实体经济领域,则资本自然愿意进入虚拟经济领域。从上面三种情况可以看出,只有一种情况——实体经济领域的利润高于虚拟经济领域,资本才愿意进入实体经济领域,其他情况都是资本更愿意进入虚拟经济领域。这一推论其实在很大程度上解释了第二次世界大战后美国经济的发展历程——资本进入实体经济领域促使美国经济高速发展,发展到了一定阶段后,实体经济领域的利润率开始下降,资本出逃造成虚拟经济过度发展,国家工业化能力遭受戕害。因此,作为后发国家的中国,焉能不识此前车之鉴,"使后人而复哀后人也"?

(3)虚拟经济会使国家贸易恶化,造成巨大的贸易逆差。贸易能让一个国家变得更加美好,因为在很大程度上,贸易都是一个发挥国家比较优势的过程。但是,如果一个国家的虚拟经济过度发展,那么,资本的高速流动性和过度投机性就会在虚拟经济中得到淋漓尽致的展现。从短期看,资本的这种逐利性无可厚非,也能带来资本的保值增值。但是,从长期看,一个国家的核心竞争力和发展,在很大程度上还是需要依赖一群业绩漂亮的企业和一个良好的实体经济产业结构,而不是资本市场各种眼花缭乱的运作——毕竟虚拟经济虽然能够转移和重新分配社会价值,但并不能直接创造社会价值。在这种情况下,虚拟经济中资本的巧取豪夺被充分展示与张扬,而关乎国家利益的贸易顺差还是逆差则并不是资本关心的重要议题。一个国家在某个时段存在一些贸易逆差是可以承受的,但是,如果一个国家长期存在巨大的贸易逆差那就是难以承受的。想象一下,当今时代的超强国家美国,如果没有美元的经济霸权地位支撑,如此海量的贸易逆差是很少有美国之外的国家可以承受的。

(4)虚拟经济必须在制度构建的范围内发展。与实体经济的发展历史不同,虚拟经济的发展可以说是"制度开路"的。如果说实体经济的市场是看得见、摸得着的,那么,虚拟经济的市场则是看不见、摸不着的,是虚拟的。如何虚拟?就是借助制度进行虚拟。因此,从根本上讲,虚拟经济的发展空间只能是制度构建的空间。同时,从制度形成的历史看,其要么是经过长期演进而自然形成的制度,要么是经过民主立法过程而人为设计的制度。特别是对后者而言,因为没有一个充分、长期的利益博弈过程,其间的矛盾往往没有得到充分展开和碰撞,所以这种制度往往存在一些缺陷甚至较大的问题。即便是自然演进的制度,随着社会经济生活等基础因素的重大变迁,其不适合社会经济发展的要求也是迟早的事情。虽然法国《民法典》于1804年就制定了,但是,随着时间的推移,对其进行增补损益乃在所难免之事。概言之,虚拟经济发展是基于制度建构的前提,因此,虚拟经济只能有限发展;虚拟经济发展是基于不完善的制度安排,因此,虚拟经济也只能有限发展,否则就容易铸成大错,造成严重后果。

总之,要实现虚拟经济的有限发展,既不能视虚拟经济如虎,畏首畏尾而人为限制虚拟经济的必要发展,也不能无所顾忌,乃至造成一国经济"脱实向虚",从而导致国家核心竞争力下降。就前者而言,我们要更多地看到虚拟经济发展有利的一面,特别是以一种世界性的眼光来看,为什么从1997年的亚洲金融危机到2008年的全球金融危机,乃至新冠病毒全球肆虐带来的空前冲击,世界上并没有爆发(至少目前没有爆发)1933年的经济危机引发的世界大战,原因当然有很多种,但虚拟经济的发展对资本利润的某种满足应当说就是其中最重要的原因之一。换言之,今天的危机更加严重,影响更大,但是,国际社会和民族国家之间并没有爆发以前那种不可控的危机,其深层次的原因就是虚拟经济对全球经济和一国经济的深度体系化,形成了你中有我、我中有你的犬牙交错局面,从而构建出基于虚拟经济的人类命运共同体,在一定程度上保障了世界范围的相对和平。就后者而论,我们要看到虚拟经济带来的负面和消极影响。特别是虚拟经济对一国工业体系、产业结构、生产链条的"无国界"摆弄所引发的经济混乱、地区经济发展的不可预测性。从社会公平的角度看,虚拟经济就是对普通劳动者就业机会的剥夺,并且这种剥夺如此之迅捷以致劳动者往往没有适应的机会就被扔入失业大军之中,从而降低了社会帕累托改进的效率和程度,事实上也降低了社会福利水平。

值得注意的是,倡导虚拟经济的有限发展不是单纯在规模上限制虚拟经济的发展,虚拟经济是否实现了有限发展,也并不是看其绝对的规模有多大,而是看这种规模与实体经济的匹配程度。如果虚拟经济的规模与实体经济的发展是相匹配的,虚拟经济能够很好地促进实体经济的发展,虚拟经济中消费者的权益能够得到很好的保护,政府的权责配置相对比较科学等,那么,我们就可以认为该国虚拟经济实现了有限发展。反之,如果一国虚拟经济的规模远远超过了其实体经济发展需要的限度甚至造成经济"脱实向虚",或者远远落后于其实体经济发展需要的限度甚至成为实体经济进一步发展的桎梏,那么,我们就认为该国的虚拟经济没有实现有限发展。概言之,适合本国实体经济发展的虚拟经济就是有限发展的虚拟经济。没有更好的虚拟经济,只有更适合国情的虚拟经济。当然,从大历史的眼光看,真正实现虚拟经济的有限发展虽绝非坦途,其间艰难险阻与上下求索或不可避免,但为必由之路。世事浮云遮望眼,守得云开见月明。

第一章　本体论的建构:虚拟经济及其有限发展理论[①]

　　虚拟经济是与实体经济相对的概念,虽然学术界关于虚拟经济的理解见仁见智,但虚拟经济和实体经济之间存在差异则是基本的学术共识。尽管虚拟经济与金融是密切相关的,但两者并不能等同。从历史的角度看,人类社会早期就存在金融活动,但一般不认为那时存在虚拟经济。虚拟经济是与货币、价值评估形式和体系紧密联系的。虚拟经济的发展本质上是实体经济发展到一定程度的体现,其对实体经济的发展也有很大的促进作用,因此,不能因为虚拟经济存在这样那样的缺点而简单地一禁了之,这属于典型的因噎废食,既不符合虚拟经济的发展规律,也不符合实体经济的发展规律。作为所有权进一步虚化的产物,虚拟经济以"交易—再交易"为主要运动形式,具有弱寄生性和高风险性。虚拟经济有限发展法学理论以虚拟经济自身的特点和运行规律为依据,是在对虚拟经济基本特征切实把握和对虚拟经济核心价值维护的基础上提出的一种新思想,是基于虚拟经济风险和价值并存的事实与规律,并运用法治思维和法治方法,对虚拟经济发展过程中可能存在的风险予以治理,以期趋利避害,从而最大限度地激发虚拟经济对现代实体经济发展的促进作用的一种解释范式。虚拟经济有限发展法学理论包括整体发展、协调发展和持续发展三层意义,其中整体发展是虚拟

[①]　本章部分内容曾发表于《山西大学学报(哲学社会科学版)》2021 年第 6 期,本书引用时略有改动。

经济有限发展法学理论的基石,协调发展是虚拟经济有限发展法学理论的关键,持续发展是虚拟经济有限发展法学理论的价值立场,三者结合起来构成整个虚拟经济有限发展法学理论的内核。概言之,虚拟经济有限发展法学理论强调运用法治思维和法治方法,来为虚拟经济规范发展构建制度框架。

一、虚拟经济的概念及特征

"虚拟经济是指在股票、债券、期货和金融衍生品等交易活动中而产生的一种经济形态。"[1]一般认为,虚拟经济是与实体经济相对的概念,如有学者就认为虚拟经济是与实体经济相对应而在经济系统中存在的经济活动模式(包括结构及其演化),实体经济是经济中的硬件,虚拟经济是经济中的软件,它们是相互依存的。[2] 还有学者认为,所谓虚拟经济就是金融领域中以谋取差价为目的的金融投机活动,但不包括为实体经济提供融资和风险分担等金融服务。[3] 需要注意的是,尽管虚拟经济与金融是密切相关的,但是,两者并不能等同。从历史的角度看,在人类社会的早期阶段,金融的基本要素就已经客观存在了。但是,我们一般不能说人类社会的早期阶段就存在虚拟经济。事实上,尽管学术界关于虚拟经济的提法见仁见智,如有的称之为金融经济、货币经济、符号经济、名义经济等,但虚拟经济和实体经济之间有差异则是基本的学术共识。那些不创造真实财富的重复交易,相关的市场主体可以因此实现财富的数字性增长,但对一个主权国家而言,要实现财富的真正增长不能完全依赖它。问题的复杂性在于,尽管虚拟经济和实体经济之间存在张力是一个基本共识,不少学者也认识到虚拟经济脱离实体

---

① 胡光志:《虚拟经济及其法律制度研究》,北京大学出版社,2007,第 1 页。

② 成思危:《虚拟经济探微》,《管理评论》2005 年第 1 期,第 3-8 页。

③ 高鑫:《虚拟经济视角下的金融危机研究》,人民出版社,2015,第 90 页。

经济而演绎着数量层面的经济规模扩展,并形象地称之为"非理性繁荣"①,但是,我们并不能因为虚拟经济存在种种问题就简单地停止发展虚拟经济。相反,我们在警惕实体经济"虚化"的同时,也要看到虚拟经济是"向实而生"的。概言之,虚拟经济的发展本质上是实体经济发展到一定程度的体现,其对实体经济的发展也有很大的促进作用。但任何事物都有两面性,如果我们不能有效遏制虚拟经济中的不利因素,虚拟经济就可能走向它的反面。因此,怎样发展虚拟经济,让其更好地促进实体经济的发展,更加符合经济发展规律,符合实体经济的发展规律,才是我们需要研究的。② 正是基于这样一种认知,我们提出了虚拟经济有限发展法学理论。要深刻理解虚拟经济的本质,还需要对虚拟经济的特征进行概括和提炼。笔者认为,虚拟经济具有如下基本特征。

(一)虚拟经济是所有权进一步虚化的产物

所有权是人类历史上最动人心弦的现象。所有权的界定对于定纷止争、增加社会财富、降低交易成本等都具有无可代替的意义和价值,休谟和斯密甚至认为对私有财产的保护是法律存在的主要理由。③《孟子·梁惠王上》认为:"若民,则无恒产,因无恒心。苟无恒心,放辟邪侈,无不为已。"工业革命以前,所有权的重要性无论怎么表达都不为过,民法中的"所有权神圣"就多少流露出这种国家和社会的姿态,而著名的"风能进,雨能进,国王不能进"就充分表达了这种旨趣和价值取向。可能正是在这个意义上,古罗

---

① 成思危主编:《虚拟经济概览》,科学出版社,2016,序言。

② 以金融为例,有学者就直言金融不仅没有让人类社会变坏,反而使人类社会变得越来越文明,催生了个人自由,推动了生产力的提升,同时也带来了精神文明和物质文明的双丰收。参见威廉·戈兹曼:《千年金融史:金融如何塑造文明,从 5000 年前到 21 世纪》,张光亚、熊金武译,中信出版社,2017,推荐序。

③ 彼得·斯坦、约翰·香德:《西方社会的法律价值》,王献平译,中国法制出版社,2004,第 292 页。

马注释法学家们将绝对性、排他性和永续性归结为所有权的三大特征。① 但是，所有权本身的制度架构主要是解决财产的社会性价值（归属）问题，对于财产的经济性价值应当说是不够重视的。所有权的垄断性事实上制造了"进入壁垒"，而经济学家都认为在存在进入壁垒的条件下，应该鼓励进入，因为这样有助于提高经济效率。② 从这个角度看，基于生产效率需要的所有权虚化又是一种必然的逻辑，与此相应，虚拟经济的发展与繁荣也是一种必然的逻辑。那么，所有权是如何具体虚化从而滋生出虚拟经济的呢？在笔者看来，所有权的这种虚化有三个典型步骤。

（1）所有权的社会化，这是所有权虚化的第一步。经典作家认为："在每个历史时代中所有权是以各种不同的方式、在完全不同的社会关系下面发展起来的。"③从历史的角度看，所有权的社会化思潮出现在 19 世纪末 20 世纪初期，这种观点认为："所有权应该由个人掌握和拥有，但是个人行使所有权，必须合于社会公共利益。"④同时，这种观点进一步认为，"所有权负有义务"⑤。事实上，有关所有权的社会化在《德国基本法》中已经表达得非常清晰，该法第 14 条就明确规定："所有权和继承权受保护。其内容和限制由法律规定。所有权承担义务。它的行使应当同时为公共利益服务。剥夺所有权只有为公共福利的目的才能被允许。剥夺所有权只有依照法律或者根据法律的原因进行，而且该法律对损害赔偿的方式和措施有所规定。该损害赔偿必须在对公共利益和当事人的利益进行公平的衡量之后确定。对损害

---

① 周枏：《罗马法原论（上）》，商务印书馆，1994，第 299 页。
② 马捷、段顺、张维迎：《所有权与经营权分离情况下的自由进入均衡》，《经济研究》2013 年第 8 期，第 120-130 页。
③ 中共中央马克思恩格斯列宁斯大林著作编译局：《马克思恩格斯文集（第 1 卷）》，人民出版社，2009，第 638 页。
④ 余能斌、范中超：《所有权社会化的考察与反思》，《法学》2002 年第 1 期，第 45-48 页。
⑤ 梁慧星、陈华彬：《物权法（第 2 版）》，法律出版社，2005，第 5 页。

赔偿的高低有争议时可以向地方法院提起诉讼。"①由此看来,所有权的社会化不仅是一种理论的认知,更是一种制度的现实。② 有学者就认为,所谓所有权的社会化,"主要是指作为私人所有者对其土地和某些生产资料的支配和使用应同社会利益相一致,所有权人不得以反社会的方式使用其财产;在土地的私人占有与社会利益相冲突时,所有权的排他性应让位于社会公共利益,但应获得公正的补偿"③。需要注意的是,所有权的社会化并不是对所有权的否定,其目的是克服所有权过分私化的弊端,可以说是社会法制观念和财产观念进步的表现。但是,这种所有权的社会化客观上在一定程度上虚化了所有者对所有物的控制:它依然重视所有权的重要作用,但是,这种作用已经不如传统那般重要了。所有权的社会化没有否定所有权,但是它对所有权的虚化也是真真切切的。特别是工业革命以后,随着社会产品的极大丰富,传统所有权对所有物的直接控制关系已经大大减弱,或者说已经被虚化了,而这恰恰是虚拟经济得以兴起的重要制度原因。也正是在这个意义上,笔者认为所有权的社会化是所有权虚化的关键一步,也是虚拟经济发展的关键一步。

(2)所有权和经营权的分离,这是所有权虚化的第二步。从根本上看,所有权与经营权的分离与所有权的历史性使命是紧密结合在一起的,也就是说,所有权是实在的,但是,也没有我们想象的那么"实"。正如经典作家所指出的,"在每个历史时代中所有权是以各种不同的方式、在完全不同的社会关系下面发展起来的"④。所有权和经营权的分离可以说是市场机制的

---

① 梁慧星主编:《德国当代物权法》,法律出版社,1997,第56页。
② 事实上,即使是最反对所有权社会化的学者,也不得不承认所有权的行使应当作如下限定:须为公共利益之目的、须依法律之规定进行、须受公正补偿。参见余能斌、范中超:《所有权社会化的考察与反思》,《法学》2002年第1期,第45-48页。
③ 马俊驹、江海波:《论私人所有权自由与所有权社会化》,《法学》2004年第5期,第83-91页。
④ 中共中央马克思恩格斯列宁斯大林著作编译局:《马克思恩格斯文集(第1卷)》,人民出版社,2009,第638页。

必然逻辑结果,特别是职业经理人及职业经理人市场出现之后,作为现代企业的标配,其较之传统的古典企业效率会更高,因为经理人的工资只是一种企业的转移支付,并且这种支付往往是以一种有利于提高社会福利的方式推进的,这一点已为经济学界所证明。① 著名经济学家科斯认为,企业只是一种关于内部交易对外部交易的代替,即如果外部交易必须被不断达成时,如果这种交易可以被内化,那么这种内化的结果便是企业。② 从另一个角度考虑问题,我们会发现,现代企业事实上已经将所有权分解为一系列企业契约,如何去缔结这种契约,法律制度主要有三个介入点:①认可契约自由,只要这种契约不违反法律的禁止性规定、不违反公序良俗等公共秩序,则赋予当事人之间这种契约以法律的地位;②在当事人不信守契约时,基于当事人的请求,予以法律救济;③建立法定代表人制度,从而提供一种商事或者民事活动所期待的合理外观,以此节省缔约双方的搜寻成本并保障交易的安全。但是,从所有权的实现来看,谁来代表所有权主体进行缔约呢? 从最终的缔约文本来看,法定代表人当然是这个缔约的对象,这是毫无疑问的,但问题在于,现代经济体系如此复杂,市场经济如此风云变幻,作为所有权的代表即法定代表人如果事事亲为,则必然疲于奔命,有时甚至难以应付。于是,现实催生出"委托—代理"的新对策,即所有权人通过委托代理的方式,解决商事或者民事运作的各种需要。从这个角度看,我们可以粗略地认为,所有权人事实上已经被"法定代表人—委托代理人"这样的制度安排所加持。但这并不是终点,因为法定代表人作为交易的法定主体的价值,往往不是去参与每一项具体的交易,而是成为每一项具体交易的法定主体。同时,在企业的具体运营方面,法定代表人往往也不会直接参与事务性的企业经

---

① 马捷、段颀、张维迎:《所有权与经营权分离情况下的自由进入均衡》,《经济研究》2013 年第 8 期,第120-130 页。

② 桑福斯德·格罗斯曼、奥利弗·哈特:《所有权的成本和收益:一个纵向和横向一体化理论》,阮睿编译,《经济社会体制比较》2017 年第 1 期,第 14-30 页。

营活动。概言之,企业法定代表人主要是作为一种交易的法定主体而存在的,在企业的具体经营管理中,企业的经营权事实上是掌握在职业经理人(如 CEO、CFO、COO 等)手中的。正是在这个意义上,现代企业是所有权与经营权分离的,而这恰恰是笔者认为的所有权虚化的又一重要步骤。

(3)使用权的重要性超越所有权,这是所有权虚化的第三步。从制度变迁的角度看,正如有论者所指出的,"人类的财产制度经历着从使用权到所有权、从所有权到使用权的转变"[①]。总之,在现代社会,不是说所有权不重要,而是说其重要性已经因为使用权的兴起而被淡化了。在传统社会,财产的占有和所有怎么强调都不过分,但随着经济的发展,传统的所有权不再那么重要,进而,财产的使用权变得更加关键。具体来说,这表现在以下几个方面:①随着企业规模的不断扩大,财产的占有在物理层面上越来越不太可能——对一家大型公司而言,其拥有的财产或者资产的数额巨大,再强调使用的前提是所有,在操作层面就完全超出了社会主体的承受范围。②在市场成为人类最基本、最重要的资源配置方式后,强调所有权主要是具有权利最终归属的意义和价值,但是,对众多的市场交易主体而言,谁使用这个财产才是更重要的。③公司制度兴起后,特别是随着有限责任制度的推出,社会忽然发现,个体的财富范围是有限的,对那些巨大的股份公司而言,个体的财富更加显得微不足道。此时,如果再过度强调所有权的价值和意义,则一方面无法及时推进相关的市场交易(这也顺带催生了商事外观主义),另一方面也无法实现能力强悍的职业经理人借助他人财富实现公司目标的商业运作,并且无法解决客观存在的所有权人经营能力低下而职业经理人在所有权结构中地位较低的现实,如果再过分强调所有权的优先性,则无法实现财富的商业性增值,这对整个社会福利的增加也是毫无益处的。④所有

[①] 高艳东、张琼珲:《论共享使用权的保护必要性及路径》,《浙江大学学报(人文社会科学版)》2019 年第 1 期,第 227-240 页。

权具有唯一指向性——不管是单独所有还是共同所有,所有权只有一个,但是,所有权人往往具有复数性,以一家股份有限公司为例,其所有权人包括众多股东,在此情形下,如果过分强调所有权的意义和价值,则市场交易所要求的整体性和灵活性会不断耗损在一系列交易中所有权的界定上。反过来,如果淡化所有权的功能,强调使用权的功能,则既可以避免所有权界定带来的艰难的利益平衡过程,也有利于根据市场交易的需要及时推进相关商事活动。⑤在共享经济时代,基于资源的充分利用和资源的有限性,使用权能发挥出比所有权更大的价值,尽管后者是前者的基础和前提。从总的趋势看,共享经济主要共享的就是使用权,对这种经济形态的法律态度,正如有学者所深刻指出的,要"遵循创新友好的理念和相应的规制原则,应允许共享经济发展"①。⑥在一些特定的领域,使用权的重要性甚至不得不超越所有权。以土地为例,不管是强调土地公有(包括国家和集体所有)的国家还是土地私有的国家,要清晰界定土地的所有权并且固化这种所有权,在土地资源有限的情况下,都不得不采取下列措施予以缓解。在土地公有制国家,为了发挥土地的财产性价值,但是又要保持土地所有制度的基本稳定,强调土地使用权就是实现土地的财产性价值的最重要途径,而如果一味地执着于界定土地的所有权,则土地的财产性价值基本无法实现。在土地私有制国家,为了消解土地所有权界定过分刚性的矛盾,不得不规定土地征收制度以满足公共利益的需求。事实上,鉴于人类寿命是有限的,而所有权的存续理论上是无限的,因此,对大多数人而言,能使用某块土地和拥有某块土地,后者的代价显然更高,而前者不仅代价相对较低,也能最大限度地发挥土地的财产性价值(如我国传统的永佃权就与此有点类似)。

(二)虚拟经济以"交易—再交易"为主要运动形式

作为一种经济形态,虚拟经济与实体经济一样,其事实上形成了一个相

---

① 蒋大兴、王首杰:《共享经济的法律规制》,《中国社会科学》2017 年第 9 期,第 141-162 页。

对闭合的循环系统,从而保障整个虚拟经济系统的相对稳定。

(1)从表面来看,虚拟经济主要表现为有价证券的买卖行为。这一进程事实上又是从三个层面展开的:①实际资本的虚拟化,也就是实际资本被数字化的过程,如拥有一定经济实力的股份公司发行股票,其股票事实上就代表着整个公司的经济实力。②虚拟资本与所有权证的交换过程,但这也可以成为虚拟资本的再运动过程。需要注意的是,虚拟资本在这个运动过程中其市值规模会不断发生波动,并且这种波动往往不会与实际资本呈正相关关系。以股票市场为例,股票市场每天都在波动,特别是遇到重大利好或者利空的信息时,股票市场往往会通过涨停或者跌停来予以表达。但是,这种变化往往不一定是实体经济变动引起的。从这个角度看,虚拟经济市场具有相对的独立性。③虚拟经济变现的过程,这又包括虚拟资本彻底退出市场、虚拟资本在金融市场中不同主体之间的流通(即买卖)两种基本形式。

(2)从虚拟经济的交易主体来看,推动虚拟经济持续运作的动力之一就是市场主体的理性评估。这种理性评估既是虚拟经济运动的关键性动力,也是虚拟经济非理性波动的助推因素。就前者而言,正因为市场主体的理性评估,基于利益最大化的考虑,每个市场主体都会做出对自己最为有利的投资或者投机选择,这就形成一种虚拟经济市场"众人拾柴火焰高"的局面,客观上有利于推动虚拟经济的发展。就后者而论,市场主体的理性评估会是虚拟经济非理性波动的助推因素,主要考虑以下两方面。一方面,市场主体的理性是一种有限理性,正如著名经济学家西蒙所指出的,鉴于人类自身信息和知识的局限,以及自身判断能力的差异,注定了人的理性本质上只能是一种有限理性。① 同时,每个市场主体本身又是千差万别的,这就造成了不同市场主体对同一虚拟经济的差异性价值评估:有的市场主体认为虚拟

---

① Herbert Simon, *Administrative Behavior: A Study of Decision Making Processes in Administrative Organization* (New York: Free Press, 1976), p.39.

经济载体与理性的价格相比价值是偏低的,其就会选择买入;而有的市场主体会认为虚拟经济载体与理性的价格相比价值被高估了,其就会选择卖出。一进一出,促成了虚拟经济的活跃与繁荣。另一方面,市场的合成谬误往往是不可避免的,这就是微观市场主体的理性往往会造成宏观市场结果的非理性。例如,历史上一些著名的股票泡沫事件就是典型的代表。由此看来,正是市场主体的有限理性与合成谬误的存在,造成了虚拟经济市场的非理性波动。可以想象,如果每个市场主体都是无限理性的,并且每个市场主体都是没有差异的,那么,虚拟经济市场中的交易就难以存在了。

(3)虚拟经济市场中投资者的行为也会在一定程度上稳定虚拟经济的整体形势。就投资者而言,由于投资者往往做的是长线投资,因此,很少发生从虚拟经济市场套现的情况,其对于虚拟经济市场的稳定发展自然是大有裨益的。事实上,正因为那些有战略眼光的投资者的存在,那些具有超前性、创新性的理念才能被商业性地实现,整个社会的福利水平才能不断地出现新增量。就投资者而言,由于其做的往往是短线交易,因此,从表面看,其存在似乎不利于虚拟经济的发展。但是,如果从深层次来思考,我们会发现这些投资者其实是在不断变现众多市场主体的虚拟经济价值预期,而基于前文的分析我们可知,每个市场主体对同一虚拟经济形式的价值评估是不同的,尽管这会造成虚拟经济市场的波动,但是,最终这些虚拟经济改变的只是不同市场交易主体之间的财富或者资源配置,其对于自身的加速周转等具有意想不到的效果。同时,只要这些投资者不是完全退出市场,如 A 投资者卖了 H 类买了 F 类虚拟经济载体,那么,其对整个虚拟经济市场而言,在宏观上其实是没有太大影响的。此外,正因为有投资者的存在,以股票市场为例,新股票的发行才能实现分散风险、稳定价格的目标。由此看来,虚拟经济以"交易—再交易"为主要的运动形式,从而实现虚拟经济的发展和繁荣。但与此同时,如果出现投资者过度的投机行为,甚至是庄家非法操纵市场的行为,加之虚拟经济市场的增长速度本身就快于实体经济,其结果很可能就是虚拟经济市场产生较为严重的动荡,进而对实体经济和社会总体福利造成很大的损害。正是在这个意义上,我们主张虚拟经济有限发展而不是无限增长。

(三)虚拟经济具有高风险性

虚拟经济的高风险性主要源自其独立性,也就是说,虽然虚拟经济的发展根植于实体经济的发展,但是,虚拟经济一旦建立和发展起来,就获得了独立的价值和意义,甚至在某些阶段与实体经济实现了"脱钩"。进一步的问题在于,虚拟经济的这种高风险性是不断扩展的:"一个金融机构、金融市场所面临的变动或冲击,将向金融系统中的其他机构及其他市场迅速传递。"①具体而言,虚拟经济的高风险性表现在以下三个方面。

1. 风险的系统性

党的二十大报告指出,"加强和完善现代金融监管,强化金融稳定保障体系,依法将各类金融活动全部纳入监管,守住不发生系统性风险底线"。事实上,"主动防范化解系统性金融风险成为我国各项金融改革的主要目标,而系统性风险又往往与经济周期因素、结构性因素和体制性因素等基本面变量的波动相互交织"②。所谓风险的系统性,是指虚拟经济风险的爆发不是孤立的,往往是整体性的。如有学者就认为所谓风险的系统性即某一系统性事件对金融行业的显著冲击,一方面严重损害金融系统的正常运作,另一方面产生了损害经济增长、导致社会福利损失的后果。③ 一般认为,系统性风险(系统性风险、系统性金融风险含义是一样的,党的十九大报告是

---

① 杨子晖、周颖刚:《全球系统性金融风险溢出与外部冲击》,《中国社会科学》2018 年第 12 期,第 69-90 页。

② 李泽广、范小云:《新时代的金融体制改革与系统风险化解——首届中国金融学者论坛综述》,《经济研究》2018 年第 6 期,第 204-208 页。

③ O. De Bandt & P Hartmann, *Systemlic Risk: A Survey*(ECB Working Paper, 2000),p. 35.

"系统性金融风险"，而党的二十大报告为"系统性风险"，故这两种提法本书都有，仅做局部统一，引用文献例外，编者按）主要包括"货币风险、法律风险、政策风险、社会性经济环境变动风险等"①。鉴于系统性风险的巨大负外部性，因此，防范和化解系统性风险可以说是金融监管的首要任务。基于投资者对自己的风险承受能力的高估及对风险和收益正相关的选择性遮蔽——市场主体往往只看到收益而忽视或者选择性忽视了风险，因此，爆发系统性风险的可能性在虚拟经济中是长期存在的，而如何来应对也成为学术界和实务界非常关心的重要议题。②

2. 风险的关联性

所谓风险的关联性，是指虚拟经济的风险是有机联动的，一处发生风险很可能会蔓延到整个虚拟经济系统。关于虚拟经济风险的关联性，笔者这里仅以金融行业的风险为例进行分析，以求一叶知秋的效果。事实上，关于金融行业经营风险的关联性，国外学者对此早已展开了相关的研究，如有学者就分析了单个银行经营失败后金融风险的传染问题③，实质上，这种所谓的传染就是我们这里所讲的风险的关联性问题。关于金融行业经营风险的关联性，在虚拟经济高度发展的今天，表现在以下两个向度：

（1）风险的关联性意味着"大而不能倒"。这一分析进路主要是从单个金融机构的角度而言的。从已经爆发的虚拟经济危机来看，以 2008 年美国的次贷危机为例，最终美国政府进行 7 000 亿美金的救市介入，"危机中的金

---

① 周国红：《金融系统风险研究与控制的混沌理论探索》，《浙江大学学报（人文社会科学版）》2001 年第 3 期，第 84-88 页。

② 李志生、金凌、张知宸：《危机时期政府直接干预与尾部系统风险——来自 2015 年股灾期间"国家队"持股的证据》，《经济研究》2019 年第 4 期，第 67-83 页。

③ Agata Aleksiejuk & Janusz A. Holyst, "A Simple Model of Bank Bankruptcies," *Physica A: Statistical Mechanics and its Applications*, No. 1-2(2001):198-204.

融机构与美国经济患难与共的事实最终'绑架'了政府的决策"①。从某种程度上而言,就是考虑到房地美和房利美及 AIG 集团的巨大规模,显然,如果这些非传统金融机构一旦崩溃,其产生的社会影响可以说是无法估量的。事实上,不仅是美国,放眼全球,金融机构"大而不能倒"几乎已经成为各国金融监管的铁律。从深层次的角度看,这也是由金融机构的巨大负外部性决定的:与普通的企业不同,金融作为国民经济的血液,一旦出现问题,其影响将不会局限于某一地域范围或者某一个行业之内,而是会影响各地和各个行业。也正因为如此,金融机构"大而不能倒"几乎成为一条监管的红线。即便金融机构必须倒闭,其过程一般也不是一步到位的,而是有一个接管的前置程序。如《中华人民共和国银行业监督管理法》第三十八条规定:"银行业金融机构已经或者可能发生信用危机,严重影响存款人和其他客户合法权益的,国务院银行业监督管理机构可以依法对该银行业金融机构实行接管或者促成机构重组,接管和机构重组依照有关法律和国务院的规定执行。"《中华人民共和国商业银行法》(以下简称《商业银行法》)第六十四条到六十八条对商业银行的接管作了较为详细的规定,特别是该法第七十一条明确规定:"商业银行不能支付到期债务,经国务院银行业监督管理机构同意,由人民法院依法宣告其破产。商业银行被宣告破产的,由人民法院组织国务院银行业监督管理机构等有关部门和有关人员成立清算组,进行清算。"由此规定可以看出,商业银行即使不能支付到期债务,其是否破产,也需要经银行业监督管理机构同意,方能由人民法院宣告破产。而在破产的过程中,其清算也必须有银行业监督管理机构等有关部门和有关人员参加。

(2)风险的关联性意味着"联系范围广而不能倒"。事实上,这种关联性与金融机构"大而不能倒"有一定的联系。正因为金融机构足够大,所以

---

① 黎四奇:《对美国救市法案之评价及其对我国之启示》,《法律科学(西北政法大学学报)》2009 年第 1 期,第 123-131 页。

其所牵涉的虚拟经济链条就可能很长且复杂,一旦银行业监督管理机构允许这种巨型金融机构进入破产程序乃至倒闭,就很可能引发金融机构的"多米诺骨牌效应"。在全球经济一体化程度不断加深的今天,这种虚拟经济领域的风险还有超越国界的风险。事实上,不管是1997年的亚洲金融危机,还是2008年的美国次贷危机,其最终关联的范围均已经超越了主权国家的国界,成为一个世界性的负外部性问题。正是在这种意义上,笔者认为应强调虚拟经济系统风险应对中"联系范围广而不能倒"的原则。

3. 风险的内在性

所谓风险的内在性,是指虚拟经济的风险并不是外生的,而是内嵌入虚拟经济之中的,可以说只要有虚拟经济就会有风险存在。虚拟经济的风险具有内在性的原因如下:

(1)虚拟经济本身就是一个市场的价值评估和交易系统,但问题在于,市场价值是以价格的形式表现出来的,而价格又是通过货币来表现的。在金本位制下,货币的价值和价格是可以被准确衡量的,货币超发自然也是要受到严格制约的。但是,在货币与金本位和金汇兑本位制脱钩之后,货币超发就成为主权国家必须直面的问题。出于弥补财政赤字、国债发行乃至提升外贸竞争力的需要,货币超发问题在现代各经济强国中都属于普遍现象,控制货币超发目前只能主要依靠自律,事实上货币不再精准对应商品的价值,货币的价值主要体现在其购买力上,也就是必须通过购买力来衡量。综上所述,货币的虚拟化事实上增强了虚拟经济的风险性,进而反噬了市场的价值评估和交易系统,从而引发虚拟经济自身的动荡和风险。

(2)有些虚拟经济形式本身就是"自带高风险"的。在经济发展的较早阶段,市场交易无非就是以货易货,货币出现后,在一定程度上使买卖时空分离,但总体而言还是属于债权的期限性实现问题,债权人和债务人之间的关系也是相对稳定的,这在法律规则方面就是发展出债权的相对性原则。但是,随着虚拟经济的进一步发展,一些虚拟经济中的金融工具被创新出来,如期货、远期、期权等,本身就积聚了较大的风险。以期货市场为例,与股票买卖的"T+1"模式不同,期货(包括商品期货和金融期货)可以采取"T+0"的交易模式,也就是当天买的期货当天就可以卖,在到期之前均可以自由地买卖。至于期货的价格,其往往并不体现为实物商品的价格,而是该商品的价格趋势。显然,期货交易基本上没有实物商品的流通,如击鼓传花,市场会人为地放大这种风险。此外,正因为没有时间限制,期货交易中出现了高频交易现象:"一种采用高速度和高频率的自动化证券交易方法或策略。"[1]有学者甚至认为在高频交易的世界里,几微秒便足以改变交易的输赢。[2] 鉴于高频交易的负外部性,因此,对其可能积聚的风险进行监管已经成为当今期货市场监管的题中应有之义。

(四)虚拟经济具有弱寄生性

所谓寄生,根据《现代汉语词典》的解释,是指"一种生物生活在另一种生物的体内或体表,从中取得养分,维持生活",或指"比喻自己不劳动而靠剥削别人生活"。[3] 而所谓虚拟经济的寄生性,显然是相对实体经济而言的。从经济发展史可知,虚拟经济的产生、发展都是依托于实体经济的,因此,在某种程度上,我们可以认为虚拟经济具有寄生性。事实上,虚拟经济的这种寄生性在其发展过程中不断被展示出来:一旦实体经济发生风险或者动荡,例如,呈现行业性衰退、经济周期、企业破产特别是上市企业破产等,这些风险或者动荡就会传递到虚拟经济中,从而引发虚拟经济的风险或者动荡。因此,对虚拟经济而言,其与实体经济可以说"一荣俱荣"。但是,与学术界一些认知[4]有所区别的是,笔者认为虚拟经济的寄生性主要是一种弱寄生

---

① 邢会强:《证券期货市场高频交易的法律监管框架研究》,《中国法学》2016 年第 5 期,第 156-177 页。
② 弗雷德里克·勒雷艾弗、弗朗索瓦·比雷:《高频交易之战:金融世界的"利器"与"杀器"》,李宇新、刘文博译,机械工业出版社,2015,第 1 页。
③ 中国社会科学院语言研究所词典编辑室编:《现代汉语词典(第 7 版)》,商务印书馆,2016,第 619 页。
④ 周莹莹、刘传哲:《虚拟经济与实体经济协调发展研究》,经济管理出版社,2013,第 30 页。

性,其根据在于以下三点。

1. 虚拟经济自身具有相对的独立性

虚拟经济产生和发展尽管决定于实体经济,但其发展起来以后,又具有相对的独立性,并且,随着虚拟经济的进一步发展,特别是随着信息网络时代的到来,虚拟经济的发展与实体经济的对应关系甚至会呈现出此消彼长的局面,这一表现与普通的寄生性是有很大差异的,如美国经济的"脱实向虚"即为适例。也就是说,一个国家在实体经济(如制造业等)发展水平一般的情况下,虚拟经济可以有很大规模的发展。而随着全球经济分工和贸易的深入发展,一些传统的制造业强国也可能存在经济上产生"脱实向虚"的情况。以我国为例,随着社会经济的进一步发展,很多新的财富巨头便来自非传统的行业,如互联网、金融行业等。事实上,这一趋势会对社会财富的流向产生风向标的作用,于是,大量的实体经济资金就会流向这些领域,"脱实向虚"就会成为一种普遍的社会现象。正因为如此,监管部门对经济领域中的"脱实向虚"保持高度的警惕,这与笔者所倡导的虚拟经济有限发展事实上具有异曲同工之妙。

2. 虚拟经济会对实体经济产生重大的反作用

就正面的作用而言,虚拟经济对于某些实体经济形式吸取发展的金融资源是一个非常好的手段。事实上,美国的创新动力之一就在于纳斯达克发达的小资本市场孕育了众多的科技创新公司。可以想象,如果没有虚拟经济的这种发展,多少美好的公司愿景与个人创意就会因为资金的匮乏而"胎死腹中"。就反面的作用而言,虚拟经济对于实体经济也会产生严重的负面影响,特别是那些股票价格的剧烈波动、银行呆账的风险外溢、内幕交易等,甚至是交易中的一些技术性问题,如乌龙指等,都会对实体经济产生非常严重的影响和损害。从这个角度看,虚拟经济虽然是寄生在实体经济之上的,但是,它并非完全依附在实体经济之上,它有自己独立的价值和影响。

3. 实体经济对虚拟经济的依赖性越来越强

虚拟经济发展起来以后,实体经济便无法离开虚拟经济而发展,这在现代社会更是如此。以金融为例,作为虚拟经济的重要表现形式,我们很难想象某种实体经济可以离开金融而独立发展。从这个角度看,我们发现虚拟经济的这种寄生性,与普通的寄生性是存在很大差异的——如果虚拟经济就是一种寄生经济,那么,我们完全可以废除虚拟经济,或者不发展虚拟经济,但显然,在现代市场经济中不发展虚拟经济是不可想象的事情。

综上所述,笔者认为,虚拟经济的寄生性是一种弱寄生性,并且具有相对的独立性。认识不到这一点,我们就无法窥见虚拟经济的本质,也难以在深层次上理解为什么虚拟经济必须发展。当然,也正是因为考虑到虚拟经济的一些负外部性,我们才更加确信,虚拟经济必须有限发展。

二、虚拟经济的地位考察

在虚拟经济本体论中,虚拟经济的地位是一个不容回避的问题。在整个经济系统中,思考虚拟经济的存在就需要思考虚拟经济有无自己的地位问题,而是否有自己的地位,其实主要是从关系的角度来进行思考的问题。要理解虚拟经济的地位,只有先应理解虚拟经济发展的来龙去脉,方能对其地位进行精准阐释。根据成思危先生的观点[①],虚拟经济的发展可以划分为五个阶段:①货币的资本化,即闲置货币变成生息的资本;②生息资本的社会化;③有价证券的市场化;④金融市场的国际化,即虚拟资本的跨国交易;⑤国际金融的集成化。我们可以从虚拟经济的这个发展历程看出,虚拟经济总是与经济发展的更高形态联系在一起的,只要在必要的限度范围之内,

---

① 周莹莹、刘传哲:《虚拟经济与实体经济协调发展研究》,经济管理出版社,2013,第34-35页。

虚拟经济的正外部性就是远远大于负外部性的。事实上,如果虚拟经济的负外部性超过了正外部性,那么我们在制度层面上对其进行禁止即可以解决问题。虚拟经济的地位到底体现在哪些方面呢? 笔者将其总结如下。

(一)虚拟经济是现代实体经济发展的资本积聚器

(1)虚拟经济能够实现实体经济价值的数字化。马克思曾指出:"资产阶级在它的不到一百年的阶级统治中所创造的生产力,比过去一切世代创造的全部生产力还要多,还要大。"[①]第二次世界大战后,随着新科技和新通信手段的发展,世界经济得到进一步的发展和提升。美国、中国、日本等国家的 GDP 都达到了人类历史上史无前例的水平。想象一下,如果这些实体经济的发展没有虚拟经济的助推,那么我们不仅难以在数字上统计财富总量,也难以适应这些行业在不同情况下的资金需求。正如有学者所指出的,"人类最早的写作行为就是古代西亚地区的人们为了记录金融契约而发明的;人类社会第一个有关时间和风险的复杂模型也和金融密切相关"[②]。因此,虚拟经济并不是简单地把世界财富通过数字的方式表达出来,而是成为现代实体经济发展的资本积聚器。事实上,如果考察各国特别是发展中国家的经济发展史,我们就可以看出,在这些国家的实体经济发展的早期阶段,银行融资往往比例巨大,而资本市场基本可以忽略不计。但是,随着经济的进一步发展,基于银行的资金融入比例会不断降低,而基于资本市场的资金融入比例会不断提升。与此相对应,在这些国家,作为一种趋势,资本市场也会越来越重要。

(2)虚拟经济拓展了融资方式,从而使实体经济更容易筹措到发展的资

---

① 中共中央马克思恩格斯列宁斯大林著作编译局:《马克思恩格斯选集(第 1 卷)》,人民出版社,1995,第 277 页。

② 威廉·戈兹曼:《千年金融史:金融如何塑造文明,从 5000 年前到 21 世纪》,张亮亚、熊金武译,中信出版社,2017,第 9 页。

金。正如上文所分析的,虚拟经济不仅是一种价值交易系统,也是一种新的融资方式。事实上,虚拟经济对实体经济发展融资方式的拓展是分两个层面进行的:①虚拟经济的融资方式主要是直接融资和间接融资,其中,与传统的银行融资方式(间接融资)不同,作为虚拟经济融资的另一种主要形式的直接融资在现代社会变得愈发重要,而从交易成本的角度看,直接融资较之间接融资的成本更低,更重要的是,这种融资方式也更加有利于解决金融系统风险过分集中的问题。②虚拟经济作为一种融资方式,其自身也在不断地发展和拓展。易言之,与银行这种间接融资方式的相对稳定性不同,直接融资方式更加多样,特别是随着各种金融衍生品的不断被开发,直接融资的灵活性和便利性被进一步放大。

(3)虽然虚拟经济自身不单独创造价值,但是其能够让投资者获益,并且,其高流动性和高收益性有助于保障这种资本积聚方式的持续性。事实上,虚拟经济自身不创造增量性的社会财富,但是其创造出来以后广为市场所接受,主要的优势就在于虚拟经济自身的高流动性和高收益性。就前者而言,正是虚拟经济的高流动性吸引了一大批投资者进入虚拟经济市场。可以想象,如果没有流动性,虚拟经济的生命马上就会萎缩乃至消亡。就后者而言,虚拟经济可以通过多种相当灵活的方式让投资者获益,如投资者可以灵活进行虚拟经济的组合投资——虚拟经济的高流动性又让这些市场主体可以在虚拟经济产品之间实现灵活的转化和取舍,投资者也可以利用虚拟经济分散自身的经营或者财务风险——因为这些投资可以快速实现资金回笼。当然,虚拟经济也是一种信心经济,一旦投资者出现大规模的恐慌,就会引发严重的危机。也正是在这种意义上,我们主张对虚拟经济进行有限发展而不是无节制的扩张。

(二)虚拟经济是现代实体经济保持活力的发动机

美国学者彼得·德鲁克曾认为,当今世界一个醒目但是又难以理解的主要变化就是符号经济取代了实体经济成为世界经济发展的飞轮,并且这种符号经济是独立于实体经济的。[①] 显然,这里的符号经济就是笔者所讲的虚拟经济。那么,虚拟经济是如何让现代实体经济保持活力的呢? 一方面,一些学者认为流动性的过度扩张可能导致其本身疏离实体经济,并且造成于价值创造无涉的令人困扰的局面。因此,虚拟经济的监管当局需要按照"资金转移及分配"与"风险转移及分配"两种中介性功能分离原则来开发和设计金融产品。[②] 另一方面,正如有学者所指出的[③],在黄金非货币化的条件下,经济的虚拟化,例如发行票据等实质上是创造一种弱可流动性来代替强可流动性的货币,但其本身并不是消除了流动性,因为发行的货币股票并不会自行退出市场,所以这种方式事实上会加剧虚拟经济的进一步膨胀,从而引发一些流动性以外的新问题。但总体而言,学术界有一种基本的共识[④],这就是适当利用资产证券化可以盘活存量资产,并增强经营性资产的流动性,进而有助于解决企业面临的融资难、高杠杆等问题。具体而言,虚拟经济作为现代实体经济保持活力的发动机,主要表现在以下两方面:

（1）虚拟经济可以实现资产的变现,实现固定资产的流动性,从而实现"死资产"到"活资产"的转变。在市场经济条件下,资源是稀缺的,如何将稀缺的资源配置给出价最高者、如何将稀缺的资源配置给最能增值的市场主体,是所有市场交易规则努力追求的美好愿景。但是,在实体经济中,其所运用的生产要素,如物资、厂房、机器、工人等,一旦进入生产或者再生产环节,不仅其价值会贬损较大,其流动性也会大打折扣。在这种情况下,如上文所分析的,这些固定资产的证券化既能增强企业本身的流动性,也能实

① 彼得·德鲁克:《管理的前沿》,许斌译,上海译文出版社,1999,第23页。
② 李乐、毛道维:《流动性平衡、价值创造及金融产品设计原则——基于符号经济系统和实体经济系统互动的视角》,《财经科学》2010年第5期,第1-2页。
③ 刘骏民、张云:《虚拟经济视野的流动性膨胀困境与应对》,《改革》2008年第1期,第85-91页。
④ 刘红忠、傅家范:《资产流动性、融资约束与经济波动》,《统计研究》2017年第11期,第15-29页。

现资本的基于市场规则的进入或者退出,这样就实现了价值的高度流转和重新分配,从而将经济盘活。

（2）虚拟经济提供实体经济产权交易的手段,通过资源的优化重组,矫正投资失误带来的资产闲置。在实体经济条件下,企业之间的价值交易会因为定价、交易规则、交易安全防范等问题而使交易成本大幅度增加,从而无法实现社会大生产的资源集聚,更无法迅速实现资源流向更有发展潜力的企业或者行业。其原因在于所有实体经济交易都需要一个过程,一个交易中必然发生的讨价还价的过程,其交易过程之复杂往往会使一些市场主体坐失良机。但是,在虚拟经济发展起来之后,这些传统的实体经济中的资源配置障碍基本已经不复存在。实体经济一旦被虚拟化,就可以极低的成本进行相互的交易和流通,从而实现资本、资源在不同门类行业之间的优化配置,充分发挥资源的市场价值。

（三）虚拟经济是国家升级现代产业结构的助推器

"解决中国经济发展过程中诸多问题的根本途径是结构性改革,而产业结构是经济结构的决定性因素。"[1]虽然国内有些学者认为地方政府可能造成产业结构的趋同和对产业结构升级造成阻碍作用[2],但是,我国的产业结构受政府和市场的双重影响应当说是一个事实层面的问题,也是一个无法回避和必须直面的问题。根据日本学者的研究,"产业结构状况和经济发展水平有明显的相关性,后发国家可以借鉴先行国家的经验,发挥'后发优势',通过政府的积极干预即产业政策,主动推动产业结构的调整和升级"[3]。

---

① 江胜名、江三良、吴石英:《市场化、地方政府努力方向与产业结构升级》,《福建论坛（人文社会科学版）》2017 年第 2 期,第 81-90 页。

② 褚敏、靳涛:《为什么中国产业结构升级步履迟缓——基于地方政府行为与国有企业垄断双重影响的探究》,《财贸经济》2013 年第 3 期,第 112-122 页。

③ 江小涓:《理论、实践、借鉴与中国经济学的发展——以产业结构理论研究为例》,《中国社会科学》1999 年第 6 期,第 4-18 页。

对中国这样的后发国家而言,运用国家干预来升级产业结构可以说是不二法门。需要说明的是,强调虚拟经济对产业结构升级的作用,前提是经济发展到一定程度且产业结构可以升级。也就是说,国家并不能运用虚拟经济这样一种经济形态来强行升级产业结构,而只能顺水推舟,这也是我们将虚拟经济定位为国家现代产业结构升级的助推器的重要根据。择要言之,虚拟经济作为国家升级现代产业结构的助推器,主要表现在以下两个方面。

1. 虚拟经济有助于实现产业结构升级的资金配置

在市场经济条件下,整个市场是一个巨大的系统,各个产业之间事实上处于一种基于社会分工、国家政策导向、社会需要及社会平均利润的均衡状态。换言之,何种产业占据何种比例和规模、获取多少社会平均利润,其中是有一个大体的尺度的。在正常情况下,我们是不能打破这个相对平衡的经济生态系统的。但是,基于社会经济发展的需要,特别是基于公共利益的远视优势[1],政府需要集中一些资金和资源发展一些具有市场前景的企业或者行业。但是,市场的短视是不能为这些企业或者行业提供足够的资金支持的,在这种情况下,政府就可以对这些企业或者行业在资本市场的资金筹集采取一些倾斜性、优惠性的措施,并通过虚拟经济实现资源的目标性配置。例如,在中美贸易争端的背景下,政府推进发展芯片企业的战略性举措,就能为这些相关产业带来重大的利好刺激,从而引导资金流向这些企业或者行业。反过来,如果没有虚拟经济这样的经济形式,那么如何发展那些很有市场前景的产业,政府就不得不借助银行这样一种融资方式,而银行融资的最大缺点就是风险过于集中,较之虚拟经济这种广泛的投资主体或者投机主体大幅度分散了投资风险的资金筹集方式而言,其缺陷是比较明显

---

[1] 李昌麒:《经济法学(第三版)》,法律出版社,2016,第30页。

的。也正是在这种意义上,笔者认为虚拟经济是国家升级现代产业结构的助推器。

2. 虚拟经济通过与实体经济的良性互动实现产业结构升级的政策目标

实体经济的发展必须投入大量的沉没资本,因此,实体经济一旦发展起来,其往往就具有不可逆性,即使经营者或者行业主管部门发现了问题,在这些资源和产品没有找到新的出路之前,也只能继续维持下去。与此相对,虚拟经济虽然不直接创造社会财富,但是,其应对整个经济发展的趋势是非常灵敏的,也就是说,虚拟经济可以对企业或者行业的发展前景作出最迅速的判断与调整:要么引领其他社会资本进入这些企业或者行业,要么实现社会财富由传统产业向新兴产业转移,从而增加新兴产业的融资额度。由此看来,虚拟经济能够凭借其对企业或者行业的敏感性,实现对社会资源的先导性配置。显然,在虚拟经济发展良好的情况下,虚拟经济的这种动态和趋势就会成为我们实现产业结构升级的重要风向标。反过来,如果缺乏虚拟经济的这种敏感性,那么,从整个社会层面来看,我们就无法预知企业或者行业的发展趋势,也不能根据新兴产业的发展需要进行资源配置,而只能在市场机制自发导引下,通过经济周期来实现资源的合理配置。显然,这对于产业结构的及时升级和发展是十分不利的。事实上,自1933年发生重大经济危机以来,尽管发生了2008年那样的世界性金融危机,但各国都有力地克服了这种危机的影响,也没有出现经济危机演变为政治危机甚至世界大战的悲剧般的局面。应当说,这很大程度上要归结于各国虚拟经济的发展,使社会和政府提前预知了经济的未来发展趋势和重点,从而有针对性地进行产业布局,促进世界经济不断迈上新的台阶。

(四)虚拟经济是一种环境友好型的经济形态

环境友好指"对环境友好"[1],自 1992 年里约热内卢召开的联合国环境与发展大会通过的《21 世纪议程》提出"环境友好的"(environmentally friendly)理念以来[2],这一概念很快得到学术界的同情和理解。所谓环境友好型经济,是指这种经济的发展对环境是友好的,不是以损害环境为经济发展的手段的一种经济形态。事实上,关于人类和环境之间的密切关系,经典作家早就认为"我们连同我们的肉、血和头脑都是属于自然界和存在于自然之中的"[3]。那么,虚拟经济作为一种环境友好型经济主要表现在哪些方面呢?择要如下:一是虚拟经济本身的产品不会对环境造成损害和污染,也基本不会消耗地球上有限的资源。"在虚拟经济系统中,用以交易的产品(如各种证券及金融衍生品)一旦形成之后,他们本身不能再作为资本参与生产与再生产,而且持有这些产品既没有生产资料的投入,也没有劳动力的投入,从绝对意义上讲这些产品除了可以忽略不计的制作成本(工本费)外,没有任何实体经济中产品所包含的劳动价值。"[4]我们可以将虚拟经济的环境友好性概括为以下四个方面:

(1)虚拟经济的生产和再生产基本不消耗可再生资源,这与实体经济的生产和再生产必须消耗可再生资源形成鲜明的对比。

(2)虚拟经济的生产和再生产基本不需要专门的生产场所和生产工具,除了前文所讲的需要少量的工本费,在虚拟经济交易电子化的今天,这个环节可能的资源损耗也是基本可以忽略不计的。

(3)虚拟经济的产品,如股票、证券及金融衍生品,其在流通的各个环节

---

[1]　徐祥民、梅宏:《环境友好型社会建设的法制保障》,《当代法学》2010 年第 4 期,第 129-135 页。

[2]　蔡守秋:《论环境友好型社会的法制建设》,《甘肃政法学院学报》2006 年第 5 期,第 14-29 页。

[3]　中共中央马克思恩格斯列宁斯大林著作编译局:《马克思恩格斯选集(第 4 卷)》,人民出版社,1995,第 384 页。

[4]　胡光志:《虚拟经济及其法律制度研究》,北京大学出版社,2007,第 22 页。

均是环保低碳的,其产品退出市场也不需要进行垃圾处理。概言之,整个虚拟经济的产品生产、运行、消费等,几乎不会产生任何损害环境的问题。事实上,虚拟经济的这一环保价值也在英国、美国等发达国家充分体现出来——正因为这些国家虚拟经济比实体经济更加发达,所以其环境保护得更好,自然也就有更多的绿水青山。

(4)虚拟经济的流通和退出也是环境友好的。与实体经济相比,虚拟经济的流动基本属于零交易费用,不会产生对自然环境有不利影响的残留。同时,虚拟经济的产品往往也不需要实体经济的产品那种包装,在虚拟经济的运行过程中,一旦发生较大的价格波动甚至崩溃,也不会如实体经济崩溃那样产生大量的垃圾,如产品和厂房的废弃等,而只是定价系统数字的变化,这显然对自然环境而言几乎是没有任何污染的。而实体经济,正如有学者所指出的,"我们越是努力发展经济,我们生活的生态系统就越接近崩溃的边缘。反过来,我们付出更多精力保护环境,则会难以促进经济发展并创造繁荣。这使我们陷入了一个困境,却似乎看不到解决办法"①。正因为如此,虚拟经济这种新的交易主体、交易对象、交易方式和交易规则,其开创的是一种全新的经济形态,一种真正的环境友好型的经济形态。

(五)虚拟经济是人类应对经济危机的重要手段

虚拟经济是人类应对经济危机的重要手段,有两个重要的前提:①虚拟经济的发展是经济发展史中不可避免、不可回避的现实情况。换言之,不管我们喜欢还是厌恶,虚拟经济就在我们的经济生活当中。②随着经济的发展,特别是在社会化大生产阶段,经济的供求失衡是不可避免的事情,经济周期也是市场经济不可避免的情况。基于以上两个约束条件,笔者认为,虚拟经济事实上是一个国家克服经济危机的重要手段。所谓经济危机,正如

---

① 威利·莱顿维塔、爱德华·卡斯特罗诺瓦:《虚拟经济学》,崔毅译,中国人民大学出版社,2015,第312页。

马克思、恩格斯所指出的,"在危机期间,发生一种在过去一切时代看来好像是荒唐现象的社会瘟疫,即生产过剩的瘟疫"①。因此,"资本主义经济危机实质上是生产过剩的危机。但是,这种过剩不是说社会生产出来的东西真的多得超过了劳动人民的实际需要,而恰恰是由于劳动人民购买力不足,买不起这些东西,因而出现了过剩。所以,资本主义的生产过剩不是绝对过剩,而是相对的过剩"②。如何来应对这种经济危机呢? 如果没有国家的介入,经济危机一般都要经过危机阶段、萧条阶段、复苏阶段和高涨阶段四个基本环节,即基于自生自发秩序的自我演进来予以矫正。但是,这往往容易造成整个社会福利的重大损失。第二次世界大战后,各资本主义国家向海外殖民地输出经济危机也基本走到了尽头——各殖民地纷纷独立。因此,如何来应对这种市场经济的痼疾——经济危机,就成为摆在各国政府面前的一道难题。从美国的经验看,运用虚拟经济来应对实体经济危机可以粗略分为三个层面:

（1）经济"脱实向虚"。也就是说,当实体经济发展到一定阶段不能容纳更多的生产力和资金时,这些多余的生产力和资金便会转化为虚拟经济,例如,转化为金融资本,在一国范围内减缓生产和消费之间的矛盾。我们知道,资本是逐利的,是要实现利润最大化的,当实体经济发展到一定阶段的时候,如果资本继续进入这些实体经济领域,那么必然造成本国范围内更大的供需脱节,经济危机将不可避免地爆发。在这种情况下,本应注入实体经济的资金如果进入虚拟经济领域,就可以在更大的范围、以更灵活的方式获取资本的利润。这就在一定程度上避免了实体经济危机中的过度生产问题。也正是在这个意义上,成思危先生认为虚拟经济发展的第五阶段是"国

---

① 中共中央马克思恩格斯列宁斯大林著作编译局:《马克思恩格斯选集(第 1 卷)》,人民出版社,1995,第 257 页。

② 吴树青、卫兴华、洪文达主编:《政治经济学(资本主义部分)》,中国经济出版社,1993,第 138 页。

际金融的集成化"①。虽然是否达到"化"的水平我们在学术上尚可以进一步讨论,但是,国际金融的集成无疑对虚拟经济的价值实现提供了很好的平台和机遇。总而言之,资金的"脱实向虚"在某种程度上缓解了实体经济中供给和需求的矛盾,从而暂时减缓甚至克服了经济危机的发生。虽然这很可能仅是经济危机的延迟,更不是从根本上解决实体经济危机的出路,但是,有延迟、有出路毕竟比无路可走更好一些。而不断地延迟乃至克服经济危机的爆发,事实上就在某种程度上避免了经济危机。因为对大部分市场主体而言,其本身也是有生命周期的。

(2)虚拟经济实现了对经济危机的柔性转化。如前文所述,如果没有虚拟经济的发展,实体经济将在资本的推动下不断生产出某个时空范围内无法消费掉的产品,同时,由于空间和国界的限制,这些产品往往又会因为找不到合适的市场而只好被销毁,这显然会造成巨大的社会资源浪费。但是,随着虚拟经济的发展,资本找到了新的出路,通过各国的股票市场等,资本实现了国内生产力的灵活输出——既避免了远距离的产品运输,也保证了资本的必要利润。虚拟经济的这种异常灵活性,可以说最大限度地减少了现实世界中的交易成本。概言之,资本找到了利润获取的空间范围,而生产的产品也找到了最需要它们的消费市场。事实上,跨国公司的世界生产线布局就是虚拟经济运作方式的具体体现。

(3)虚拟经济是实体经济危机的晴雨表。与实体经济相比,虚拟经济的运作属于数字化的,其集成化程度非常高。例如,股市行情每天都可以通过K线图迅速获取,同时,股市的市值也是比较清晰的,而股票市场的涨跌也成为实体经济发展的指南针。从这个角度看,虚拟经济事实上通过其运作,将实体经济中可能爆发的经济危机转移到了虚拟环境中,如观察期货的交易状况就可以对某种产品的交易远景作出一个比较好的判断,这就避免了

---

① 成思危主编:《虚拟经济概览》,科学出版社,2016,第8页。

实体经济发生危机带来的那种直接损害。换言之,在现代市场经济条件下,随着经济发展水平的提高,实体经济和虚拟经济的联动已经成为现代市场经济的有机组成部分。在这种情况下,实体经济的危机往往先要通过虚拟经济的危机表现出来。从国家经济调控的角度看,此种现象和趋势就是国家介入的重要指南,有利于对经济危机进行提前防范。也正是在这个意义上,虚拟经济是当今时代政府克服经济危机的重要工具。此外,对发达国家而言,其虚拟经济高度发达,一方面会成为制约发展中国家虚拟经济发展的因素,另一方面,发达国家也会通过金融全球化的方式将危机转嫁到发展中国家。① 当然,任何事物都有两面性,虚拟经济的相对独立性告诉我们,如果对虚拟经济中的问题处理不当,也会引发实体经济的混乱,进而造成社会总体福利的损失,这是我们在运用虚拟经济应对经济危机时必须牢记的一点。

三、虚拟经济有限发展的界定

要对虚拟经济有限发展进行科学界定,有三个基本的认识前提:

(1)虚拟经济的发展具有中性。一方面,如果虚拟经济发展对人类社会纯粹是有益的,那么,我们就不必倡导虚拟经济的有限发展,无限发展岂不是更好? 另一方面,如果虚拟经济发展对人类社会纯粹是有害的,那么,我们大可一禁了之,何必倡导有限发展——有限发展也是发展——来迫使人类社会走钢丝绳? 从上面的分析可以看出,虚拟经济的发展并不是简单地大力提倡或者任由其发展,抑或是简单地禁止所能解决的。问题的复杂性在于,虚拟经济的发展不仅有自己的规律,也有弱寄生性的一面,即虚拟经济是依附于实体经济而发展的。概言之,虚拟经济的发展既不能放任不管,也不能一味打压抑或简单禁止,因此,对于虚拟经济,最有效的办法就是倡

---

① 叶祥松、晏宗新:《当代虚拟经济与实体经济的互动——基于国际产业转移的视角》,《中国社会科学》2012 年第 9 期,第 63-81 页。

导其有限发展。如果不强调虚拟经济的发展，就是无视虚拟经济作为实体经济重要辅助手段的功能和价值，就是无视虚拟经济是现代社会价值运动的重要形式和载体，就是无视所有权的财产性价值在现代社会日益占据重要地位的基本事实，显然是行不通的。同时，如果不强调虚拟经济的有限发展，就会不当地放大虚拟经济的缺陷，引发系统性风险，造成国家、社会经济状况的恶化乃至倒退，甚至会引发新的社会贫富不公。事实上，自第二次世界大战以来，世界各国的生产力水平应当说提高了，物质产品也进一步丰富了，但我们发现，整个世界并没有更加和平和安定，相反，世界变得比以前更加动荡不安，在贸易、金融等方面，全球化的趋势在不断式微，而逆全球化的趋势比以往任何时候都更加强烈。之所以出现如此光怪陆离的事情，出现越来越多的"看不懂"的事情，既是人类总体贪欲性的表现[1]，也是和全世界虚拟经济的深化发展、虚拟经济对社会财富和世界财富的重新分配、虚拟经济造成的对底层劳动者福利剩余的剥夺等密切相关的。因此，从可持续发展的角度来看，保持对虚拟经济中性的认知，更加强调虚拟经济的有限发展，对一些发达国家甚至我国这样的发展中国家，是一剂良药，虽然苦口，但有利于"治病"。

（2）虚拟经济有限发展是一种理念，一种对虚拟经济发展的宏观性描述。虚拟经济到底应当如何发展，在现实中，只能具体情况具体分析。倡导虚拟经济的有限发展，并不是处处、时时都要限制虚拟经济的发展，到底是发展还是有限发展，需要根据具体情况客观分析。例如，对一个国家而言，倡导虚拟经济的有限发展，可能主要是宏观层面的。但是，在微观上，由于一国各地之间虚拟经济发展的不平衡，因此，一些地方需要限制发展，而另一些地方则可能需要进一步发展甚至大力发展。虚拟经济毕竟只是实体经

---

① 汤因比、池田大作：《展望21世纪：汤因比与池田大作对话录（第二版）》，荀春生、朱继征、陈国梁译，国际文化出版公司,1999,第38页。

济的辅助手段，是寄生在实体经济的发展之上的，虽然具有环境友好的特点，但是虚拟经济本身并不会导致社会实体经济福利的增加，不会导致社会财富的真正增长，其主要功能是实现社会财富的重新分配和调整，因此，从总体来看，笔者认为虚拟经济只能有限发展。对一个国家而言，虚拟经济虽然要发展，但是在总体上应当有限发展，至少不能超越实体经济过度发展，甚至出现经济的"脱实向虚"问题。在操作层面上，虽然虚拟经济有这样那样的不足或者各种需要引起我们重视的地方，但我们不能将虚拟经济的有限发展作为一项具体的规则来机械执行。之所以会出现这种令人困扰的情况，是因为虚拟经济的发展并不取决于其自身，也就是说，虚拟经济是否实现了有限发展，不能单纯地看虚拟经济的总量，而是要看虚拟经济与实体经济的匹配程度。如果一个国家的实体经济规模很大，那么，与此相对应，这个国家的虚拟经济规模也可以很大。从美国的经验看，只要虚拟经济的规模不过度超越实体经济，那么就可以认为这种虚拟经济实现了有限发展。反过来，如果一个国家的虚拟经济规模过度超越其实体经济规模，出现了虚拟经济的过度发展甚至所谓的非理性繁荣，那么，此时就可以认为该国的虚拟经济没有实现有限发展。从这个角度看，我们构建虚拟经济有限发展的制度体系，主要是提供一些理念性的、价值性的制度安排，而难以在所有的具体环节中提供一些关于虚拟经济实现有限发展的明确标准。因为虚拟经济是否实现了有限发展，是一个动态的过程，而不能拘泥于某种静止的规则架构。

（3）虚拟经济是否实现了有限发展，需要看其法权结构是否符合实质公平的需要。与实体经济不同，虚拟经济的发展虽然也根源于实体经济发展与技术进步的推动，但是，虚拟经济要真正发展和进一步发展，其制度安排就必须体现实质公平的法权结构。这种实质公平的法权结构包含两个方面的意思：其一，虚拟经济中弱势群体的权益保障是否充分的问题。作为社会价值的流动形式，虚拟经济本质上是对社会价值的分配和再分配，在最一般的意义上,这种基于制度的价值的分配和再分配在总体上是有利于强者而不利于弱者的①,这个事实虽然很遗憾,但在相当长的历史时期内是难以改变的——因为虚拟经济就是一种基于制度的建构而发展起来的经济形式。虚拟经济的价值分配和再分配虽然有利于强者而相对不利于弱者,但这并不意味着弱势群体的利益就可以被无视,相反,基于法权实质公平的制度旨趣,我们需要保障弱势群体的基本权益。之所以强调这一点,是因为一个社会中强势群体和弱势群体是相对的,在一定条件下也会发生转换。在这种情况下,强调弱势群体基本权益的保障,将最大程度得到社会力量的支持——就算是强者,也是分层次的,如果连基本的权益都无法保障,那么就成了现代社会的丛林法则,变成霍布斯所讲的"所谓的战争状态之下"②,最终受害的将是所有的社会群体。从这个意义上看,保障弱势群体的基本权益,既能凝聚社会的基本共识,也能最大限度地保障虚拟经济的健康和持续发展。其二,虚拟经济中强势群体是否得到有效规制的问题。在虚拟经济中,强势群体主要包括两种类型:①资本型强势群体;②权力型强势群体。在虚拟经济发展的过程中,特别是现代虚拟经济的发展过程中,这两类强势群体拥有的优势地位将转化为对虚拟经济实实在在的控制力,这种控制力又往往是通过不当攫取信息优势而得以实现的。事实上,对虚拟经济中强势群体的规制与对弱势群体基本权益的保障是一个问题的两个方面。鉴于虚拟经济是一种基于规则的经济形式,因此,从某种程度上看,有效规制强势群体在虚拟经济实现有限发展的目标中显得更加重要和不可或缺。

上述分析可见,虚拟经济的过度发展会导致虚拟经济投机性的增强、虚拟经济资产配置的失效和虚拟经济系统不稳定性的增加,成为引发虚拟经济风险、导致金融危机发生的核心机理和最直接诱因,虚拟经济的有限发展

---

① 布莱克:《法律的运作行为》,唐越、苏力译,中国政法大学出版社,1994,第13页。

② 霍布斯:《利维坦》,黎思复、黎廷弼译,商务印书馆,1985,第94页。

是时代的必然,也是虚拟经济发展规律的内在要求。虚拟经济的发展应该是"有限发展",应该由法治为其确定相应的轨道和边界,对此笔者以"虚拟经济有限发展法学理论"称之。笔者认为,所谓虚拟经济有限发展法学理论,是指根据虚拟经济自身的运行规律,从法律自身的宗旨和价值出发,主张法律在保障虚拟经济发展的同时,为预防与克服其负面效应,保障其运行安全和可持续发展,而将其置于法律约束下的安全范围内运行的一种经济法学思想。

虚拟经济有限发展法学理论以虚拟经济自身的特点和运行规律为依据,是在对虚拟经济基本特征的切实把握和对虚拟经济核心价值维护基础上提出的一种新思想,是基于虚拟经济风险和价值并存的事实与规律,意图运用法治思维和法治方法,对虚拟经济发展过程中可能存在的风险予以治理,以期趋利避害,从而最大限度地激发虚拟经济对现代实体经济发展的促进作用。同时,虚拟经济有限发展法学理论以法律自身的宗旨和价值追求为依托,事实证明,虚拟经济的安全运行须臾也离不开法律的促进、保障和规范。虚拟经济有限发展法学理论正是从法律自身的宗旨和价值出发,主张法律在保障虚拟经济发展的同时,预防与克服其负面效应的。换言之,该理论旨在借助自由、正义、安全、秩序等法律规范的价值意涵,来对虚拟经济运行过程进行正向影响,从而为虚拟经济市场安全运行营造良好的法律环境。虚拟经济有限发展法学理论以保障虚拟经济运行安全和可持续发展为核心理念,既要求保障虚拟经济的发展,又要求将虚拟经济置于可控的安全范围内运行。虚拟经济有限发展法学理论以经济安全发展为核心目标,包含整体发展、协调发展和持续发展三层意义,其中整体发展是虚拟经济有限发展法学理论的基石,协调发展是虚拟经济有限发展法学理论的关键,持续发展是虚拟经济有限发展法学理论的价值立场,三者结合起来构成整个虚拟经济有限发展法学理论的内核。虚拟经济有限发展法学理论强调运用法治思维和法治方法,来为虚拟经济规范发展构建制度框架:从保障虚拟经济秩序、虚拟经济效率和虚拟经济安全出发,构建虚拟经济法治的价值理念;从虚拟经济整体发展和规范的角度明确虚拟经济立法的宗旨,确定虚拟经济立法的基本原则,构建虚拟经济法律规范的基本制度;从证券法律制度变革、银行法律制度变革、期货法律制度变革方面入手,构建虚拟经济市场运行的法律监管制度,从而促进虚拟经济"向实而生",并克服虚拟经济"脱实向虚"的弊端,实现虚拟经济及整个市场经济的可持续发展。

第二章　有限发展:虚拟经济发展的根基所宗

虚拟经济要发展不是问题,但是,虚拟经济如何发展不仅是一个理论问题,也是一个实践问题。在理论层面,虚拟经济是市场经济发展到高级阶段的产物,因此,如果秉持市场自生自发秩序的宗旨,虚拟经济自然就应当无限发展,反之,如果秉持反对市场至上主义的观点,虚拟经济自然就只能有限发展。在实践层面,虚拟经济的发展在那些提倡市场至上的国家,事实上已经进入了一种疯狂的状态——美国经济"脱实向虚"就是一个例证,反之,在那些主张市场自由和政府干预应有机结合的国家,虽然也存在经济"脱实向虚"的风险,但基本在可控的范围之内。由此看来,有限发展应当成为虚拟经济发展的根基。从宏观的角度看,虚拟经济只能有限发展主要基于以下几个核心理由:

(1)虚拟经济的产生过程决定了虚拟经济只能有限发展。一方面,实体经济制约着虚拟经济的发展限度;另一方面,实体经济虚化的初始步骤也是有限的。一般认为,实体经济虚化的第一个步骤即初始步骤就是闲置货币的资本化,但从历史的角度看,闲置货币的资本化本身就是有限的。

(2)虚拟经济的自身地位决定了虚拟经济必须有限发展。虚拟经济的自身地位可以说从根本上决定了虚拟经济的发展限度:虚拟经济只有在实体经济的基础上,才有存在的空间和意义。虚拟经济的这种"无用性"在社会争夺生存必需品时表现得非常强烈,特别是在战争时期,虚拟经济的萧条可以说是不可避免的。一方面,虚拟经济会造成新的社会贫富分化,这就需要我们限制虚拟经济的过度发展;另一方面,虚拟经济增加了市场经济的经济周期频率,因为虚拟经济发展起来后,经济危机爆发的频率会提高,经济周期也变得更加不可捉摸,所以虚拟经济只能有限发展。

(3)虚拟经济的高成本性决定了其只能有限发展。其高成本主要表现在两个方面:一方面是时间的高成本;另一方面是国家对虚拟经济市场的监管成本和风险应对成本。总之,虽然虚拟经济中的经济是虚拟的,成本却是实实在在存在的。

(4)虚拟经济的发展必须依托于制度并受到制度的约束和限制,这在很大程度上也决定了虚拟经济只能有限发展。虚拟经济是一种社会价值的运动,其本身并不会使社会物质财富增加,而是实现社会财富的重新分配。鉴于此,与实体经济不同,虚拟经济一方面需要制度的保驾护航,另一面也要受到制度的深度约束。事实上,虚拟经济市场秩序的维持、虚拟经济引发的经济危机的应对及虚拟经济中消费者权益的保护都需要制度的深度介入。有制必有度,虚拟经济实现有限发展可以说是制度安排的重要目的之一。

一、虚拟经济的产生过程与虚拟经济的有限发展

考察虚拟经济的产生过程就可以发现,虚拟经济的有限发展并不是一种主观的愿望或者纯粹理论的思维游戏,而是现实的客观需要决定了虚拟经济只能有限发展。回顾虚拟经济的产生过程,我们就会发现,"历史本身就是一种力量,就是理性的源泉"[1]。因此,如果我们考察虚拟经济的产生过程就会更加坚信一点:虚拟经济必须有限发展。

(一)实体经济制约着虚拟经济的发展限度

学术界有关虚拟经济规模估算及其与实体经济关系的研究成果较多,

---

[1] 程燎原、江山:《法治与政治权威》,清华大学出版社,2001,第13页。

而如何准确理解虚拟经济的本质及其范围则存在一些争议。如有的学者认为虚拟经济就是金融或者房地产宏观经济指标①,然而,实体经济从根本上制约着虚拟经济发展的限度是有科学依据的。

(1)从虚拟经济产生的时间来看,根据经济史的记载可知,虚拟经济是实体经济发展到一定阶段的产物。也就是说,没有实体经济,就不可能有虚拟经济。同时,虚拟经济产生的最初动因是实体经济发展的需要,也就是说,从根本上讲,虚拟经济的发展限度应当是实体经济的发展需要,超出了实体经济需要的范围,虚拟经济就会逐步走向异化,并引发很多问题。从市场逻辑的角度看,如果没有政府规制的介入,那么只有通过调整虚拟经济周期的方式才能回到实体经济需要的限度。

(2)从美国及中国的经济情况来看,虚拟经济的发展必须以实体经济为限度,否则就会引发很多经济、社会问题。根据美国经济分析局(BEA)提供的数据,以金融和房地产等为核心的虚拟经济创造的GDP从1947年占经济总量的13.8%上升至2007年金融危机爆发前的31.3%,但与此同时,美国制造业GDP占经济总量的比重则由25.6%降至12.8%。2008年金融危机后,美国"去工业化"和"经济虚拟化"的趋势并无回转迹象:制造业GDP占经济总量的比重从2008年的12.3%收缩到2017年的11.6%,同期虚拟经济占经济总量的比重则从31%持续上升至33%。② 与此同时,以2008年美国金融危机为界,我们对美国的GDP增长率的考察前后拉长10年③,美国1998—2018年GDP增长率(保留1位小数)情况见表2.1。

---

① 刘晓欣、张艺鹏:《虚拟经济的自我循环及其与实体经济的关联的理论分析和实证检验——基于美国1947—2015年投入产出数据》,《政治经济学评论》2018年第6期,第158-180页。
② 同上。
③ 《中国、美国历年GDP年度增长率比较》,https://www. kylc. com/stats/global/yearly_per_country/g_gdp_growth/chn-usa. html,访问日期:2022年4月10日。

表 2.1　美国 1998—2018 年 GDP 增长率

年份	GDP 年增长率/%
1998 年	4.5
1999 年	4.8
2000 年	4.1
2001 年	1.0
2002 年	1.7
2003 年	2.9
2004 年	3.9
2005 年	3.5
2006 年	2.9
2007 年	2.0
2008 年	0.1
2009 年	−2.6
2010 年	2.7
2011 年	1.6
2012 年	2.3
2013 年	1.8
2014 年	2.3
2015 年	2.7
2016 年	1.7
2017 年	2.2
2018 年	3.0

从表 2.1 我们可以发现一个很有意思的现象:2008 年金融危机爆发前 10 年,1998—2000 年美国经济增长都是 4%以上,而从 2001 年开始,经济增

长速度就开始慢了下来，虽然有 2004 年、2005 年的 3% 以上，但是总体增长趋势放缓是很明显的，可以说，基本维持在 2% ～ 3%。2008 年美国金融危机爆发，一大批企业破产、倒闭，故 2009 年的经济增长为负。同时，我们也可以看出，美国经济的复苏能力还是很强的，2010 年就达到了 2.7%，然而，2010 年以后，美国的经济增长率就一直在 1% ～ 2% 徘徊。从上面的数据分析可见：①从 1998 年到 2018 年，美国经济虽然由于整体规模不断增加，因此增长率可能会放缓——经济基数过大，增长率要很高是不太现实的，但是，我们应当看趋势，这个趋势就是美国的经济发展在不断放缓，而这个时间段，恰好也是美国虚拟经济不断增长的阶段。②虽然我们看到 2008 年金融危机后，美国仅仅过了一年好像就恢复了元气，2010 年、2012 年经济增长率达到 2% 以上，但是，我们也应当看到，2008 年和 2009 年是负增长，在此情况下，2010 年和 2012 年有所反弹，其实也是情理之中的事情。然而，接下来，美国的经济增长率就长期徘徊在 2% 左右了，与 2008 年之前的 3% 左右相比，美国经济的增长实际上是放缓的。如果考虑通货膨胀等因素，我们甚至可以认为，1% ～ 2% 的经济增长率事实上就是一种经济的停滞状态。需要注意的是，1998 年以来，恰好是美国虚拟经济快速增长而以制造业为代表的实体经济不断萎缩的一个阶段。正因为如此，有学者就认为，美国虚拟经济逐渐表现出与实体经济相对独立的特征，对实体经济增长的促进作用减弱，甚至抑制了实体经济的增长。[1]

从中国的情况看，根据国家统计局的数据，2018 年，我国国内生产总值为 91 928.1 亿元，其中农林牧渔业增加值为 67 558.7 亿元，工业增加值为 301 089.3 亿元，建筑业增加值为 65 493.0 亿元，批发和零售业增加值为 88 903.7 亿元，交通运输、仓储和邮政业增加值为 40 337.2 亿元，住宿和

---

① Lukas Menkhoff, Norbert Tolksdorf, *Financial Market Drift: Decoupling of the Financial Sector from the Real Economy?* (Berlin: Springer Science & Business Media, 2000), p.135.

餐饮业增加值为 16 520.6 亿元,金融业增值为 70 610.3 亿元,房地产业增加值为 64 623.0 亿元,其他行业增加值 204 145.2 亿元。然后,我们再看看我国 1998—2018 年的 GDP 年增长率(保留 1 位小数),具体见表 2.2。

表 2.2　我国 1998—2018 年的 GDP 增长率

年份	GDP 年增长率/%
1998 年	7.8
1999 年	7.7
2000 年	8.5
2001 年	8.3
2002 年	9.1
2003 年	10.0
2004 年	10.1
2005 年	11.4
2006 年	12.7
2007 年	14.2
2008 年	9.7
2009 年	9.4
2010 年	10.6
2011 年	9.6
2012 年	7.9
2013 年	7.8
2014 年	7.4
2015 年	7.0
2016 年	6.8
2017 年	6.9
2018 年	6.7

从表2.2可以看出,从1998年到2018年,我国的经济增长呈现出如下特点:①受1997年亚洲金融危机的影响,我国经济增速在1998年和1999年仅为7%多一点,但从2000年开始一直到2011年,我国经济发展开始进入快车道,基本维持在10%以上。2012年是一个转折点,我国经济增长速度开始放缓,但是,也保持在6%~7%的增长水平。②从上面的数据我们也发现,不管是1997年的亚洲金融危机,还是2008年的美国次贷危机,其对我国的冲击其实并没有我们想象的那么大。值得注意的是,这一段时间也是我国虚拟经济和世界虚拟经济联系不太紧密的时期。③从1998年到2018年,我国的经济增长尽管有所波动,但是,总体趋势是非常明显的,那就是经济总量不断增长,且从没有出现过经济的负增长情况,经济增长速度最低一年为2018年的6.7%,最高一年为2007年的14.2%。而这段时间也是我国实体经济不断向前发展,并最终成为世界工厂的发展阶段。即使到2018年,我国的虚拟经济应当说发展到了历史的新高,但是,在我国90多万亿人民币的GDP中,工业增加值301 089.3亿元人民币远远地超过了金融业增加值70 610.3亿元人民币。两相比较,我们基本可以认为,虚拟经济的发展如果大大超过实体经济的发展,甚至其创造的GDP都超过了实体经济,那么,最终整个国家经济陷入停滞就是不可避免的。因此,经济要持续发展,保持虚拟经济基于实体经济的有限发展将是一个比较理想的状态,而虚拟经济如果过度超越了实体经济的发展,最终将会带来整个国家经济的停滞。正如有学者所深刻指出的,虚拟经济过度膨胀又吸引大量实体经济的资金涌入虚拟经济,实体经济企业的投资率降低,导致企业利润没有对实体经济发展起到促进作用。[1] 而从长远的角度看,虚拟经济的这种"吸血性"将会导致实体经济萎缩,而实体经济萎缩,又最终会影响虚拟经济的持续发展——因

---

[1] 罗来军、蒋承、王亚章:《融资歧视、市场扭曲与利润迷失——兼议虚拟经济对实体经济的影响》,《经济研究》2016年第4期,第74-88页。

为这会让虚拟经济失去输血源,所以,笔者认为虚拟经济只能有限发展。

(二)实体经济虚化的初始步骤是有限的

一般认为实体经济虚化的初始步骤就是闲置货币的资本化,但是,闲置货币的资本化本身恰恰就是有限的。这种有限性事实上会带来一串连锁反应,因为虚拟经济的后续发展步骤①,如生息资本的社会化、有价证券的市场化、金融市场的国际化、国际金融的集成化都是以货币资本化为基础的。如果闲置货币的资本化是有限的,后续的经济虚化阶段自然也必须是有限的,那么,如何理解实体经济虚化的初始步骤——闲置货币资本化的有限性呢?

(1)货币资本化的一个前提是"闲置的"货币,也就是我们通常所说的余钱,但是,在一定时空范围内,一个市场主体、一个国家的闲置货币总是有限的。从货币的基本功能看,作为克服商品交易时空矛盾的重要手段,一般认为,货币的基本职能包括价值尺度、流通手段、贮藏手段、支付手段及世界货币五个方面②,因此,从理论上讲,成为余钱的货币理当承担这五种职能。在这种情况下,正如马克思所讲,虚拟资本在"资本关系取得了最表面、最富有拜物教性质的形式。在这里,我们看到的是'G—G',是生产更多货币的货币,是没有在两极间起中介作用的过程而自行增殖的价值"③。同时,对虚拟资本而言,"它作为资本的占统治地位的形式,把资本完全排除于生产本身之外"④。显然,这种余钱从总体而言对任何一个经济主体都是有限的。

(2)货币本身在应然性上必须是有限的。我们都知道通货膨胀,而通货膨胀最简单也是最重要的含义就是流通中的货币太多了。著名经济学家弗

---

① 成思危主编:《虚拟经济概览》,科学出版社,2016,第5-8页。

② 吴树青、卫兴华、洪文达主编:《政治经济学(资本主义部分)》,中国经济出版社,1993,第44-49页。

③ 中共中央马克思恩格斯列宁斯大林著作编译局:《马克思资本论(第3卷)》,人民出版社,2004,第440-441页。

④ 中共中央马克思恩格斯列宁斯大林著作编译局:《马克思恩格斯全集(第35卷)》,人民出版社,1972,第322页。

里德曼有一句名言:任何通货膨胀都只不过是货币现象。那么,货币为什么在应然性上必须是有限的呢? 我们需要作如下理解:①从现实的角度看,出于刺激经济等复杂的需要,政府可能存在主动的货币超发或者被动的货币超发行为,不管怎么样,开动印钞机能够解决的问题他们都想通过这种方式解决。因此,从实然的角度看,货币超发也就是作为资本化的货币应当是无限供给的,虽然世界各国的货币供给增长速度有快有慢,但都在不断增长可以说是一个基本的事实。②从应然的角度看,我们又发现货币必须是有限的,道理很简单,货币发行多了,就要发生通货膨胀,就要引发经济甚至社会动荡。正如周其仁教授所形象指出的,货币就是老虎,除非你把它关在笼子里,否则,你把它放出来,是货币总要出来购物,是老虎总要出来吃肉。① 因此,尽管在实然层面存在货币供给无限的冲动,但是,从应然层面看,货币的供给必须是有限的。除非你想把老虎放出来,搅得天下大乱。

（3）流通中的货币总量毕竟是有限的。一方面,流通中的货币总量是有限的需要排除人为制造通货膨胀的问题,如果一个政府的中央银行要人为制造通货膨胀,那么,流通中的货币总量的多少就没有讨论的意义和前提了。另一方面,在纸质货币与黄金挂钩的货币体系下,一般认为,流通中所需货币的数量与商品的价格成正比,但是,其与货币的流通速度成反比。正如马克思所言:"已知商品价值总额和商品形态变化的平均速度,流通的货币或货币材料的量决定于货币本身的价值。"②因此,总体而言,如果不是人为制造通货膨胀,那么,流通中需要的货币总量一定是有限的,这又反过来决定了货币的资本化限度:只有那些无须货币发挥流通职能,但又需要货币进行交易和促进交易的活动才需要对货币进行虚拟化也就是资本化,否则,

---

① 周其仁:《货币的教训:汇率与货币系列评论》,北京大学出版社,2012,第63页。
② 中共中央马克思恩格斯列宁斯大林著作编译局:《马克思恩格斯全集(第23卷)》,人民出版社,1972,第142-143页。

就不需要对货币进行资本化,因为货币已经很好地承担了交易的职能。正是在这个意义上,我们倾向于认为货币资本化具有有限性,从而认为实体经济虚化的初始步骤是有限的。

二、虚拟经济的运行安全与虚拟经济的有限发展

虚拟经济天然就具有扩张性、高流动性和世界性,不控制其发展很容易造成重大的系统性风险,从而影响虚拟经济乃至整个国家经济的持续发展。只有虚拟经济有限发展,才能从根本上保障虚拟经济的运行安全,或者反过来,要保障虚拟经济的运行安全,就必须实现虚拟经济的有限发展。具体而言,如何以虚拟经济的有限发展来保障虚拟经济的运行安全呢? 笔者认为以下三个方面是需要特别注意的。

1. 虚拟经济的过分扩张容易形成虚拟经济市场的巨大泡沫,从而影响虚拟经济的运行安全

以虚拟经济中的货币资本化为例,本来货币就是一种一般等价物,是作为市场交易的媒介而存在的。但是,从市场经济发展的历程来看,我们会发现货币的时间性价值是非常重要的一个节点。简单地讲,就是货币存在贴现值的问题,即"今天的 1 美元比未来的 1 美元价值大"①。这种情况从一个侧面印证了虚拟经济中货币资本化膨胀的现实性——为什么今天的 1 美元比未来的 1 美元价值更大,主要原因不外乎流通中的货币数量在不断增加。需要注意的是,教科书上所讲的"货币中性"(monetary neutrality),即"一个经济一旦多发了一倍货币,所有商品服务的名义价格上涨一倍,但真实变量如总产量不会上涨一倍。那样的通胀指数再高也没有关系,无非是所有人把自己购买和出售的价格一律加上相同的零就是了"②。但是,因为交易费

---

① 斯蒂格利茨:《经济学(第二版)》(上册),梁小民、黄险峰译,中国人民大学出版社,2000,第 112 页。
② 周其仁:《货币的教训:汇率与货币系列评论》,北京大学出版社,2012,第 215 页。

用及信息不对称在市场中的客观存在,所以通货膨胀时,真实世界完全是另外一番景象:"不同物品的价格以不同的比率上升,有些物品的价格甚至可能下降。"①所谓的货币中性,至少从短期的角度看是值得商榷的。在恶性通货膨胀状态下,如德国从 1918 年 11 月到 1923 年短短几年,流通中的货币总量从 292 亿马克上升到 499 700 兆亿马克,价格上涨就会出现一种所谓的"大致相同"——反正货架上有什么就买什么,多几个零少几个零已经没有什么意义了。因此,著名经济学家曼昆认为货币中性从长期来看对得多一点,但也不完全对。② 由此看来,在虚拟经济中,通货膨胀可以说是必然的事情,如果没有政府有意识地予以规制,没有虚拟经济有限发展的基本理念的指导,那么,虚拟经济的规模就会在资本逐利的推动下,如滚雪球一样越来越大,最终,在投资者之间的交换作用下进一步膨胀,一旦出现某种恐慌情绪或者影响虚拟经济市场商品信心的事件,这种风险就会被进一步扩大,其最终的结果必然是影响虚拟经济的安全运行,出现经济过热、动荡及通货膨胀、经济危机等消极经济状态这样一些经济安全问题。③

2. 虚拟经济过度发展容易导致资金由实体经济向虚拟经济的不恰当集聚,从而造成整个社会经济的萧条

以我国虚拟经济市场为例,笔者整理了我国银行、股票、期货等虚拟经济形态在 2015—2017 年的发展情况④:

(1)2015 年的情况。①国债期货方面的情况:2015 年国债期货成交 608.75 万手,成交金额 6.01 万亿元,其中 5 年期国债期货成交 440.36 万手,成交金额 4.36 万亿元,10 年期国债期货成交 168.39 万亿元。②上市公

---

① 斯蒂格利茨:《经济学(第二版)》(下册),梁小民、黄险峰译,中国人民大学出版社,2000,第 531 页。
② 周其仁:《货币的教训:汇率与货币系列评论》,北京大学出版社,2012,第 216 页。
③ 何文龙:《经济法的安全论》,《法商研究》1998 年第 6 期,第 16-18 页。
④ 以下数据根据《中华人民共和国统计年鉴》整理,具体请参见新华通讯社主办的《中华人民共和国年鉴》2016—2018 年相关部分。

司及市值情况:全国上市公司 2 827 家,总市值 53. 15 万亿元,流通市值 41. 79 万亿元;沪市上市公司 1 081 家,总市值 29. 54 万亿元,深市上市公司 1 746 家,总市值 23. 61 万亿元,流通市值 16. 38 万亿元。③银行金融业方面的情况:银行业金融机构实现税后利润 2 万亿元,同比增长 2. 4%,其中商业银行实现税后利润 1. 6 万亿,同比增长 2. 4%。截至 2015 年底,银行业金融机构资本利润率 14. 35%,比年初下降 2. 8 个百分点。

(2)2016 年的情况。①证券市场情况:全国共有证券公司 129 家,证券营业部 9 061 家,证券公司总资产 57 942 亿元、净资本 14 718 亿元,2016 年累计净利润 1 234 亿元。②上市公司及市值情况:沪深两市共有上市公司 3 052 家,全年新增 225 家……沪深两市总市值 50. 77 万亿元,流通市值 39. 34 万亿元……沪深两市总市值居全球第二,仅次于美国。③期货市场情况:期货及衍生品市场品种数 52 个,其中商品期货 46 个,金融期货 5 个,金融期权 1 个,期货市场共成交 41. 38 亿手,成交金额 195. 63 万亿元。④银行金融业方面的情况:银行业金融机构总资产为 232. 3 万亿元,同比增长 15. 8%,增速比上年同期上升 0. 1 个百分点,银行业金融机构总负债为 214. 8 万亿元,同比增长 16. 0%,增速比上年同期上升 1. 0 个百分点。

(3)2017 年的情况。①证券市场情况:全国共有 131 家证券公司,113 家基金管理公司,另有 14 家其他资产管理机构取得公募基金牌照,证券公司总资产 6. 14 万亿元,净资产 1. 85 万亿元,净资本 1. 57 万亿元。②上市公司及市值情况:深圳上市公司 2 089 家,总市值 23. 58 万亿元,股票筹资 7 815. 29 亿元,沪市上市公司 1 396 家,总市值 33. 13 万亿元,股票筹资 8 798. 28 亿元。③期货市场情况:商品期货交易市场总成交量 30. 52 亿手,成交额 163. 30 万亿元,市场资金 4 441. 88 亿元,累计成交金额 24. 59 万亿元。④银行金融方面的情况:银行业金融机构总资产为 252. 4 万亿元,总负债 232. 9 万亿元,净利润 2. 2 万亿元,全部金融机构本外币存款余额为 1 692 727 亿元。

从以上三年的数据可以看出,尽管发现更精细的规律似乎很难,或者说具有很大的不确定性,但是,有一点是非常清晰的,即我国的虚拟经济市场在不断扩大,这在任何方面都是没有争议的。虚拟经济的这种特性,事实上就是虚拟经济对资本的不断吸纳和自我膨胀的结果。正如有学者在研究美国的虚拟经济发展历史后所深刻指出的,"发达国家产业转移导致国际资本流动,加速货币金融虚拟化,导致虚拟经济膨胀,同时能源金融化吸引大量金融资本,对实体经济造成双重挤压"①。显然,作为后发国家,我们非常有必要吸取发达国家特别是美国的发展经验和教训,在政府的引领和规制下实现虚拟经济的有限发展,从而保障我国实体经济的发展不断迈上新的台阶。

3.虚拟经济的高流动性容易造成资金的破坏性流动,这也决定了虚拟经济必须有限发展

在市场经济条件下,商品的流动其实是相对比较缓慢的,因为作为实体经济的重要载体,商品需要占据一定的空间,且往往具有一定的重量,所以对其进行运输是耗时费力的。事实上,实体经济的这种特性一方面决定了实体经济流动的速度,另一方面也有助于实体经济保持相对稳定。但是,对虚拟经济而言,以股票等有价证券为例,其"之所以被称为虚拟资本,在于股票等有价证券本身没有价值,仅是一张纸,其纸面证明现实资本所有权,表现了现实资本价值"②,因此,马克思形象地认为它是"现实资本的纸制复本"③。更进一步的问题在于,随着电子交易系统的兴起,传统的所谓"纸质复本"也不需要了,一切价值的流动通过一个价值记载机制或者系统就可以

① 刘晓欣、张艺鹏:《虚拟经济的自我循环及其与实体经济的关联的理论分析和实证检验——基于美国1947—2015年投入产出数据》,《政治经济学评论》2018年第6期,第158-180页。
② 吴树青、卫兴华、洪文达主编:《政治经济学(资本主义部分)》,中国经济出版社,1993,第183页。
③ 中共中央马克思恩格斯列宁斯大林著作编译局:《马克思恩格斯全集(第46卷)》,人民出版社,1972,第540页。

完成。因此,在当今社会,虚拟经济的高流动性已经达到了一种前所未有的程度。事实上,作为市场机制的产物,虚拟经济和实体经济本来都是市场自发秩序的结果,应当说,是不需要外力进行不必要的干预的,但是,基于交易系统的电子化,这种交易的速度已经大大超过了人类的正常接受能力,这与传统时代(如工业经济时代等)是完全不一样的。在互联网兴起以后,全球虚拟经济系统就已经全部连接起来,通过虚拟经济这样一种价值交易系统,资金就可以在极短的时间(几乎可以忽略不计)完成全球性的配置。正如有学者所指出的[①],在虚拟经济时代,虚拟世界的元素变化是非常快的,这甚至会迫使我们去重新思考一些我们原本认为不会变化的东西。进一步的问题在于,如果这种资金的配置是市场选择的结果,是正常的市场经济进程,那么,这符合实体经济世界中优胜劣汰和资源优化配置的基本规律,是人类社会可预的。但是,从法律的角度看,也许我们更需要考虑的是,如果这种流动不是市场驱动的结果,而是被操纵的,或者受其他不合理因素影响导致的,那么,这种资金的高速流动会带来哪些不可预见的影响呢? 一方面,如果这种资金流动的规模不是很大,那么,其影响应当说是可控的,也不会对一个社会或者国家产生什么实质性的影响;另一方面,如果这种资金流动的规模较大,甚至非常大,如巨额的国际游资,那么,这种资金的高速流动就会变得极具破坏力。以 1997 年亚洲金融危机为例,该次金融危机爆发的一个很重要的因素就是以索罗斯为代表的国际游资对一些亚洲国家的狙击,从而引发了金融海啸。同时,虚拟经济在引发投资者恐慌之后,较为尴尬的是,投资者所进行的游戏属于"无路可逃,输赢都要玩到底"的"死亡游戏",这就加剧了虚拟经济的风险杀伤力。以股票市场为例,作为虚拟经济的重

---

① 威利·莱顿维塔、爱德华·卡斯特罗诺瓦:《虚拟经济学》,崔毅译,中国人民大学出版社,2015,第325 页。

要表现形式,股票的特性包括①:①不返还性,即股票被股东认购之后,股东不能退股索回本金;②风险性,投资入股者持有股票既可以按规定分取股息,又有承担清偿公司债务责任的风险;③流通性,股票虽然不能退还,却可以转让、抵押和买卖。股票的这三种特性可以说既是股票的优点,也是股票的缺点。具体地讲,在股票市场上,投资者不论股票跌得如何可怕,其也不能将资金从股票市场拿回来,虽然可以转让,但是,只能在股票市场中转让,且转让的价格是受股票市场的行情、投资者的信心等多重因素影响的,此时的股票拥有者是典型的"价格接受者"。此外,不管股票拥有者想以何种方式流通股票,其只能在股票市场流通。应当说,这种特性是虚拟经济的独特魅力,也是虚拟经济的独特杀伤力。正因为如此,我们在完善基于规则治理的体系的同时,需要倡导虚拟经济的有限发展,而不可放任虚拟经济的野蛮生长。

三、虚拟经济的自身地位与虚拟经济的有限发展

虚拟经济的自身地位可以说从根本上决定了虚拟经济的发展限度。"我们首先应当确定一切人类生存的第一个前提,也就是一切历史的第一个前提,这个前提是:人们为了能够'创造历史',必须能够生活。但是为了生活,首先就需要衣、食、住以及其他东西。因此第一个历史活动就是生产满足这些需要的资料,即生产物质生活本身,而且,这是人们从几千年前直到今天单是为了维持生活就必须每日每时从事的历史活动,是一切历史的基本条件。"②马克思这句话说的是物资资料生产的重要性,但是,其实也间接道出了虚拟经济的地位:虚拟经济只有在实体经济的基础上,才有存在的空间和意义。事实上,作为一个价值交易系统,虚拟经济的这种"无用性"在社

---

① 吴树青、卫兴华、洪文达主编:《政治经济学(资本主义部分)》,中国经济出版社,1993,第179页。

② 中共中央马克思恩格斯列宁斯大林著作编译局:《马克思恩格斯选集(第1卷)》,人民出版社,1995,第158页。

会争夺生存必需品时表现得非常强烈,特别是在战争时期,虚拟经济的萧条可以说是不可避免的:因为虚拟经济发展的前提是信用和信心,而这两样都是战争中所缺乏的。从历史的角度看,不仅更高形态的虚拟经济,即使是经济虚拟化最基础的条件——货币,在战争中往往也会被最基础的物物交易所蚕食:对处于战争状态中的人或者民族而言,现成的食物远比那些公信力式微的货币特别是纸币来得实在。具体而言,虚拟经济的自身地位决定了虚拟经济必须有限发展,主要表现在以下三个方面。

(一)虚拟经济会造成新的贫富分化

虚拟经济虽然不直接创造社会财富,但是会造成新的贫富分化,因此虚拟经济只能有限发展。在实体经济时代,社会贫富分化主要是基于各市场主体财富增值能力的差异、资源占有的差异等。一个市场主体比另一个市场主体所拥有的财富更多,往往也是其拥有的资源或者创造的财富更多的缘故,如传统意义上的资本家,虽然其有剥削性的一面,但不可否认的是,这种基于私利的行为最终也促进了整个社会福利的提高,著名经济学家亚当·斯密很早就注意到了这一点。

也正因为如此,马克思曾盛赞资本主义对整个人类社会生产力发展的促进作用:"资产阶级在它的不到一百年的阶级统治中所创造的生产力,比过去一切世代创造的全部生产力还要多,还要大"。[1] 也就是说,不管是资本主义国家的按土地、劳动、生产要素的分配方式,还是社会主义中国的按劳分配加上按生产要素的分配模式,都不可避免会产生贫困问题。[2] 以美国为例,美国是世界上虚拟经济发展最活跃的国家,美国的情况应当说很好地反

---

[1] 中共中央马克思恩格斯列宁斯大林著作编译局:《马克思恩格斯选集(第1卷)》,人民出版社,1995,第277页。

[2] 苏治、方彤、尹力博:《中国虚拟经济与实体经济的关联性——基于规模和周期视角的实证研究》,《中国社会科学》2017年第8期,第87-109页。

映了这种情况。根据美国加利福尼亚大学伯克利分校经济学教授祖克曼的研究,1910—2020 年,美国 0.1% 最富有的人掌握的财富情况如图 2.1 所示[①]。

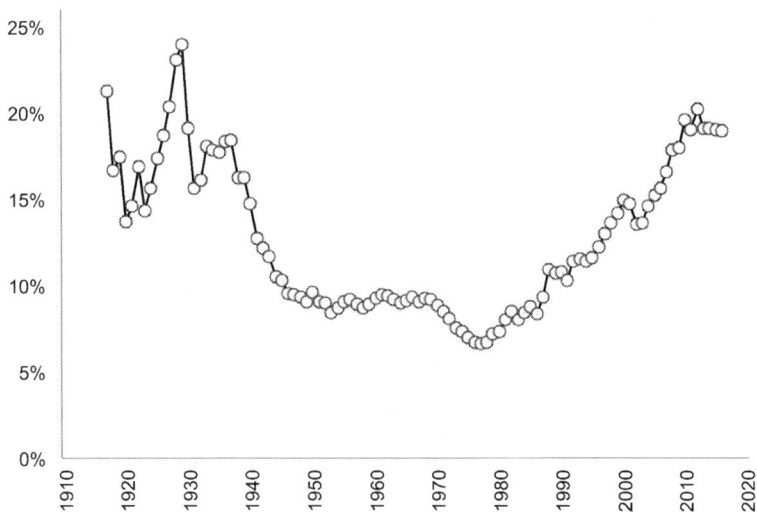

Notes: This figure shows the share of total household wealth owned by the top 0.1% richest adults (individuals aged 20 and above) in the United States, with wealth equally split between married spouses. Source: Saez and Zucman (2016), updated.

图 2.1 1910—2020 年美国 0.1% 最富有的人掌握的财富情况

图 2.1 的数据说明一个什么问题呢? 根据成思危先生的统计,美国实体经济创造的 GDP 占美国 GDP 的比率在 20 世纪 50—70 年代达到最高峰,为 55% ~66%,但是,在 2010 年的时候,美国实体经济所创造的 GPD 占美国 GDP 的比率已经下降到 38.43%。[②] 令人震惊的是,美国最有钱的人占有社会财富的数量正好也随着这种变化而变化。更精细的分析可以发现,美国实体经济发展不断向前的同时,必然伴随着社会财富的不公平分配,但是,随着资本主义从榨取绝对剩余价值向相对剩余价值的过渡,加之现代西

---

① Gabriel Zucman, "Annual Review of Economics: Global Wealth Inequality," *Annual Review of Economics*, No. 11(2019):109-138.

② 成思危主编:《虚拟经济概览》,科学出版社,2016,第 71 页。

方国家普遍性的社会福利运动,我们发现,从大的趋势上看,虽然1910年以来出现了一些较大的波峰,但是,总体趋势是最富有的人占有的社会财富的比例在不断下降,这个趋势是非常明显的。然而,到1980年左右,这种差距又拉大了,而这一段时间正好是美国虚拟经济疯狂扩张和美国经济去实体化的时期。因此,虚拟经济会造成新的贫富差距,从美国的经验来看确实如此。事实上,如果我们观察中国的基尼系数,也会发现这种贫富差距扩大和虚拟经济发展之间的某种相关性,只不过我们是社会主义国家,在国家扶贫工作等综合因素的影响下,我国的情况没有美国那么明显,也没有出现美国那种过度的贫富悬殊。但是,我们也要承认,在个体差异客观存在的情况下,主体之间的平等也许只能是亚里士多德所讲的"比值相等"[1],即根据各人的实际价值,按比例分配与之对等的事物,正所谓各得其所,是为正义。

(二)虚拟经济增加了市场经济的经济周期频率

因为虚拟经济增加了市场经济的经济周期频率,所以虚拟经济只能有限发展。一般认为,所谓经济周期是指"国内生产总值(GDP)围绕长期增长趋势有规律地扩张与收缩"[2]。美国学者熊彼特还将经济周期作了进一步的划分,认为经济周期包括基钦周期、朱格拉周期和康德拉季耶夫周期。[3] 至于这些周期的时间,有学者认为[4],基钦周期一般为3~4年,朱格拉周期一般为5~10年,康德拉季耶夫周期一般为30~60年。同时,在国家垄断资本主义时代,经济周期还呈现出一些新的特点[5],如危机强度减弱与生产能力

---

[1] 亚里士多德:《政治学》,吴寿彭译,商务印书馆,1965,第135页。
[2] 刘金全、刘子玉:《中国经济新常态下的经济周期更迭与驱动因素转换研究——兼论新周期的形成与识别》,《经济学家》2019年第5期,第35-46页。
[3] Joseph A. Schumpeter, *Business Cycles: A Theoretical, Historical, and Statistical Analysis of the Capitalist Process* (New York: McGraw-Hill Book Company, 1939), p.368.
[4] 同[2]。
[5] 吴树青、卫兴华、洪文达主编:《政治经济学(资本主义部分)》,中国经济出版社,1993,第333-334页。

过剩及失业并存,货币信用危机缓和但物价持续上涨,周期中没有显著的萧条或复苏阶段,但高涨阶段具有脆弱性,往往易被局部危机打断,周期的长短不再规则。笔者认为,尽管经济危机有这样那样的新特点或者时代烙印,但经济周期的客观存在则是一个不可否认的基本经济事实。因此,虚拟经济发展起来以后,存在经济危机本身并不是虚拟经济的"原罪"——因为经济周期在虚拟经济没有大规模发展的阶段就存在了。但问题在于:虚拟经济发展起来以后,经济危机爆发的频率提高了,且经济周期变得更加不可捉摸。

(1)就虚拟经济发展起来以后提升了经济周期频率而言,正如有学者所指出的,"无论世界还是中国,虚拟经济日益成为一个自我循环、自我膨胀的体系,虚拟资本积累速度远超国内生产总值,利率、汇率等价格机制与经济基本面脱节,反过来决定实体经济的消费和投资"[1]。事实上,虚拟经济这种"反过来的决定作用"必然会影响实体经济的发展,进而这种波动会从总量上提升经济周期的频率。以金融波动对实体经济的影响为例,虽然金融与虚拟经济之间存在交集但不能完全等同[2],但是,根据相关学者的研究结果[3],金融周期对经济周期短期波动具有加速器作用,且该作用具有非对称性,与此同时,金融周期能够预测经济周期并对中长期经济增长波动具有重要影响。由此看来,虚拟经济会加速实体经济周期、提高经济周期的频率具有必然性。

(2)就虚拟经济发展起来以后扰乱实体经济周期的情况而言,正如有学者所指出的,"虚拟经济与实体经济均存在自身的周期波动,两者周期的非

---

[1] 苏治、方彤、尹力博:《中国虚拟经济与实体经济的关联性——基于规模和周期视角的实证研究》,《中国社会科学》2017 年第 8 期,第 87-109 页。

[2] 同上。

[3] 戴金平、朱鸿:《金融周期如何影响经济周期波动?》,《南开学报(哲学社会科学版)》2018 年第 5 期,第 142-151 页。

一致性导致周期性背离"①。也就是说,在虚拟经济发展起来以后,传统的实体经济周期会出现以下新情况:实体经济周期依然存在;虚拟经济也有其自身的周期;虚拟经济的周期会扰乱实体经济的周期。如此一来,对政府抹平经济周期的努力而言,虚拟经济的发展实际上增加了政府和社会预测经济周期的难度。以金融周期为例,有学者在选取利率、汇率、货币供给、社会融资规模和资产价格等多维金融指标构建金融形势指数并测度中国金融周期的基础上,认为金融波动对经济波动具有十分显著的冲击影响。② 同时,更复杂的问题在于,虚拟经济周期和实体经济周期具有非对称性,且"实体经济对虚拟经济的溢出程度更大,体现为实体经济周期对虚拟经济周期的短期先导性"③。反过来,虚拟经济对实体经济的溢出程度则相对较小,但这又不是一种可有可无的程度。因此,虽然虚拟经济周期从长期的角度看可能对实体经济周期有依附性,但是,虚拟经济和实体经济的周期在更多的时候是非同步的。这种情况恰恰说明,虚拟经济必须有限发展而不能无限发展,否则就会将不断增加政府应对经济周期的难度,从而出现新的不可预测的变数。

(三) 虚拟经济的高成本性决定了虚拟经济只能有限发展

什么是成本? 有学者认为④,如果个人、厂商或社会在预算约束、时间约束或生产可能性曲线上运行,那么要多获得一种物品,就只有以牺牲另一种物品为代价。因此,多得到一种物品的成本就是你必须放弃另一种物品,它

---

① 李多全:《虚拟经济基本问题研究》,经济日报出版社,2015,第 18 页。
② 邓创、徐曼:《中国金融周期与经济周期的交互影响作用分析——基于动态溢出指数方法的实证研究》,《上海财经大学学报》2018 年第 6 期,第 63-76 页。
③ 苏治、方彤、尹力博:《中国虚拟经济与实体经济的关联性——基于规模和周期视角的实证研究》,《中国社会科学》2017 年第 8 期,第 87-109 页。
④ 斯蒂格利茨:《经济学(第二版)》(上册),梁小民、黄险峰译,中国人民大学出版社,2000,第 38-42 页。

包括机会成本、沉没成本和边际成本。事实上,虚拟经济的高成本性具有很大的隐蔽性,择要言之,我们可以将其发掘为如下两个方面。

(1)虚拟经济中的时间成本。我们可以认为,时间成本是虚拟经济中最大的成本。以虚拟商品的消费为例,正如有学者所指出的,腾讯 QICQ 作为虚拟经济的一种形式,在 2010 年更名为腾讯 QQ 之后,腾讯公司每年可以从收费的配件、增值服务中获得 20 亿美元的收入[1],而目前正在我国兴起并且热度不减的网络游戏直播更是进入了黄金时代,并引发出一系列法律问题。[2] 很多人认为,在消费者消费 QQ 这种商品时,甚至在追逐腾讯公司推出的一款又一款的游戏时,对于腾讯公司或者消费者的成本好像都很低,特别是与实体经济商品的消费对比时,这种表面很低的感觉似乎更加强烈。但是,这一切不过是表面现象:①对腾讯公司而言,开发出这些游戏需要进行巨大的智力投资,虽然商品是虚拟的,如游戏中的装备,但是其投入的时间成本是高密度的。②对消费者而言,其投入的时间成本更是高得惊人,许多青少年甚至沉迷于网络游戏而不能自拔,并引发很多社会问题。事实上,以虚拟商品微信为例,其对我们日常生活中的业余时间,甚至工作时间的蚕食已经是一个不可回避的重大问题。再如,很多股民天天盯着 K 线图,不能正常工作,甚至不能正常生活。综上所述,虚拟经济中的时间成本是非常高的。

(2)虚拟经济的高成本性表现在国家对虚拟经济市场的监管成本和风险应对成本方面。与实体经济相比,虚拟经济并没有可直观展示的市场,这在带来交易便捷的同时,也对监管者的监管提出了新的挑战。事实上,对虚拟经济的监管不得不借助一些高新技术手段,这些技术手段的基础设施的

---

[1] 威利·莱顿维塔、爱德华·卡斯特罗诺瓦:《虚拟经济学》,崔毅译,中国人民大学出版社,2015,第 4 页。

[2] 肖顺武:《网络游戏直播中不正当竞争行为的竞争法规制》,《法商研究》2017 年第 5 期,第 36-45 页。

建立、监管技术手段的熟练、监管人员相应的技术培训、监管基础设施的技术性维护等，都需要投入较多的资源。显然，传统的市场监管机构的看现场、监管流通环节等人力手段，对虚拟经济市场的监管可以说是无能为力的。正因为如此，各国在虚拟经济的监管方面往往都有一些独立的、专门性的监管机构，如美国证券交易监督委员会(简称"美国证监会")、中国证券监督管理委员会(简称"中国证监会")和中国银行保险监督管理委员会(简称"中国银保监会"，据 2023 年 3 月《党和国家机构改革方案》将在中国银保监会基础上组建国家金融监督管理总局，不再保留中国银保监会)等。可以说，没有这些专业的监管机构，对虚拟经济的监管将寸步难行。此外，为了应对虚拟经济的风险，相关的市场主体也需要投入大量的资金。因为与实体经济的风险不同，虚拟经济的风险爆发具有很强的传染性，加上国际游资的联动，对一些中小国家而言很可能会产生一些毁灭性的风险，就算对于大国，这种虚拟经济中的风险也足以令一个国家"伤筋动骨"乃至"元气大伤"。因此，如何及时发现、防范和化解虚拟经济中的风险，是虚拟经济发展以来各国政府的重要经济职能之一。

总之，虚拟经济的自身地位决定了虚拟经济必须有限发展，其原因在于虚拟经济本身并不是没有成本的，虽然经济是虚拟的，但成本是实实在在存在的。在这种情况之下，我们自当以服务实体经济为基本限度来发展虚拟经济，而不是让虚拟经济一骑绝尘，过分脱离实体经济，从而引发整个社会经济的风险和社会总体福利的减损。

四、虚拟经济的制度供给与虚拟经济的有限发展

制度是虚拟经济最好的冷却剂，但是，这里的制度应当作广义的理解，即制度"可以是正式制度(比如，宪法和法律)，也可以是非正式制度(比如，

美国的货币体系),或仅仅是随着时间的演化而来的(比如,给小费的传统)"①。从根本上讲,包括虚拟经济在内,任何一种经济形式都需要制度的约束,都需要受到制度的规范和限制,不可能无限制地发展和膨胀。因为在一定时间范围内,人类的需求是有限的,地球上的资源也是有限的、稀缺的,所以,无限制或没有节制地发展和膨胀是制度所不容许的。那么,虚拟经济的发展必须受到制度的约束主要体现在哪些方面呢?

(一)虚拟经济市场秩序的维持需要法律制度的限制

作为一种利益的协调状态,从法律的角度来看,所谓市场秩序是指在特定时空范围内形成的一系列法律制度和风俗惯例的总和,以公开、公正、公平为目标,旨在保障市场交易顺利进行的一种有条不紊的状态。② 从基本原理上看,与实体经济的市场秩序一样,虚拟经济的市场秩序作为自生自发秩序的一种,在调节社会资源配置的同时,也会因市场的天然缺陷而出现不同程度的混乱。与实体经济市场秩序不同,虚拟经济市场秩序的混乱具有很大的外部性,并且,这种混乱具有很强的传染性,如果放任虚拟经济市场秩序的混乱,就会导致虚拟经济市场在资源配置方面功能的紊乱,最终危及整个市场甚至整个经济的发展。正如有学者所指出的,"市场无序现象会造成市场运行过高的成本,以致市场调节失效"③。在虚拟经济的发展过程中,虚拟经济市场秩序在以下两个方面表现出的问题更加严重。

(1)虚拟经济中"经济人"的投机效应被进一步放大。与实体经济不同,虚拟经济的发展过程就伴随着非常严重的投机行为,"经济人"那种自私自利、搭便车行为在虚拟经济中表现得更加突出。正因为如此,以证券市场

---

① 布鲁:《经济思想史(原书第6版)》,焦国华、韩红俊译,机械工业出版社,2003,第289页。
② 李昌麒:《经济法——国家干预经济的基本法律形式》,四川人民出版社,1995,第333页。
③ 洪银兴:《市场秩序和市场规则》,《南京大学学报(哲学·人文科学·社会科学)》2002年第3期,第23-33页。

为例,《中华人民共和国刑法》还专门规定了"内幕交易罪"和"操作市场罪",应当说,这两个罪名与虚拟经济的特性是紧密联系的。显然,在实体经济中,并没有内幕交易罪和操作市场罪这样的与虚拟经济特性密切相关的罪名,根本原因还是在于虚拟经济中不当地放大了"经济人"的投机效应,并引发了严重的社会后果,因此必须在制度层面予以回应。

(2)虚拟经济中的信息失灵问题更加严重。一般认为,信息失灵是市场经济的通病,包括信息不对称、信息不准确、信息不充分三种主要表现形式。在虚拟经济中,信息失灵问题更为严重,并且,其对虚拟经济市场的影响更大。因为与实体经济不同,虚拟经济本来就是一种基于信息的价值交易系统,因此,信息在虚拟经济交易中具有举足轻重的地位,正因如此,虚拟经济发展过程中基于信息失灵而产生的违法行为也就成了一种"常态"。

当然,当虚拟经济的市场秩序发生紊乱时,其他市场失灵的情况也是存在的,但是,投机行为和信息失灵在扰乱虚拟经济市场秩序的图谱中则是更为常见的,因此,完善虚拟经济市场中的信息披露制度具有非常重要的意义。

(二)应对虚拟经济引发的危机需要制度予以保障

虚拟经济引发的危机有很多种,其中最重要、影响最大的就是金融危机,正如有学者所指出的,"现代金融危机都产生于虚拟经济"①。如何应对金融危机,在现代社会,运用制度来化解金融危机已经成为最重要的治理路径。在某种程度上,政府对虚拟经济引发危机的干预就是对虚拟经济市场机制的一种替代——因为市场机制已经不能自我维护,所以需要动用第三方力量来进行治理,这在本质上就是一种对市场机制的替代。但是,现代市场机制是一种非常有效的资源配置机制,且市场机制失灵的地方也不见得

① 洪银兴:《虚拟经济及其引发金融危机的政治经济学分析》,《经济学家》2009年第11期,第5-12页。

就是政府干预可以生效的地方，因此，如何规范政府应对危机的广度和深度、实体和程序就成为一个非常现实的问题。换言之，虚拟经济危机需要政府来干预或规制，但是，这种干预和规制必须是一种基于规则的干预和规制，否则就会变成政府无边无际的介入，最终引发更多的问题和矛盾，甚至陷入所谓的"国家悖论"①。从原理上看，正如有学者所指出的，"在现实的市场机制运行中，资本市场机制与商品市场机制的方向不完全一致。由于商品的需求是用于消费，因此商品市场价格同需求呈反向变化。而资本需求是用于增值，因此资本市场价格变动与其需求呈正向变化，就是说，股票、房地产等是买涨不买跌"②。析言之，在虚拟经济市场中，这种买涨不买跌（或者叫追涨杀跌）引发的问题将进一步放大这种涨跌的负面影响。与此相对，在实体经济中，如果一种商品价格上涨，其需求可能就会下降，或者消费者就会找其他的替代品，最终使商品的价格回归社会平均利润水平。反过来，一种商品的价格下跌，需求可能就会增加，因为会有更多的消费者选择将其作为替代品，最终会导致这种商品供不应求，从而使价格恢复到社会平均利润水平。但是，在虚拟经济中，虚拟商品的涨跌是完全与此相反的：以股票为例，如果价格上涨，就会有更多的投资者追捧这种股票，那么，其价格可能就会非理性地升高；如果价格下跌，可能就会有更多的投资者抛售这种股票，从而使这种股票的价格更低。在这种反常的情况下，要应对虚拟经济引发的危机，制度保障的需求会非常强烈。此外，那些因信用制度失灵而引发的虚拟经济危机，对策之一就是强化信用评级制度，完善相应的担保制度③，特别是不动产抵押贷款制度。事实上，美国 2008 年的次贷危机主要就是抵押贷款制度失灵，造成金融企业为了追逐自身的利润而不断将那些不

---

① 道格拉斯·C.诺思：《经济史上的结构和变革》，厉以平译，商务印书馆，1992，第 25 页。
② 洪银兴：《虚拟经济及其引发金融危机的政治经济学分析》，《经济学家》2009 年第 11 期，第 5-12 页。
③ 顾欣：《由次贷危机引发对虚拟经济的思考》，《金融经济（理论版）》2009 年第 5 期，第 39-40 页。

合格或者说达不到贷款条件的购房者塞进市场,在金融企业追求利润的推波助澜下,最终结果是大面积的违约,从而引发社会性的次贷危机,这个教训是我们在预防虚拟经济危机时需要认真吸取的。

(三)保护投资者的权益需要制度提供保障

需要说明的是,在虚拟经济市场中投机者权益的保护和投资者权益的保护是同等重要的,理由在于:①谁是投资者、谁是投机者,从规则的层面很难进行区分;②如果是权益,也就是法律上合理的利益诉求,则从规则同等保护的角度看,保护投机者并无任何不妥,反而显示出法律制度应有的公平。虚拟经济市场是一个瞬息万变的市场,其中的机遇和挑战、得和失等可以说都能在极短的时间内完成。这样一个利益汹涌的"名利场",如何既保护相关主体的合法权益,又不至于挫伤相关主体的创新动力,对于制度的构建是一项重大的挑战。美国著名经济学家斯蒂格利茨就认为,"制度是重要的。每个社会为了正常运行都必须有规则和制度。如果规则与制度过于严格,就会挫伤创新与创造性。如果规则与制度过于宽松,一些人就会践踏其他人的权利,并引起社会混乱"①。在这里,斯蒂格利茨至少表达了这样三层意思:①任何社会(当然包括虚拟经济)都需要规则,没有规则就会方寸大乱,正所谓没有规矩不成方圆。②规则不能过于严厉,如果过于严厉,就会对社会的创新造成一些不合理的打击。③规则也不能过分宽松,否则就会陷入丛林法则,从而引发不必要的社会混乱。事实上,规则的这种重要性在虚拟经济中也是同样存在的。一方面,我们不能因为有投机者存在,不能因为虚拟经济有较强的负外部性,就对其进行严厉的制度约束,甚至一禁了之——理论上这当然很好,可以说杜绝了虚拟经济所有可能的负外部性,但这属于不从实际出发的典型,注定会碰到现实的铜墙铁壁。另一方面,我们

---

① 斯蒂格利茨:《经济学(第二版)》(上册),梁小民、黄险峰译,中国人民大学出版社,2000,第14页。

也不能因为虚拟经济对实体经济有正外部性,就在制度规则方面过于宽松,让虚拟经济成为投机者利益狂欢的天堂,使虚拟经济过分背离其本来的使命,过分偏离实体经济发展的需求,从而酿成系统性的风险,最终给社会总体福利造成不可挽回的损失和冲击。因此,如何运用制度来保障投资者的权益,是虚拟经济发展中必须直面的重大问题之一。

基于上述分析可知,从宏观上看,作为一个整体的制度安排对虚拟经济的发展必须有一定的限制,也就是让虚拟经济在制度的框架内生长,但无论怎么腾挪跌宕,都不能超出制度划定的合理、合法的范围。显然,从另一个角度看,这种制度对虚拟经济的规范、规制在某种程度上就是一种限制和约束:制度在保护虚拟经济发展的同时,也变相约束了虚拟经济的发展限度,使虚拟经济不至于在利益席卷之下迷失方向和模糊其本来的合理定位。与实体经济受到资源稀缺性、价值规律等内生性制约不同,虚拟经济一旦完全离开制度的约束,势必成为一个物欲横流的利益交换场所,再加上投资者永无止境的利益最大化追求,虚拟经济必将走向其反面,走向实体经济的对立面,其应有的资源优化配置功能及资金引导功能将折损殆尽,最终成为纯粹的实体经济的负资产,一如茫茫大海中没有目的行驶的一艘大船:虽然现在没有沉没,但已经千疮百孔,最终葬身大海是必然的结局。制度的出现可以说根本改变了这种航行的方向和路径,虽然航行的过程中难免有些风浪,甚至会触碰暗礁搁浅,但是,最终一定会如期到达目的地,从而完成与实体经济的有机对接,最终实现社会利益的合理分配和再分配,并间接促进实体经济的持续发展。当然,我们也要注意制度的效力递减问题,正如有学者所指出的,"一项制度实施得久了,会引起一些基本量的累积性变化,从而使得该项制度所带来的边际实施净收益发生变化"[1]。

---

[1]　张旭昆:《制度的实施收益、实施成本和维持成本》,《浙江大学学报(人文社会科学版)》2002 年第 4 期,第 101-108 页。

第三章 市场逻辑与政府规制:虚拟经济有限发展的二元向度

　　虚拟经济有限发展必须在市场与政府的分析框架内得到阐释。一方面,虽然虚拟经济独立于实体经济,但是虚拟经济并不是独立于市场经济的,相反,虚拟经济本身就是市场经济的一个重要组成部分,因此,虚拟经济在市场经济中实现有限发展属于事物逻辑的自然延伸;另一方面,虚拟经济作为一种"人造之物",其发展也需要政府的规制。如果没有政府的恰当规制,虚拟经济就会不断膨胀,甚至会出现自我否定的灾难性社会后果。那么,为什么虚拟经济只能在市场经济中实现有限发展呢?

　　(1)在虚拟经济中,传统的价值规律被异化。一方面,虚拟经济中虽然有商品,却没有实体经济中那种耗费社会必要劳动时间的商品;另一方面,虚拟经济中的商品生产很难通过实体经济中那种性价比、优胜劣汰来达到经济系统的均衡或者再均衡。同时,由于虚拟经济与实体经济的相对独立性,如果任由虚拟经济膨胀,那么,在虚拟经济中,实体经济中的价值规律是无法对这种偏离进行调节的,其最终结果是形成虚拟经济泡沫直至泡沫破灭,最终殃及实体经济的健康发展。

　　(2)虚拟经济会扭曲需求定律。在虚拟经济中,需求定律是被扭曲的:虚拟经济中的商品既可能随着价格的上涨而增加需求,也可能随着价格的上涨而减少需求,如股票市场就是这种情形,这与实体经济中的供给和价格之间的负相关关系是迥异的。从根本上讲,这就是因为虚拟经济中的商品不具有实体经济中的商品那种使用价值,它除了能够满足市场主体基于逐利需求的需要,对普通消费者而言并没有什么实质性的价值和意义。同时,虚拟经济中的商品具有高度的同一性:都只是投资者逐利的工具。

(3)虚拟经济会不当放大市场经济的非自洽性。这又突出表现在以下三方面:①虚拟经济中的市场主体更容易进入一种非理性状态;②虚拟经济会不当放大市场经济的外部性;③虚拟经济领域更容易产生市场势力并发展为垄断行为。

(4)虚拟经济容易导致"脱实向虚"的发展风险。这种发展风险包括就业风险、不当去工业化的风险、国际贸易失衡的风险等。

总之,正是因为虚拟经济在市场经济中的种种异于实体经济的特性,所以市场经济中的虚拟经济客观上只能有限发展。那么,为什么政府要通过规制来确保虚拟经济的有限发展呢? 理由在于:①政府规制是虚拟经济实现可持续发展的根本保障。提出这一命题的主要根据在于:其一,商业银行的成立与运营需要一些特殊的体现政府规制的制度安排;其二,公司在证券发行方面需要实现信息的强制公开;其三,需要对公司申请股票上市做出更严格的规定。②政府规制是遏制虚拟经济异化的有效手段。具体而言,政府规制对于遏制虚拟经济泡沫、逆向选择等具有不可或缺的作用。③政府规制是保障虚拟经济安全运行的兜底措施。④政府规制也是保障投资者权益的重要举措。⑤实现虚拟经济和实体经济的有机联动需要政府规制。

一、虚拟经济的市场逻辑：为什么虚拟经济只能在市场经济中有限发展

(一) 虚拟经济中的价值规律被异化

价值规律是指"商品的价值由生产商品的社会必要劳动时间决定,商品

的交换依据商品的价值来进行"①。在实体经济领域,价值规律是市场经济的基本规律。但是,在虚拟经济领域,我们会发现,价值规律是被异化的。根据马克思的虚拟资本理论,虚拟资本本身不具备价值,但其可以通过循环运动产生利润并形成剩余价值。②事实上,虚拟经济也具有这个特点:自身不具备价值,但其可以通过"交易—再交易"的运动形式使投资者获得真实的利润。也正是在这种意义上,有学者甚至认为虚拟经济是一套脱离了物质存在形式的价值系统。③那么,在虚拟经济中,价值规律被异化表现在哪些方面呢?

(1)虚拟经济中的商品具有特殊性,从而导致实体经济中奉为圭臬的社会必要劳动时间决定商品价格的推理出现逻辑链条的中断。在虚拟经济中,其商品并不是劳动产品,其物质载体往往表现为一些权益类证书,如果不考虑制作这些权益证书的工本费,我们甚至可以认为这些商品并没有耗费传统的社会必要劳动时间,因此,如果根据实体经济中的商品价值论观点,我们会发现这些虚拟经济中的商品并没有任何价值。但是,令人费解的是,这些没有耗费社会必要劳动时间的商品,却又能产生真实的利润。概言之,虚拟经济中有商品,却没有我们实体经济中那种耗费社会必要劳动时间的商品。因此,从国家和整个人类社会的层面来看,这种商品固然有其价值,但是其价值并不能与实体经济中的商品等同。正因为如此,我们在分析虚拟经济中商品的价格时,就不能再基于传统的社会必要劳动时间决定论的分析路径,而是要基于虚拟经济的交易机制来进行重新考量。

(2)虚拟经济中商品的交换价格主要是基于市场主体的心理预期——他们认为这个值多少钱并愿意为之付出相应的价格,就表明这个虚拟商品

---

① 吴树青、卫兴华、洪文达主编:《政治经济学(资本主义部分)》,中国经济出版社,1993,第57页。

② 成思危:《虚拟经济的基本理论及研究方法》,《管理评论》2009年第1期,第3-18页。

③ 刘骏民:《财富本质属性与虚拟经济》,《南开经济研究》2002年第5期,第17-21页。

值多少钱。正因为这一特性,虚拟经济中商品的价格就会产生较大的波动——因为这些虚拟商品不存在一个由社会必要劳动时间决定的基准价格,因此,在理论上,这个价格既可以无限制地上涨,从而形成泡沫经济,也可以无限制地下跌,如在股票市场中跌成所谓的"垃圾股"。显然,在实体经济中,这种情况是很难出现或者不会出现的。

基于上述分析可知,由于虚拟经济中的价值规律被异化,因此,虚拟经济中的商品生产就很难通过实体经济中那种性价比、优胜劣汰来达到经济系统的均衡或者再均衡。同时,由于虚拟经济与实体经济的相对独立性,如果任由虚拟经济膨胀,那么,在虚拟经济中,无法依靠实体经济中的价值规律对这种偏离进行调节,这样下去的最终结果是形成虚拟经济泡沫直至泡沫破灭,进而殃及实体经济的健康发展。显然,如果任由虚拟经济的膨胀,大量生产没有任何实体经济意义上的商品,那么,其结果是这些只有交换价值的所谓商品,不会产生任何实质性的使用价值。特别值得注意的是,虚拟经济中的商品一旦被生产出来,其存在在时间理论上也是无限的,这和实体经济中商品生命的有限性和损耗性是形成鲜明对比的,显然,如果这样的虚拟商品大量充斥于市场中,其对经济社会和社会福利的损害都将是不可估量的。

(二)虚拟经济扭曲了市场经济中的需求定律

"需求定律(the law of demand)是说任何物品的价格下降,其需求量必定上升……需求定律是经济学的灵魂。"[①]在实体经济中,一种商品的价格下降,而需求量上升可以说是不可避免的事情。这里其实还有三个约束条件:①这种商品本身是有使用价值的,或者简单地讲,它是有"功用"的。②一些商品的功用具有替代性。从消费者的角度看,其需求是多元的、多层次的:

---

① 张五常:《经济解释 卷一:科学说需求(神州增订版)》,中信出版社,2010,第131-132 页。

就前者而言,以晚餐为例,一个消费者既可以选择吃面条,也可以选择吃米饭,既可以选择吃牛排,也可以选择吃火锅;就后者而言,一个消费者的晚餐既可以去吃韩国烤肉,也可以去吃青岛大虾,还可以去五星级酒店吃自助餐,等等。为什么会出现以上各种情况,根源就在于消费者需求的多元性和多层次性。③消费者的消费能力是基本稳定的。比如,某位消费者想买一辆车,根据其经济实力只能买一辆10万元左右的车,则30万元以上的车一般不会进入他的考虑范围。在以上三个约束条件下,我们可以看到,消费者的需求对于价格是非常敏感的。例如,牛肉50元一斤,羊肉52元一斤,如果消费者没有特殊的偏好或者需求,一般说来,如果牛肉涨到70元一斤,羊肉的价格不变,那么其就有可能选择羊肉代替牛肉,反之亦然。在这种情况下,显然牛肉的价格上涨,其需求量就很可能下降,而如果牛肉的价格下跌,其需求量就可能上升。这是因为实体经济中的商品都有一个决定于社会必要劳动时间的基准价格。

在虚拟经济中,我们会发现,需求定律是被扭曲的。以股票市场为例,一只股票的价格如果上涨,其需求既可能上升,也可能下降:上涨可能是因为有更多的持股人看好这只股票,因此买入这只股票;下降可能是因为持有这只股票的人想套现,想收回自己的资金,因此,一看价格上涨,觉得有利可图,就抛售了这些股票。在另一种情况下,如果一只股票的价格下降,我们会发现,市场主体对于其需求也是下降的,因为市场主体觉得这是风险的体现,需要赶紧抛售手中的股票以规避风险,这就是大部分股民所谓的“追涨杀跌”。事实上,前文所讲的高频交易也是上述分析的具体实例。股票的价格下跌,我们更多时候看到的是市场需求量的减少——排除少数抄底的情况。从以上分析可知,在虚拟经济领域,需求定律不仅没有实体经济中的那种必然性的逻辑结果,还会更多地体现出一种不确定性。归根结底,这是因为虚拟经济中的商品不具有实体经济中的商品的使用价值,它除了能够满足市场主体基于逐利需求基础上的需要,对普通消费者而言并没有什么实质性的价值和意义。同时，虚拟经济中的商品具有高度的同一性：都只是投资者逐利的工具。因此，与普通的商品不同，这种没有凝聚人类无差别的社会劳动的商品，对投资者而言，并没有任何的偏好推动，因为它们本来就是可以高度替代的，而这是实体经济中任何一种商品都不具有的特性。在实体经济中，即便是矿泉水这样无色无味的商品，都有可能形成消费者的不同偏好：如有的消费者喜欢喝农夫山泉矿泉水，有的消费者则更喜欢喝娃哈哈矿泉水。在一些消费者看来，只要有可能，他们就会在消费路径依赖的道路上走下去，如无必要，何必改变呢？显然，这一情况在虚拟商品中，至少在同一类型的虚拟商品中是不太可能出现的。

（三）虚拟经济放大了市场经济的非自洽性

尽管作为一种所谓的自生自发秩序[①]，市场经济确实是人类目前能找到的最好的资源配置方式，但是，我们并不能因此就否定市场经济的非自洽性。所谓市场经济的非自洽性，简单地讲就是市场不能自己治愈自己的弊端，而必须通过法律或者政府的规制来帮助市场克服这些弊端，从而避免市场走向市场极端主义。[②] 在虚拟经济中，尽管这种经济形式与实体经济存在差异性，但是，市场经济的非自洽性依然是存在的，并且，虚拟经济事实上放大了市场经济的这种非自洽性，也就是说，在虚拟经济中，市场经济的非自洽性更明显，破坏性更大，具体主要表现在以下三个方面。

1. 虚拟经济中的市场主体更容易进入一种非理性状态

鉴于虚拟经济中市场主体进入的唯一目的就是逐利，这使得虚拟经济中的市场主体更加精于与专注于"经济人"的那种"算计"，这种算计在内幕交易等交易过程中显得更加泛滥和难以控制。虚拟经济中的市场主体比实

---

① 哈耶克：《自由秩序原理（上）》，邓正来译，生活·读书·新知三联书店，1997，第7页。
② 单飞跃、肖顺武：《市场极端主义的经济法矫正研究——基于经济法与民商法功能互补的视角》，《北方法学》2011年第4期，第79-88页。

体经济中的市场主体更容易忽视其他人的利益、社会利益和国家利益,可以认为,除了逐利,他们再也没有其他任何重要的目的。加之虚拟经济的相对独立性以及高速流动性,因此,虚拟经济中的市场主体可以说是无所顾忌的,资本的破坏性可以说在这一场域中表现得淋漓尽致。如果说实体经济被市场所淘汰还会留下一片萧条的经营场所,那么,虚拟经济就如一个黑洞,将所有的一切吸得干干净净且不留下任何痕迹。事实上,一些上市公司的圈钱行为、内幕交易行为①、庄家控制行为等,无不深刻地体现出这一点。可以说,虚拟经济中市场主体对利润的疯狂追求,正是虚拟经济非理性繁荣的基本动力。同时,因为虚拟经济自身并不产生增量利益,虚拟经济活动中的非理性行为往往也是社会贫富悬殊的放大器。以某些公司的上市行为为例,公司包装或者借壳上市后,在一夜之间造就了一些千万乃至亿万富翁,并从深层次上引发财富分配的社会妥当性问题。

2. 虚拟经济放大了市场经济的外部性

所谓外部性,是指"一个人的行为结果影响其他人的福利(效用)"②。值得注意的是,外部性往往是市场机制自身无法解决或者解决不好的问题。应当说,任何事物都有其外部性,市场经济有外部性也是不可避免的。但是,比较特殊的情况是,外部性在虚拟经济中的负面影响会被进一步放大。以金融市场为例,这是一个典型的虚拟经济市场,但是,基于金融的基本认知我们可以发现,金融市场中的外部性是影响最大的:如果金融系统功能发挥正常,需要金融资源的主体能够获取金融资源、获取金融资源的主体都是那些最能实现金融资源保值增值的主体,那么,这时候金融市场的外部性就是正的。但是,在很多情况下,金融市场的负外部性更是值得我们警惕的事情。因为金融系统虽然也负有一定的社会责任,但是,金融资本毕竟首先是

---

① 胡光志:《内幕交易及其法律控制研究》,法律出版社,2002,第60-111页。
② 普沃斯基:《国家与市场:政治经济学入门》,郦菁等译,格致出版社、上海人民出版社,2009,第35页。

资本,而资本就是要逐利的,在逐利的导向下,金融资源的配置可能就是流向那些回报率高,但是对整个社会经济发展不一定那么好的行业。例如,在经济过冷的情况下,将金融资源投入基础设施建设或者中小企业,就不能获得很好的回报,甚至可能血本无归。在这种情况下,金融资源就会选择性地忽视这些主体的资金需求,从而成为放大马太效应的推手。从另一个角度看,鉴于金融是国民经济的血液,因此,与其他行业不同,金融行业一旦出现危机或者调整,其影响的是所有的行业——没有哪个行业没有资金的需求。正是从这个角度看,笔者认为虚拟经济放大了市场经济的外部性,特别是负外部性。

3.虚拟经济领域更容易产生市场势力并发展为垄断行为

一方面,虚拟经济的高流动性使那些具有雄厚经济实力的市场主体更容易滥用自己的市场势力,并且这种市场势力的运用不需要那种在实体经济领域中通常都需要的很强的组织和协调能力,因为虚拟经济都是可以通过数字化进行运动和直观衡量的,这就使市场主体更容易调动这些相关的资源和财富。另一方面,虚拟经济具有实体经济所没有的黏合性,或者换句话说,虚拟经济中市场主体或者用户更具有路径依赖,有时候这种依赖甚至是不可或缺的,比如,支付系统、股票市场等,这些市场主体往往只能依附在这种虚拟经济之中。在这种情况下,虚拟经济市场中市场主体的经济实力优势更容易发挥出来,从而也更容易发展成垄断行为。值得注意的是,虚拟经济的这种垄断往往不同于实体经济中的垄断,属于让人感觉不到或者不太引人瞩目的那种垄断,即虚拟经济中的垄断往往会更加隐蔽。

(四)虚拟经济存在"脱实向虚"的发展风险

有学者认为,作为反映价值变动的经济形式,虚拟经济主要有如下特征①:①虚拟资本本身并不直接进入生产领域;②虚拟经济中的虚拟资本在现实中往往表现为权益形式,其实质是对未来收益权的索取凭证;③虚拟资本的价值主要源于其预期收益;④权益化凭证的持有者可对外进行交易,并形成特定类型凭证的交易市场。如果说信用是虚拟经济产生和发展的制度性基础②,那么信心就是虚拟经济持续发展的前提。但是,信心作为人的一种主观意志或者偏好,其本身并不是可控的,具有相当大的不确定性。这种不确定性对市场主体个体而言如果说不是一个很大的问题,那么,对一个国家和一个社会而言就是非常严重的问题:因为没有谁能确定地回答是否能够保持信心。我们甚至可以认为,信心是虚拟经济中的玻璃心,看上去晶莹剔透,但是其实很脆弱、很容易碎。可以说,正因为虚拟经济有上面种种"问题",才使我们应格外重视经济的"脱实向虚"问题:如果经济"脱实向虚"并不是一个问题,或者说虚拟经济没有一个国家或者社会所担忧的致命缺陷,那么,这种"脱实向虚"我们就认为它是市场经济的自然结果,属于经济发展中水到渠成的事情,当然也就不值得我们讨论和应对,但是,事实显然恰恰相反。那么,虚拟经济存在哪些具体的"脱实向虚"的风险呢? 笔者认为,主要表现在以下三个方面。

(1)虚拟经济引发的"脱实向虚"会催生就业问题。亚当·斯密认为,"他追求自己的利益,往往使他能比在真正出于本意的情况下更有效地促进社会的利益"③。应当说,如果不去过分拘泥于某些细节,这样一个论断其实是很经典的,它形象生动地表达出资本在追逐自身利益的同时,也会促进整个社会利益的实现,或者说实现了社会的帕累托改进。但是,这一论断可能

---

① 彭刚、聂富强:《SNA 视角下中国虚拟经济总量核算问题研究》,《统计与信息论坛》2019 年第 2 期,第 3-12 页。

② 梅子惠:《虚拟经济与市场经济》,《中南财经政法大学学报》2002 年第 2 期,第 93-98 页。

③ 亚当·斯密:《国民财富的性质和原因的研究(下卷)》,郭大力、王亚南译,商务印书馆,1974,第 27 页。

需要进一步分析，因为在虚拟经济领域，我们会发现，资本追逐利益的行为并不总是能有利于公共利益的实现，甚至有时会阻碍公共利益的实现与社会福利的增加。根据相关学者的研究①，以 2010 年的美国为例，该国 15 大行业中，GDP 占比最高的是金融房地产业，高达 21%，人均 GDP 达到 38.88万美元，与此相对，低端的服务业人均 GDP 仅为 4.2 万美元，但是，其创造就业岗位的比率为 47.4%。同时，金融房地产业每增加 100 万美元 GDP 可以增加的就业人数是 2.6 人，而餐饮娱乐业每增加 100 万美元增加的就业人数是 23.8 人。从以上数据可以看出，越是所谓的高价值领域，其提供的就业机会反而越少，而那些所谓"低端"的产业，其创造的就业机会反而更多。事实上，这与中小企业是就业问题解决的主力军的现实情况也是高度一致的。② 但是，根据资本的流动规律，从资本利润最大化的角度来看，我们会发现资本会大量流向那些所谓的高价值领域，如金融资本市场等，这一流向与增加社会总体就业的诉求就是相背离的，或者至少是存在较大张力的。因此，虚拟经济的过度发展导致的"脱实向虚"问题不仅是国民经济结构的虚化，更是对就业的重大威胁。从长远的角度看，一个社会如果不能解决好就业问题，其可持续性必然会大打折扣。事实上，当下的美国就是这样一个情况：虚拟经济高度发达，实体经济相对衰败，社会就业形势异常严峻。

（2）虚拟经济引发的"脱实向虚"会导致经济进一步虚化，并且很难再工业化。从前文的分析我们可以看出，尽管虚拟经济的发展很重要，虚拟经济也具有相对的独立性，有不可或缺的社会性价值，但是，我们同样必须牢记的是，虚拟经济毕竟是实体经济发展到一定阶段的产物，对实体经济有一定的依附性。总之，从最根本的角度看，实体经济是第一位的，虚拟经济是

---

① 成思危主编：《虚拟经济概览》，科学出版社，2016，第 71 页。

② 肖顺武：《当议中小企业融资难的原因及法律对策》，《西南政法大学学报》2010 年第 3 期，第 71-80页。

第二位的。当然不能简单地用第一来否定第二,但是,如果一个社会需要必须抽掉一种经济形式,那么肯定是虚拟经济:毕竟虚拟经济主要是一个价值交换系统,自身并不生产具有使用价值的商品。基于上述判断我们会发现,一旦一个国家的经济完成"脱实向虚"之后,那么,根据资本的逐利惯性,这个国家要再工业化几乎就只存在理论上的可能性了。因为对资本而言,只有那些高价值的领域才是其所偏好的地方,至于工业制造领域这些低附加值的行业,资本在市场机制中的运作毫无例外就是逃离。以美国为例,其再工业化就是除非美国的市场或者政府能够提供一种工业领域资本回报率高于虚拟经济领域的模式或方法,否则,美国的再工业化就只能是政客们运作选举的一种策略性手段。

(3)虚拟经济引发的"脱实向虚"会使一个国家的贸易收支失衡,甚至导致巨大的贸易逆差。可以认为,经济的"脱实向虚"引发的贸易收支不平衡是一个生动的历史教训。根据相关学者的研究①,美国的工业化鼎盛时期,恰恰是其贸易顺差最大的时期,也是美国成为世界债权国的时期。但是,这一切随着美国的去工业化特别是虚拟经济化而发生了惊天大逆转:在美国主要依靠金融房地产这样的虚拟经济的今天,美国已经由世界最大的债权国、顺差国沦为世界最大的债务国、逆差国。与此相对,今天的中国已经成为"世界工厂",于是,我国成为世界最大的贸易国、世界性的债权国、世界贸易顺差国,我国的外汇储备常年处于世界第一的水平。

二、虚拟经济的政府规制:为什么政府要确保虚拟经济的有限发展

(一)政府规制是虚拟经济可持续发展的根本保障

虚拟经济是一种价值系统,以"交易—再交易"为主要运动形式,虽然不

---

① 成思危主编:《虚拟经济概览》,科学出版社,2016,第71页。

生产凝结社会必要劳动的商品,但是,其同样可以实现投资者的利益,并且
于实体经济而言具有相对的独立性。同时,虚拟经济作为实体经济发展到
一定阶段的产物,其初始作用是服务于实体经济,引导资源更好地向实体经
济分配。从这个角度看,我们需要虚拟经济的可持续发展。应当说,"可持
续发展是整个法律体系的共同任务,各个法律部门都应当体现可持续发展
的精神"①。但是,虚拟经济可以说是最纯粹的资本运动形式,而资本就是要
逐利,要追求利润最大化的,因此,如何在保障资本利润最大化的同时,实现
虚拟经济的可持续发展,具有重要的意义和价值。那么,政府规制如何来保
障虚拟经济的可持续发展呢? 鉴于现代政府都必须基于法律进行规制,因
此,政府对虚拟经济进行规制以保障虚拟经济的可持续发展,是通过一系列
的规则架构来实现的。同时,由于虚拟经济外延非常广泛,因此,我们这里
主要从国内关于虚拟经济的共识范围(主要包括银行、证券、股票等)对政府
规制进行分析。具体而言,政府对虚拟经济进行规制以保障其可持续发展,
主要包括以下三方面的内容。

1. 金融领域中关于商业银行的一些特殊规定

商业银行在整个国民经济发展中具有举足轻重的作用,是通货膨胀的
重要守护者。因此,哪些主体可以经营商业银行,商业银行经营管理不善应
当如何处理,就显得非常重要和关键。以商业银行的成立为例,其基本的要
件既要满足《中华人民共和国公司法》(以下简称《公司法》)关于公司法人
的要求,也要按照《商业银行法》的规定履行必要的行政审批手续。例如,
《商业银行法》第十二条、第十六条就规定,设立商业银行需符合以下几个条
件:①有符合本法和《中华人民共和国公司法》规定的章程;②有符合本法规
定的注册资本最低限额;③有具备任职专业知识和业务工作经验的董事、高

---

① 王全兴:《经济法基础理论专题研究》,中国检察出版社,2002,第283页。

级管理人员;④有健全的组织机构和管理制度;⑤有符合要求的营业场所、安全防范措施和与业务有关的其他设施;⑥其他审慎性条件;⑦经批准设立的商业银行,由国务院银行业监督管理机构颁发经营许可证,并凭该许可证向工商行政管理部门(现在已经改为市场监督管理部门,笔者按)办理登记,领取营业执照。由此看来,商业银行的成立与一般公司相比,可以说条件更加严格。此外,商业银行在运营过程中设立分支机构须经国务院银行业监督管理机构批准并颁布经营许可证①,商业银行的合并、分立,应当经国务院银行业监督管理机构审查批准②,任何单位或者个人购买商业银行总股份百分之五以上的,也应当首先经国务院银行业监督管理机构批准。总之,为了保护商业银行资金的安全性、流动性,国家出台了很多的制度与措施予以保障。只有这样,债权人的权益才能得到保护,整个金融业才能可持续发展。反过来,如果没有这些政府规制措施,作为虚拟经济的金融业势必会天下大乱,其规模必然萎缩,虚拟经济的可持续发展就会成为一句空话。

2.要求公司在证券发行方面实现信息的强制公开

从根本上看,之所以要给公司上市强加一些似乎与市场经济的契约自由、交易自由相左的义务,是由虚拟商品自身的特性所决定的。以公司发行的股票或者债券为例,其要在公开市场交易,投资者必须对其有一个"质量"方面的基本了解,但是,这些证券与实体经济中的商品不同,你无法通过直观的观察或者肢体的触摸而判断它的质量,也无法衡量它是否就是投资者需要的那种证券。事实上,它的质量从根本上取决于其发行公司的质量,但是,作为投资者,你不可能每次买一只股票都跑到公司去实地考察,并且就算是去实地考察,公司也无法应对这么多的考察者。在很多情况下,你只能远远地看一眼公司的所在地,然后在"公司重地,闲人免入"的提示下折回

---

① 《商业银行法》(2015 年修订)第十九条、第二十一条。
② 《商业银行法》(2015 年修订)第二十五条。

来。因此,在这种情况下,为了保障投资者的权益,也为了虚拟经济市场的
持续健康发展,需要政府对公司做出强制公开有关信息的制度安排。事实
上,政府对公司证券信息公开的规定是非常严格的,如股票的发行就必须公
开,如果不公开就不能发行;公开的信息必须全面、真实、准确;考虑到市场
经济的瞬息万变,政府还规定了公司的信息公示必须具有周期性,如季末有
季度报告,年中有中期报告,年底有年度报告;信息公开的内容和格式也必
须遵守中国证监会的要求,并且规定了如果含有虚假陈述等问题,导致投资
者产生损失的,发行人和相关的责任主体就要承担相应的民事责任、行政责
任甚至是刑事责任。

3. 对公司申请股票上市作了严格的规定

《中华人民共和国证券法》(以下简称《证券法》)第四十七条规定:"申
请证券上市交易,应当符合证券交易所上市规则规定的上市条件。证券交
易所上市规则规定的上市条件,应当对发行人的经营年限、财务状况、最低
公开发行比例和公司治理、诚信记录等提出要求。"从这个规定可以看出,一
方面,证券上市有比较明确的条件,如经营年限、财务状况、最低公开发行比
例和诚信记录等,这些可以说是"硬性规定";另一方面,证券要上市,还需要
遵守"证券交易所上市规则规定的上市条件"及"公司治理"等"软性规定"。
由此看来,为了保障虚拟经济的可持续发展,政府除了明线规则外,还事实
上通过证券交易所规定了一些非明线规则①——如授权证券交易所来规定
上市的具体标准,而不是如过去直接规定在《证券法》第五十条中②。从表面
看,这个与基于规则的治理是存在张力甚至是矛盾的,但是,对虚拟经济这
样的资本高速流转的市场而言,这种规定犹如一剂回归理性的镇静剂,可以

---

① 张维迎:《信息、信任与法律》,生活·读书·新知三联书店,2006,第72页。

② 具体请参见2014年8月31日修正后的《证券法》第五十条,2019年《证券法》修订之后,已经删除了
　该规定。如无特别说明,本书所引《证券法》内容均指2019年修订后的内容。

说是保障虚拟经济市场可持续发展的必要手段。此外,《证券法》第四十八条规定:"上市交易的证券,有证券交易所规定的终止上市情形的,由证券交易所按照业务规则终止其上市交易。"

(二)政府规制是遏制虚拟经济异化的有效手段

虚拟经济本身是"向实而生"的,但在其进一步的发展过程中,我们会发现一些虚拟经济的异化现象:如虚拟经济本身是经济繁荣的表现,是推动经济进一步活跃的摇篮,但是,如果这种繁荣超过了必要的限度,就会出现所谓的泡沫问题,泡沫破裂之后,最终也会影响实体经济的发展。同时,由于虚拟经济强烈的资本逐利性,会导致虚拟经济的资源优化配置功能失灵乃至异化,出现无法控制的所谓逆向淘汰问题,从而对冲实体经济中的优胜劣汰规律。正是由于虚拟经济的这种异化问题,我们强调需要政府的规制来予以预防或者矫正。具体而言,政府规制遏制虚拟经济的异化主要表现在以下两个方面。

1.政府规制是遏制虚拟经济泡沫的有力手段

泡沫到底是如何产生的,学术界其实存在诸多观点,例如,日本有学者就将泡沫的分析归结于人类的非理性。① 我国有学者将泡沫定义为资产的价格暴涨之后又暴跌,并将泡沫分为两类:一类是因信息费用高而错误跟风造成的泡沫,另一类是虚拟经济与实体经济发生脱节造成的泡沫,认为前者属于市场的试错行为,后者属于虚拟经济与实体经济之间的脱节,需要政府进行规制。② 此外,关于泡沫出现的阶段,我国有学者认为,"资产泡沫通常出现在经济稳定或者繁荣时期,但近几年中国却出现了经济增速持续放缓

---

① 野口悠纪雄:《泡沫经济学》,金洪云译校,曾寅初译,生活·读书·新知三联书店,2005,第37页。
② 李俊慧:《泡沫的经济分析》,《学术研究》2018年第2期,第97-102页。

与资产泡沫风险不断加剧的衰退式资产泡沫新现象"[1]。尽管大家对泡沫是如何产生的、表现形式如何等存在争议甚至截然不同的看法,但是,作为政府需要认真对待这个问题则是学术界和实务界的基本共识。如何应对虚拟经济中的泡沫问题? 笔者认为,虽然虚拟经济具有相对的独立性,但是,从根本上看,虚拟经济中之所以会出现那么多的泡沫,主要是因为虚拟经济成了社会资金流动的洼地。易言之,如果虚拟经济不能带来比实体经济更好更快的利润回报,虚拟经济的泡沫就会成为无源之水、无本之木。因此,政府应对虚拟经济泡沫的进路就不是简单地在虚拟经济市场挤泡沫——虽然这在某些情况下也是有其必要性的,但我们需要认识到的是,虚拟经济市场并不是实体经济市场,作为一种价值交易系统,它的"交易—再交易"运动是基于一系列规则的市场运作,除非对规则进行随意的改动,否则,就会出现"狗咬刺猬"的尴尬局面。因此,政府如何应对虚拟经济泡沫,最根本的还是在于要大力发展实体经济,推进合适的产业政策[2],降低实体经济的运营成本,特别是优化实体经济中企业的制度环境。实体经济发展好了,自然就能提升实体经济的利润水平,资本自然就会回流。否则,简单地对虚拟经济市场,如资本市场进行打压,资金从虚拟经济市场挤出来后也不一定会进入实体经济(如变成国际游资),从而引发更严重的经济衰退。因此,从某种程度上讲,政府对虚拟经济泡沫的治理,症结还是在于实体经济,正所谓"工夫在诗外"。

2. 政府规制是遏制虚拟经济中逆向选择的有力工具

根据相关学者的测算,"股市市值每扩大1%,影响第一产业结构比重下降0.201 1%,而影响第二、三产业结构比重上升0.356 9%"[3]。由此看来,

① 陈彦斌、刘哲希、陈伟泽:《经济增速放缓下的资产泡沫研究——基于含有高债务特征的动态一般均衡模型》,《经济研究》2018 年第 10 期,第16-32 页。

② 刘飞:《"脱实向虚"风险防范与抑制资产泡沫》,《改革》2017 年第 10 期,第42-44 页。

③ 周莹莹、刘传哲:《虚拟经济与实体经济协调发展研究》,经济管理出版社,2013,第61 页。

虚拟经济对第一、第二及第三产业的影响均是很大的,这种影响如果控制在一定范围内,那么,其可能就是有利的,如增加就业、优化市场的资源配置。但是,正如前文所分析的,虚拟经济也有其独立性,因此,这种影响有时可能会超出市场所希望的范围。例如,股票市场过度发展,就会大幅度挤压第二和第三产业,如前文学者所分析的,其会影响第二和第三产业的比重上升,而这两大产业恰恰是解决社会就业问题最为重要的生产部门。显然,如果任由虚拟经济过度发展,其对就业的不利影响迟早会被展现出来:第二和第三产业的利润越来越薄,资金就会不断地从这些领域流向虚拟经济,这对整个国家的社会总体福利增加是不利的。此外,由于虚拟经济无法彻底消除信息不对称,而虚拟经济中信息又特别重要,以股票市场为例,一旦有政治或者经济的重大变化或者事件,就会造成该公司的股票交易不反映甚至完全不反映该公司经营或者财务状况的情况,股票价格肆意涨跌,加之虚拟经济与实体经济的发展本来就并不完全同步(滞后性),股票市场中的逆向淘汰就是难以避免的事情。[①] 在这种情况下,政府辅之以必要的规制,对于提振虚拟经济的市场信心或者控制虚拟经济的市场泡沫,从而保障虚拟经济的持续发展就显得不可或缺。

(三)政府规制是保障虚拟经济安全运行的兜底措施

需要说明的是,虚拟经济运行过程中的风险具有伴生性,即只要有虚拟经济,就会有风险形成的可能。因此,虚拟经济安全运行中需要防范和规制的是系统性的风险,而不是普通的风险,这也是政府(国家)介入这一场域的基础性动力。关于虚拟经济中风险的这一特性,有学者就认为,"金融天然有风险,不影响金融系统性稳定目标的微观金融风险是可以接受的。确保每个微观金融机构的安全,不但不能保证宏观金融系统性稳定,而且可能损

---

① 胡光志:《虚拟经济及其法律制度研究》,北京大学出版社,2007,第107页。

害到金融资源配置功能,甚至反而导致系统性金融风险的发生"①。那么,系统性金融风险到底是一种什么样的风险呢? 据学者的研究,系统性金融风险的基本含义包括以下三个方面②:①系统性金融风险关注的对象是整个金融体系的全部或重要组成部分;②真正的系统性金融风险具有传染性,会导致风险个体性和责任全体性的结果;③系统性金融风险最终会超出虚拟经济系统,并对实体经济产生影响。从实践来看,以虚拟经济中的金融系统为例,其系统性金融风险主要是上一轮扩张期实体经济供需失衡后,经济周期性、结构性、体制性矛盾叠加在金融领域的风险积累和反映。③ 鉴于虚拟经济自身的相对独立性,其系统性金融风险爆发后,依靠虚拟经济系统自身是很难对抗的,因此,具有资金来源可靠、救助迅速等优势的政府的规制就是必不可少的手段,也是各国普遍性的措施和手段。④ 那么,在虚拟经济中,政府应当如何进行规制以保障虚拟经济的安全运行呢? 笔者认为,需要注意以下四个层面的问题。

1. 政府的规制必须要有"边界感"

毫无疑问,在虚拟经济发生系统性风险的时候,政府规制就是最可能的甚至是最后一根救命稻草。由于虚拟经济建立在信用和信心的基础上,并且信心是虚拟经济中商品价值的"定海神针",因此,在虚拟经济中,一旦市场主体的信心动摇,整个虚拟经济必定地动山摇。此时,只有经济社会生活中最强力的组织——政府,才能恢复这种信心,从而让虚拟经济实现安全运行。但是,政府的这种救助或者规制必须要有"边界感",否则会引发严重的

---

① 范小云:《系统性金融风险的监管策略》,《改革》2017 年第 8 期,第 48-51 页。

② 何青、钱宗鑫、刘伟:《中国系统性金融风险的度量——基于实体经济的视角》,《金融研究》2018 年第 4 期,第 53-70 页。

③ 同①。

④ 杨松、王勇:《中国问题银行公共资金救助体系的法律构建——以金融危机中美国的救助行为为鉴》,《法律科学(西北政法大学学报)》2010 年第 6 期,第 98-108 页。

道德风险。具体来讲,这种"边界感"体现在两个方面。

(1)政府不能轻易介入虚拟经济中的风险应对,除非确实是发生了大规模的系统性风险,否则,政府动辄对虚拟经济进行规制,既会使政府疲于奔命,也会使虚拟经济自我救助的能力和努力被不当弱化。概言之,政府对虚拟经济规制当以防范系统性风险为必要,且必须建立在规制的谨慎性基础之上。

(2)政府关于介入虚拟经济市场以应对系统性风险的规则必须具有一定的模糊性。换言之,政府需要应对虚拟经济中的系统性风险,但是,什么时候才能应对、应对的时机如何把握、应对的条件到底包括哪些等,这些方面都需要一些规定,从而使政府的规制属于"有法可依",但是,这些规定又不能过分明确,否则,虚拟经济中的相关主体很可能就会人为制造或者恶意促成这种应对条件,从而不断拉政府下水,引发虚拟经济中系统性风险应对的道德风险问题。以金融系统为例①,为了防范金融机构随意拉政府介入的道德风险,很多国家的金融规则就有"惩罚性利率"规则和模糊性规则,从而使国家的救助处于不确定状态,以最大限度地抵消"大而不倒""反正有人管"的不当心理预期和缺失市场约束的负面影响。

2.要对虚拟经济中产生的所谓泡沫进行分类处理

由于虚拟经济事实上是一个相对封闭的价值循环和交易系统,因此,虚拟经济中的泡沫可以分为两大类:一类是在资本利润最大化驱动下的非理性泡沫,简单地讲,这种泡沫就是资本在虚拟经济中通过内部资本循环而产生的投机性泡沫;一类泡沫是基于信贷等实体经济的需求而产生的泡沫,这种泡沫我们可以称之为衰退式资产泡沫。应当说,这两种类型的泡沫对虚拟经济和实体经济都具有负面影响。鉴于非理性泡沫主要是虚拟经济的内

---

① 巫文勇:《问题金融机构国家救助法律边界界定》,《法学论坛》2015年第1期,第106-117页。

部资本循环，其对实体经济的影响总体而言是远远小于衰退式资产泡沫的，因此，衰退式资产泡沫应当是虚拟经济中政府规制的重点。具体而言，政府一方面需要实施"稳健偏宽松的货币政策+偏紧的宏观审慎政策"的组合，另一方面需要着力推进实体经济去杠杆，降低负债主体对"借新还旧"的依赖。[①]

3. 要注意我国虚拟经济中系统性风险的"中国特色"

如何应对虚拟经济中的系统性风险，有一些共同的经验和规则可以借鉴，但更为重要的是，需要特别注意我国虚拟经济中系统性风险的"中国特色"。这种"中国特色"有两个突出的方面是需要引起我们高度重视的。

（1）我国虚拟经济生态中的同质化现象。以我国的金融系统为例，虽然我国资本市场不断发展，但是，银行在我国的资金供给中依然具有举足轻重的地位。然而，在可能爆发系统性风险的银行中，我们注意到这样一个基本事实，即我国银行业之间的同质化程度是很高的。正如有学者所指出的，"我国金融机构（特别是银行系统）之间的业务过于相似，即使单个银行做到了分散化经营，整个银行业同质化程度过高时，银行业务紧密性过高，也会造成银行系统的脆弱及不稳定，一家银行陷入困境时，其他银行也会面临相似的困境"[②]。显然，以上局面就很容易出现这样一个问题：一旦某家银行机构在某个方面出了问题，我们会发现众多的银行机构也会爆发这方面的问题，于是，不爆发风险则已，一旦爆发风险就是大面积的、系统性的风险。正是因为这一点，我国关于虚拟经济中的风险预警就显得异常重要和不可或缺，这一点后文将进一步分析。

（2）我国虚拟经济中的传染性风险有逐步增大的趋势。需要特别说明

---

① 陈彦斌、刘哲希、陈伟泽：《经济增速放缓下的资产泡沫研究——基于含有高债务特征的动态一般均衡模型》，《经济研究》2018 年第 10 期，第 16-32 页。

② 范小云：《系统性金融风险的监管策略》，《改革》2017 年第 8 期，第 48-51 页。

的是,我们强调我国虚拟经济中的传染性风险,不代表国外虚拟经济中就不存在传染性风险,我们需要强调的是,传染性风险在我国表现得更为突出,在某些领域和环节表现得更加具有破坏性。以金融系统为例,正如有学者所指出的,我国银行体系中传染性风险在整个风险谱系中的占比已经越来越高,并且表现出一种令人不安的逐步增长的趋势,而股份制商业银行和城市商业银行已经是传染性风险的高发区①。因此,政府规制主要是督促这些金融机构加强内控,规范业务,并强化相关的监管。

4.要建立虚拟经济系统性风险预警机制

从宏观的角度看,如果风险真的不可避免,那么,我们唯一能做的就是提前发现风险并采取相应的措施,一旦风险爆发,我们就能从容地应对,并将其可能的损害降到最低限度。虚拟经济作为现代市场经济中不可或缺的一环,我们一方面不能简单禁止来预防其风险,另一方面,无数的事例提示我们,如果放任虚拟经济中系统性风险的星星之火,其成燎原之势就属于必然的逻辑。因此,要应对虚拟经济中的系统性风险,我们需要做的第一步,也是最重要的一步就是借鉴国际先进经验建立虚拟经济中的系统性风险预警机制。② 但是,笔者认为,如果构建这种预警机制,可以考虑由国务院金融稳定发展委员会牵头,组建由中国人民银行、银保监会、证监会等金融技术部门参加的虚拟经济系统性风险预警委员会,抽调精干力量,发布针对虚拟经济的季度和年度系统性风险报告。同时,为了应对虚拟经济市场中瞬息万变的情况,该委员会可以根据需要发布临时性的系统性风险提示公告,这种公告当类似于行政指导,是一种国家机关为引导公民和法人的经济活动符合某种既定的经济干预目标而实施的非强制性手段,不具有法律上的强

---

① 杨子晖、李东承:《我国银行系统性金融风险研究——基于"去一法"的应用分析》,《经济研究》2018年第8期,第36-51页。

② 胡滨:《系统性金融风险来源及防范》,《改革》2017年第8期,第41-44页。

制约束力①,但可供相关市场主体参考。当然,虚拟经济系统性风险预警机制具体应如何运作,还需要进一步思考和探索,但大方向应当是一个没有争议的问题。

(四)政府规制是保障投资者权益的重要举措

虚拟经济是实体经济发展到一定阶段的产物,是资本和价值流动的场所,具有高风险性、高收益性和高流动性。可以说,虚拟经济的缺陷和魅力都是非常引人瞩目的。但如前文所述,虚拟经济又是信用经济、信心经济,特别是投资者的信心,它是虚拟商品保持"合理价格"的重要基础,甚至可以认为信心就是虚拟商品的价格本身。"从资本市场的发展历程来看,保护投资者权益,让投资者树立信心,是培育和发展市场的重要一环,是监管部门的首要任务和宗旨。"②因为投资者实际上是证券市场资金的享有者,因此,对投资者的保护可以说是至关重要的。③ 事实上,对投资者的保护的重要性已经为现实所证明并将继续得到证明。以亚洲金融危机为例,根据相关的研究,相较于对投资者保护比较弱的国家,那些对投资者保护较好的国家能更好地抵挡虚拟经济市场的动荡。④ 那么,如何保护投资者、如何保护投资者的信心呢? 笔者认为,除了努力发展好实体经济,最重要的就是政府基于规则的治理和规制。但是,现实往往是政府的监管滞后,投资者的权益得不到很好的保护。以股权众筹为例,在这样一种虚拟经济形式中,正如有学者所指出的,有关股权众筹的监管是滞后的,自然,投资者权益也无法得到切

---

① 李昌麒:《经济法学(第四版)》,中国政法大学出版社,2011,第 67 页。

② 周小川:《保护投资者权益是证券监管部门的首要任务和宗旨》,《经济社会体制比较》2002 年第 4 期,第 1-4 页。

③ 洪艳蓉:《公共管理视野下的证券投资者保护》,《厦门大学学报(哲学社会科学版)》2015 年第 3 期,第 58-66 页。

④ Standard & Poor,"Measuring Corporate Governance Standards,"*Asia Money*, No.1(2001):125.

实的保障。① 投资者权益得不到很好保护对虚拟经济的影响是直接的、深远的:从短期看,进入虚拟经济的投资者会明显减少,从而解构虚拟经济聚合资金的基本功能;从长期看,会打击投资者投资和持续投资的信心,在经济恐慌之时,这些投资者就会如惊弓之鸟,稍有风吹草动便会逃离虚拟经济市场,从而不当放大虚拟经济的传染性风险,最后导致局面不可控的严重后果。那么,如何利用政府规制来保障投资者的权益呢? 主要包括以下四个主要方面。

1.要强化相关主体的责任机制

投资者的保护本质上是一个关系到社会公共利益的问题,依靠虚拟经济市场自身是难以解决好这个问题的,因此,由政府出面代表社会公共利益来对虚拟经济进行规制就显得非常重要。但是,现代社会的政府规制必须是基于规则的规制,行政主体行使行政权的行为必须全面、全程地接受法律的监督,如果其实施的行政行为违法就必须承担相应的法律责任。② 在投资者权益保护中,最为重要的一个环节就是信息的公开性和准确性,而这和证券公司、会计师事务所等联系是非常紧密的。为了避免这些机构在发生损害投资者权益行为时互相推诿的情况,构建这些机构之间的责任机制是非常重要的,著名的安然公司大丑闻,就是会计师事务所做假账,最终损害了众多投资者的利益。因此,有学者就指出要在建立公司董事连带责任制的同时,采取措施强化证券公司、会计师事务所和律师事务所等中介机构的责任③。事实上,学者的这种呼吁正逐渐成为现实,例如,我国《证券法》第二十四条就规定了保荐人的连带责任。

---

① 李华:《我国股权众筹投资者权益保护机制之完善》,《南京社会科学》2018 年第 9 期,第 101-107 页。
② 克拉勃:《近代国家观念》,王检译,商务印书馆,1957,第 25-91 页。
③ 邓秋菊:《如何保护上市中小投资者权益》,《财经科学》2002 年第 S1 期,第 175-176 页。

2. 要以机构投资者为突破口，培养具有积极主义倾向的股东以保护投资者的权益

以股票市场为例，对众多投资者而言，其可能仅仅只是想参与股票市场的套利活动，而对于公司的具体运营和治理，这一众投资者本质上是漠不关心的。这就形成一个悖论：在保障公司商业秘密的前提下，要更好地保护投资者的权益，需要投资者更多地参与公司的运营及决策，因为保护投资者权益的前提是投资者能获取必要的信息，投资者能够真正行使其知情权。大股东的权益为什么很少受到侵害，除了其具有表决权的优势外，很重要的一点就在于大股东往往掌握着充分的信息，他们往往能根据这些信息作出自己的理性选择。但是，对众多的中小投资者而言，其往往不能掌握充分的信息，也缺乏获取这些信息的动力，他们总希望搭便车、随大流，因此，从一般意义上而论，其权益受到侵害也是虚拟经济市场必然的逻辑。但是，投资者毕竟是虚拟经济持续发展的力量源泉，政府应当代表社会公共利益对此进行规制。因为"公共利益在由个人接近权利实现的情形下，就不再仅仅是法律主张其自身权威、威严这样一个单纯的概念上的利益，同时也是一种谁都能感受得到，谁都能理解得到的非常现实、极为实际的利益，是一种能够保证和维持个人所关注的交易性生活的安定秩序的利益"[1]。但是，从现实的角度看，众多中小投资者不仅没有去了解公司运营和资本运营的意愿，也没有了解的能力。显然，政府通过一些强制性的规则来安排中小投资者去了解这些投资信息，其效果必然也是非常有限的。在这样情况下，如果政府能够进行一些制度安排，就能促使一些机构投资者去保护自身的权益。鉴于机构投资者既有保护自己权益的意愿，也有保护自己权益的能力，如果政府再在制度上有所保障，那么，其正外部性效应就是对众多投资者最好的保

---

[1]　莫诺·卡佩莱蒂编：《福利国家与接近正义》，刘俊祥等译，法律出版社，2000，第67页。

护。正如有学者所指出的,"在中国资本市场中,虽然机构投资者持股比例不高,但已具备股东积极主义的动机和能力,能抑制大股东资金侵占行为,客观上保护投资者权益"①。

3. 要建立相关的机构,扎实提升投资者的自我保护能力

前文所述的促使机构投资者保护自己的权益,然后让众多中小投资者享受其正外部性效应,其实对众多投资者保护而言,是一条有效的进路,但是,应当说还是不够的。在虚拟经济中,最好的保护就是自我保护,因为自我保护是建立在信息最充分、动力最足的基础上的保护。每个投资者需要什么保护、需要何种保护、需要何种程度和方式的保护,对外部主体而言,可以说都是一片空白的,但是,对投资者自身而言,其需要是非常清晰的。同时,在市场经济中,每个市场主体都是"经济人"、理性人,自然都是保护自己的最好手段。从这个思路来看,切实提升投资者(包括金融消费者)的自我保护能力就是最为重要的。但现实是非常残酷的,根据一些调查数据可知,在我国证券市场中,投资者以自然人居多,占比超过99%,而其中持股市值不足50万元的中小投资者更高达95%。② 进一步的问题是,我国超过80%的中小投资者并不知晓自己所享有的权利,仅有2%的中小投资者能够读懂信息披露中的相关财务信息。③ 我们有理由相信,随着经济社会的发展,我国会有更多的中小投资者看得懂财务信息,但我们更有理由相信,看不懂财务信息的人所占的比例依然是很高的。因此,根据这种现实情况,我们可以设立一个关于金融消费者的辅助机构,帮助金融消费者、投资者了解虚拟经济的一些基本情况和问题,从而成为一个更理性的金融消费者、投资者。事实上,不仅我国有这种需求,随着虚拟经济系统的复杂性不断增强,就连英

---

① 刘志远、花贵如:《政府控制、机构投资者持股与投资者权益保护》,《财经研究》2009 年第 4 期,第 119-130 页。

② 江聃:《黄炜:体系化构建中小投资者损害赔偿救济制度》,《证券时报》2017 年 9 月 2 日第 A002 版。

③ 肖钢:《保护中小投资者就是保护资本市场》,《证券时报》2013 年 10 月 16 日第 A001、A004 版。

国这样的老牌资本主义国家,也在教育金融消费者方面采取了重要举措。根据学者的考察,早在 2010 年,英国就成立了新的独立机构——消费者金融教育专门机构(CFEB)(后更名为货币咨询公司),该机构代替英国金融服务管理局(FSA)承担起加强公众对本国金融制度的认识、提升公众管理自身金融事务的能力等方面的职能。① 英国这种做法提供了很好的参考思路。

4.要建立虚拟经济中投资损失的先行赔付制度

先行赔付制度是一项很好的制度,但是,在我国建立这样的制度可能还需要十分慎重:尽管我国的征信制度建设正在提速,整个社会的征信建设成果也不断涌现,但实事求是地讲,我国在征信建设方面要走的路还比较长,需要持续努力。易言之,因为社会征信系统不太完善,所以,失信的道德风险是非常高的。当然,在虚拟经济市场建立先行赔付制度应当是一种大的趋势,这一点也是不容置疑的。在这个方面,美国的做法就值得我们很好地借鉴②:早在 2002 年,美国颁布的《萨班斯法案》就规定,针对受损投资者的损失,证券监督部门应当先行补偿证券侵权行为导致的损失。同时,为了防范先行赔付制度中的道德风险,防止矫枉过正,2006 年,美国联邦证券交易委员会又颁布了《公平基金罚没计划和规则》,针对现行赔付制度的一些技术性、程序性问题作出了更为详细的规定,从而大幅度提升了该规则的适用性。毫无疑问,我们不能照搬美国的这些做法,我国有具体的国情和制度环境,但是,这种将压力转移到监管机构,从而刺激监管机构更加积极地执法以消解中小投资者弱势地位带来的市场劣势的做法,既保障了投资者的权益,也保障了虚拟经济的发展,在某种程度上是值得我们学习的。

总之,在虚拟经济市场中,针对投资者的保护,一方面是虚拟经济持续

---

① 袁淼英:《证券中小投资者权益保护制度的构建路径》,《暨南学报(哲学社会科学版)》2018 年第 11 期,第 57-66 页。
② 同上。

发展的需要,因为我们无法想象一个没有投资者的虚拟经济市场;另一方面,这种强化相关监管机构对投资保护的政府规制行为,事实上也在某种程度上遏制了虚拟经济的过度发展、非理性发展。马克思在《资本论》中有一句名言,资本"有百分之五十的利润,它就铤而走险;为了百分之一百的利润,它就敢践踏一切人间法律;有百分之三百的利润,它就敢犯任何罪行,甚至冒绞首的危险"①。由此可见,逐利的资本会有多么疯狂、可怕。因此,如果没有政府对虚拟经济进行规制,没有政府对投资者权益的强力保护,我们就会发现虚拟经济将在资本逐利的汹涌大潮中,不断地膨胀和非理性繁荣,最终成为虚拟经济泡沫,成为实体经济的负担,甚至成为摧毁实体经济、减损整个社会福利的黑手。

(五)实现虚拟经济和实体经济的有机联动需要政府规制

虚拟经济和实体经济的有机联动对社会总体福利的提升具有重要的意义和价值:一方面,虚拟经济健康及适度的发展能为实体经济的资源优化配置提供契机;另一方面,实体经济的健康持续发展也能为虚拟经济的发展提供稳定的基础。尽管虚拟经济和实体经济具有各自相对的独立性,但是,我们更应当看到这两种经济形态之间的统一性和有机联动性。要实现这两者之间的有机联动,政府规制就是不可或缺的,其原因如下:

(1)实体经济和虚拟经济都属于市场经济的一部分,可以说都具有市场经济所固有的缺陷和问题,因此,仅仅靠市场机制自身是难以克服这些缺陷和问题的。这事实上为政府规制提供了正当性的基础和契机。

(2)虚拟经济的市场缺陷更容易被放大和变得不可控制。与实体经济相比,虚拟经济就是一个价值交换系统,其间更多的是一种资本逐利的"刀光剑影",鉴于市场主体"经济人"的基本现实及资本无节制的逐利性,虚拟

---

① 中共中央马克思恩格斯列宁斯大林著作编译局:《马克思恩格斯全集(第 23 卷)》,人民出版社,1972,第 829 页。

经济往往容易过分脱离实体经济,并形成虚拟经济泡沫,最终在这些泡沫破碎之时,实体经济也会受到很大的损害。因此,基于一种历史主义的眼光,政府规制就显得不可或缺:既遏制了虚拟经济的过度发展,又保障了其和实体经济保持一个较为合适的比例。

(3)要实现实体经济和虚拟经济的有机联动需要政府发挥公共利益的远视优势。具体地讲,政府必须尽早发现并预警虚拟经济对社会资金的过度挤占,造成实体经济在整个国民经济体系中的份额不合理地下降,而虚拟经济在整个国民经济体系中的份额不合理上升,从而引发就业等社会公平性问题。以美国为例,根据学者的研究,美国实体经济创造的 GDP 占美国 GDP 的比率由 20 世纪 50 至 70 年代的 55% ~ 66% 下降到 2010 年的 38.43%,虚拟经济创造的 GDP 从 15% ~ 19% 上升到 32.97%。因此,美国经济不再是靠制造业来支撑,而是靠金融等虚拟经济来支撑的。[1] 显然,如果政府能够预警虚拟经济的这种过度膨胀,那么,美国也就无须当今的这种所谓"再工业化"。

(4)我国的现实状况对虚拟经济和实体经济的有机联动提出了要求。目前,我国处于"世界工厂"的地位,尽管实体经济的发展也存在这样那样的问题,但是,整体而言应当说呈现出欣欣向荣的大好局面。与此同时,我们应注意到我国虚拟经济规模不断扩大,其在我国经济生活中的地位也越来越重要。然而,我们如何吸取美国经济虚拟化的教训,如何将虚拟经济的发展控制在一个比较合适的范围内,如何将虚拟经济的发展不与实体经济的发展对立起来而是真正有机结合起来,其间还需要政府更多地基于法律规则的腾挪跌宕。正如有学者所指出的,当前中国经济正处在从高速发展开始进入高质量发展的过渡阶段,必须处理好实体经济与虚拟经济的协调有序发展问题。

---

[1]　成思危主编:《虚拟经济概览》,科学出版社,2016,第 71 页。

　　总之,要实现虚拟经济和实体经济的有机联动,政府需要在虚拟经济领域和实体经济领域两手抓、两手都要硬:既不能因为要发展实体经济而过度压制虚拟经济的发展,也不能因为要发展虚拟经济而任由虚拟经济对实体经济的资金抽取。需要注意的是,与虚拟经济需要有限发展不同,实体经济的发展只要在可持续的范围内,是可以无限制发展的,当然,这必须是实体经济的发展(内涵式发展)而不是简单的数量增长(外延式扩张)。从辩证主义的观点看,如果实体经济出了问题,政府应当考虑从虚拟经济角度去思考一些改革举措;反过来,如果虚拟经济出了问题,政府则应当从实体经济的角度去考虑一些应对措施。只有这样,政府才能在我国实体经济和虚拟经济的发展中不至于"头痛医头,脚痛医脚",从而以一种联系的、整体的视角和方法来考虑问题,也才能真正实现虚拟经济和实体经济发展之间的有机联动。

第四章 度之厘定：如何衡量虚拟经济是否实现了有限发展

　　虚拟经济是否实现了有限发展，核心问题就在于虚拟经济的发展是否适度。虽然度的把握是一个非常艰难的问题，但它是我们在现实中不得不认真对待的问题。关于度的具体摹画虽然至为艰难，但笔者认为战国末期著名辞赋家宋玉在《登徒子好色赋》中的经典表述可以为度的内涵作一个小小的注脚："东家之子，增之一分则太长，减之一分则太短，着粉则太白，施朱则太赤。"可以认为，这种不能再增、再减的状态就是度，套用在虚拟经济的发展限度上，就是如果虚拟经济达到了一种不能再进一步发展，也不能停止发展的状态，就是虚拟经济的有限发展。易言之，此时我们也可以认为虚拟经济的发展达到了一种帕累托最优的状态。如果虚拟经济中产生的问题能够经由虚拟经济市场过程、行业协会的干预或者法律制度的规范而得到很好的解决，那么，我们在宏观上就可以判定虚拟经济的发展是适度的，可以说实现了虚拟经济的有限发展。反过来，如果虚拟经济中产生的问题只能通过政府的强力规制来解决，或者政府对虚拟经济的发展态势完全失控——如1933年爆发的世界性经济危机，很多国家的政府只能通过战争手段来转移国内矛盾而不能回到经济问题本身，那么，我们就可以认为这种虚拟经济的发展超出了必要的限度。此时，政府需要做的是让虚拟经济的发展在范围上缩小，在规模上削减，在速度上放缓，并最终实现和实体经济的有机匹配。那么，如何具体衡量虚拟经济是否实现了有限发展的度，一般认

为,可以从以下几个方面予以考量:

(1)虚拟经济中市场主体的权益保护是否充分。这又包括:①虚拟经济中弱势交易方的基础交易需求保护问题。②虚拟经济中强势交易方的对策行为能否得到很好的治理。

(2)虚拟经济中公权力机构的责任配置是否恰当。如果说虚拟经济中弱势市场主体权益的保护是虚拟经济是否实现了有限发展的晴雨表,那么,虚拟经济中公权力机构的责任配置是否恰当就是虚拟经济是否实现了有限发展的风向标。从深层次的角度看,虚拟经济中公权力机构责任配置的恰当性问题,其实也可以说是虚拟经济中公权力机构干预边界的确定问题。如何衡量种种责任配置是否恰当呢? 其标准在于:①虚拟经济中公权力机构责任配置是否科学。②虚拟经济中监管机构权责配置是否合理。比如,是否不恰当地配置了监管机构的干预职责、是否不恰当地减少了监管机构的干预职责,从而导致干预失灵,没有很好地解决"谁来监督监督者"的问题等。

(3)虚拟经济的制度架构体系化是否充分。从根本上讲,虚拟经济的制度架构是否真正实现了体系化,在于这些制度安排是否能够对整个虚拟经济系统的发展及实体经济系统的发展保持相应的契合度和必要的灵敏度。关于这一点,有三个大的方面:①虚拟经济的制度架构是否有利于实体经济的发展,如有无系统性的超前的制度安排等。②虚拟经济的契约结构是否系统化。③虚拟经济的制度架构是否有利于适度的金融创新。

一、虚拟经济中市场主体的权益保护是否充分

如果抽象地看虚拟经济的发展是否适度,也就是是否实现了有限发展,那么,我们会发现这很容易陷入"公说公有理,婆说婆有理"的不可名状的逻辑怪圈,但是,如果我们对虚拟经济进行进一步的分析,就会发现虚拟经济也是人类的经济活动之一。同时,作为"人造之物",我们会发现衡量其正当

与否、合适与否、适度与否的一个重要标准就是虚拟经济中市场主体的权益是否得到充分保护的问题。而这又可以分为两个层次来考察：①虚拟经济中的弱势交易方的基础交易需求是否能够得到充分保护的问题，包括交易基本目的是否能够达到、交易决策的信息基础是否恰当、交易损害是否能够得到必要的救济三个方面。以我国为例，目前最为突出的就是金融消费者权益的保护问题。②对虚拟经济的强势交易方的对策行为能否得到很好的治理，包括对策行为数量的多寡、对策行为治理的效果、对策行为治理的成本等三个重要维度。以下分述之。

（一）虚拟经济中弱势交易方基础交易需求保护问题

交易是指"独立的、平等的市场主体之间就其所有的财产和利益进行的交换"①。对交易双方而言，实现各自的基础交易需求都是至关重要的。

1. 对交易双方而言，达到交易的基本目的可以说是市场交易最基础的动力

"天下熙熙，皆为利来；天下攘攘，皆为利往。"对市场主体而言，从事或者不从事某一交易，就是为了达到交易使交易双方境遇更好的目的。正如有学者所指出的，"当事人订立合同均为达到一定目的，合同的各项条款及其用语均是达到该目的的手段"②。应当说，这一论断在实体经济中是完全成立的，但是，在虚拟经济中，交易可能是基于一种形式平等但实质不平等的情况做出的。此时，衡量交易目的是否达到主要是看交易中弱势交易方是否达到了其交易目的。如果弱势交易方没有达到其交易目的，则我们认为该方的基础交易需求没有实现。在"广发银行股份有限公司北京黄寺支

① 屈茂辉：《市场交易的内在需求与物权行为立法》，《中国法学》2000 年第 2 期，第 102-109 页。
② 崔建远：《论合同的目的及其不能实现》，《吉林大学社会科学学报》2015 年第 3 期，第 40-50 页。

行等与宋宗文财产损害纠纷案"①中,北京市中级人民法院援引《中国人民银行金融消费者权益保护实施办法》第十二条的规定,认为黄寺支行的工作人员不应当将高风险的金融产品推销给低风险承受能力的金融消费者,认为黄寺支行的工作人员不顾普通金融消费者风险承受能力较低的现实情况,"以容易引人误解的方式向其销售风险较高的非银行理财产品。广发黄寺支行在程雪仙上述行为发生过程中未能及时发现和制止,在发现之后亦未采取任何有效补救措施"。因此,广发黄寺支行的上述行为事实上使本案中金融消费者的交易目的落空——没有购买到真正的广发黄寺支行的金融产品,而是购买了全唐公司的金融产品,由此可以认为,在本案中,作为弱势交易方的金融消费者的交易目的落空了。

2. 虚拟经济中弱势交易方是否拥有足够的信息及信息是否准确

"在影响决策最优的诸多因素中,决策主体的有效信息拥有量以及信息的准确程度极为关键。事实表明,信息失灵是决策失误的主要因素。"②值得注意的是,信息不对称也是信息失灵的重要表现形式,但是,信息不对称本身具有一定的合理性,且这种不对称只要不达到相当的程度,其对交易的影响其实是较为有限的。更进一步的问题在于,如果信息不对称问题过于严重,其实也会与信息不充分和信息不准确发生交叉。因此,这里只考虑信息不充分和信息不准确的问题。如果说在市场交易中信息不充分和信息不准确是一个普遍性的问题,那么,在虚拟经济运行的过程中,这个问题则表现得更为突出:

(1)就信息的充分性而言,其对弱势交易方的影响是非常大的。例如,在"莫建强、平安银行股份有限公司杭州湖墅支行合同纠纷再审审查与审判

---

① 参见"广发银行股份有限公司北京黄寺支行等与宋宗文财产损害赔偿纠纷案(2019)京02民终11160号"。

② 种明钊、曹阳:《如何运用制度克服信息失灵——〈信息失灵的制度克服研究〉评介》,《现代法学》2006年第1期,第185-192页。

监督民事案"①中，其涉案基金产品信息就有七大项，具体包括基金名称、基金类型、基金的风险类型（涉案产品为中低风险）、风险收益特征、业绩比较基准。虽然本案最终判决平安银行不承担法律责任，但是，从该案可见，在金融交易活动中，是否拥有足够的信息不仅是了解金融交易本身的客观需要，也是弱势交易方是否能够实现其交易目的的客观需要。以本案为例，金融消费者在风险收益特征方面，平安银行给出的信息是：该种基金属于债券型基金，其预期的风险和收益水平低于股票基金、混合基金，但是高于货币市场基金，并且进一步指出这种基金属于"中等风险和中等收益的品种"。但问题的复杂性在于，要确定这种风险水平，金融消费者首先得了解股票基金的风险是什么、混合基金的风险是什么、货币市场基金的风险又是什么。如果这一切都感觉比较抽象或者陌生，那么，作为弱势群体的消费者是无法直观地把控这种所谓的"中等风险"是什么的。也正因为如此，在本案中，法院判决平安银行不承担责任的一个根据就是"莫建强自认有多年炒股经验，并在多家银行多次购买过理财产品……其应熟知理财产品的购买流程，并在对理财产品的投资风险有所知晓的前提下才会输入密码完成交易"。也就是说，法院是基于莫建强占有较多的相关交易信息的前提下，方认为平安银行是不需要承担责任的。如果从反面的角度看，恰恰说明在金融交易活动中信息充分具有无与伦比的重要性。

（2）就信息的准确性而言，其对弱势交易方的影响同样不可小觑。当今时代面临前所未有之变局，信息量可以说空前增大，此时，作为弱势交易方的金融消费者，如何从海量的信息中得到真正对自己有用的信息——自己到底该信什么、信到什么程度，可以说对弱势交易方基本权益的保护是非常关键的。在"广发银行股份有限公司北京黄寺支行等与宋宗文财产损害纠

---

① 参见"莫建强、平安银行股份有限公司杭州湖墅支行合同纠纷再审审查与审判监督民事裁定书（2018）浙民申 1955 号"。

纷案"①中,广发黄寺支行的理财经理利用银行营业时间、支行大厅的公信力,向客户推销全唐公司的股权投资基金,并强调该基金是广发银行"托管"和"对公"的,从而使客户宋宗文被误导,认为该股权投资基金系广发行产品。因此,尽管宋宗文签订的股权基金购买协议合同上明确的相对方是全唐公司,但是,法院依然认定程雪仙和广发黄寺支行需承担相应的侵权责任,并认定程雪仙的行为构成"职务代理"。应当说,在该案中,我们可以明确地体察到消费者拥有准确的信息对于交易的达成具有重要意义。可以想象,如果程雪仙不实施这种欺诈行为,作为金融消费者的宋宗文是不会购买全唐公司股权投资基金的。

3. 虚拟经济中弱势交易方的交易损害能够得到充分救济

虚拟经济中弱势交易的交易损害能否得到充分的救济可以说也是衡量虚拟经济是否实现了有限发展的一个重要指标。从另一个角度看,如果我们的法律制度安排能够在确保风险可控的前提下稳定金融消费者的预期回报,从而在一定程度上促使金融消费者从事一些高风险性的股权投资,那么,这种制度安排就既能有效提升金融消费者的投资信心②,又能保障金融市场的健康发展。但是,从虚拟经济中金融消费者权益救济的规定现状来看,我国虚拟经济是否实现了有限发展是存在较大商榷余地的。以我国《证券法》为例,一直到2019年《证券法》修订之前,我国《证券法》仅规定了保护基金,而未规定赔偿基金。③ 当然,这个问题在2020年生效的《证券法》中得到了一定程度的解决,新《证券法》不仅设置专章(第六章)保护投资者的权益,而且在民事赔偿责任的规定方面迈出了很大的步伐。如《证券法》第一百二十六条规定了"国家设立证券投资者保护基金",第八十八条规定了

---

① 参见"广发银行股份有限公司北京黄寺支行等与宋宗文财产损害赔偿纠纷案(2019)京02民终11160号"。

② 蔺捷:《欧盟〈金融工具市场指令〉研究》,武汉大学2010年博士学位论文,第51页。

③ 叶林:《证券投资者保护基金制度的完善》,《广东社会科学》2009年第1期,第194-200页。

"证券公司……导致投资者损失的,应当承担相应的赔偿责任",第二百二十条规定了民事责任优先。尽管如此,相对国外 2 ~ 3 年修订一次证券法,我国仅有的两次修订(不包括修正)就显得在制度供给方面力度不够。更进一步的问题在于,这些修订可能也是一种立法方面的折中或者妥协:

(1)虽然我国规定了"国家设立证券投资者保护基金",但是,证券投资者保护基金如何运作,依然是一个很大的挑战。例如,根据中国证券投资者保护基金有限责任公司发布的白皮书提供的数据[①],"截至 2018 年底,A 股投资者账户数量共计 14 582.73 万户,其中自然人账户数为 14 549.66 万户,新增 1 253.83 万户,占 A 股账户总数的 99.77%;非自然人账户数为 33.07 万户,减少 0.76 万户,占 A 股账户总数的 0.23%"。如此规模的自然人投资者——金融消费者,如何来保护其相关权益,尚需进一步探讨。

(2)法律责任规定新术语带来司法实践的新挑战。例如,《证券法》第八十八条规定的"相应的赔偿责任"到底是什么责任,是连带责任还是补充责任? 这些问题,如果在司法实践中,就会成为一个无法提供稳定预期的规则。我们甚至可以认为,这个规定只是解决了证券公司承担责任规则的有无问题,离精细化的规定还存在较远的距离。

(3)民事责任优先到底如何具体优先? 以先行赔付制度为例,"先行赔付在司法途径之外借助证券市场各方力量构建了资本市场民事主体之间主动和解的新路径,是探索证券期货纠纷多元化解机制的有益实践"[②]。但是,实践中对保护金融消费者比较有利的先行赔付制度是否属于民事责任优先的体现? 或者说,先行赔付是否可以被认为是民事责任优先的扩大解释? 由此看来,立法方面的滞后直接导致在金融消费者的救济方面不尽如人意,

---

① 中国证券投资者保护基金有限责任公司:《2018 年度中国资本市场投资者保护状况白皮书》,2019 年 9 月,第 9 页。

② 中国证券投资者保护基金有限责任公司:《2018 年度中国资本市场投资者保护状况白皮书》,2019 年 9 月,第 45 页。

反过来又最终会导致虚拟经济的相对过度发展,并产生一些非生产性的耗损。

总之,作为资本市场工作的出发点和落脚点,投资者权益保护是一个非常复杂的问题,它深受一个国家法律的具体规定、司法及执法水平、社会规范及市场机制的深刻影响①。但是,作为虚拟经济发展程度的重要指标,消费者(投资者)权益受到侵害后的救济水平可以说具有很大的表征功能。进而,在判断一国虚拟经济发展是否实现了有限发展时,这种救济水平就是一个很重要的判断依据。

(二)虚拟经济中强势交易方的对策行为的治理问题

"对策行为是指行为主体在形式上认同社会规范的条件下,通过对规范的目标、手段、内容或适用范围的修改,以从实质上偏离或违背社会规范的一种社会行为模式"②,是"被规制者为自身利益的最大化而对公权规制作为出对抗其效果的行为"③。"从对策行为的指向对象看,对策行为可以分为横向对策行为和纵向对策行为两种。所谓横向对策行为往往是平等主体之间的对策行为,而纵向对策行为往往发生在不平等的主体之间。"④根据对策行为的主体不同,我们又可以将对策行为分为强势主体的对策行为和弱势主体的对策行为两种。与很多情况下需关注弱势主体的对策行为不同,在衡量虚拟经济发展是否适度方面需要关注的是强势主体的对策行为治理问题。客观而论,我国虚拟经济发展过程中强势主体的对策行为是一直存在的,在某种程度上还具有必然性。以我国股票市场的发展为例,正如有学者

---

① 中国证券投资者保护基金有限责任公司:《2018年度中国资本市场投资者保护状况白皮书》,2019年9月,第45-46页。

② 孙龙、雷洪:《对策行为普遍化的原因——对当代中国一种隐性社会问题的剖析》,《社会科学研究》2000年第6期,第103-109页。

③ 应飞虎:《弱者保护的路径、问题与对策》,《河北法学》2011年第7期,第8-12页。

④ 肖顺武:《中国粮食安全的倾斜性金融支持法律机制研究》,法律出版社,2019,第67页。

所指出的，"我国股市是在'摸着石头过河'的状态下前进和发展起来的市场，是一个新兴的市场，它从'坚决试、不行可以关'到为国企改革服务，再到当前的改革开放，每个阶段无不带有明显的政府调控'烙印'，我国股市也因此被称为政策市"①。既然股票市场是"政策市"，那么，潜台词就是投资者需要根据政策的变化来决定自己的投资及投资组合，此时，各大券商及上市公司等，就需要迅速获取政策信息以做出对自己最好的选择——也就是对策。如果这一判断可以成立，那么，机构投资者、企业等强势主体对股票投资需要做的事情就不是从考察这个企业的盈利能力和业绩、行业的发展潜力、公司治理结构等正常的观测点去决定自己的投资行为，而是从政府政策的变动信息中去实现套利的最大化。因此，我国股票市场的暴涨暴跌本质是虚拟经济中强势主体对策行为的具体体现。② 析言之，关于虚拟经济中强势主体的对策行为可以分为两大类型：①积极的对策行为，即强势主体采取相关的手段和措施，使自己在明面上符合规则（往往是强行性规则）的要求，从而实施套利行为。②消极的对策行为，即强势主体通过不作为，或者恶化产品或者服务质量的方式来实施套利行为。以下分别述之。

（1）就强势主体的积极对策行为而言，主要表现在虚拟经济的一系列"打造""包装"行为之中。以一家公司在我国上海证券交易所上市为例，根据《公司法》《证券法》《首次公开发行股票并上市管理办法》《上海证券交易

---

① 卢宗辉：《中国股市调控政策研究——历史、走向与市场影响》，《数量经济技术经济研究》2006 年第 2 期，第 14-23 页。

② 如根据学者的研究，从 2014 年下半年起，中国股市出现了爆发性行情，2014 年 8 月到 2015 年 6 月，上证指数涨幅度超过 150%，创业板指数上涨超过 200%。参见姚远：《用好"看不见的手"和"看得见的手"防范股市暴涨急跌异常波动的风险——对 2015 年股市维稳系列政策措施的思考》，《经济研究参考》2016 年第 12 期，第 5-20 页。

所股票上市规则》等法律法规,公司上市的条件(包括明线规则和标准①)见表4.1。

表4.1　公司上市的条件

	明线规则	标准
主体资格	股份有限公司;持续经营 3 年以上;生产经营合法;近 3 年主业、董事、高管无重大变化,实际控制人没有变更。	主要资产不存在重大权属纠纷;股份清晰;允许多元化经营,但必须主业突出。
规范运行	董事、监事和高管符合任职资格要求;无重大违法违规行为;不存在违规担保情形。	股东大会、董事会和监事会制度健全;内控制度健全且被有效执行;资金管理严格。
财务指标	最近 3 个会计年度连续盈利,且累计净利润大于 3 000 万元人民币;最近 3 个会计年度经营活动现金流量净额累计大于 5 000 万元人民币,或营业收入累计大于 3 亿元人民币;最近一期末无形资产占净资产比小于或等于 20% ;最近一期末不存在未弥补亏损;发行期股本总额大于或等于 3 000 万元人民币,发行后股本总额大于或等于 5 000 万元人民币。	

从表4.1可以看出,公司上市的条件包括三大类共18个具体条件,从这些条件的规则性质来看,有些是明线规则,有些是标准。对于明线规则,强势主体的对策行为一般来说是不存在的,因为这些规则规定如此明确,以致对公司而言是无法规避的或者规避的风险与收益是不成比例的,或者基于监管机构的后续监管措施的威胁,这种规避是没有实质性意义的。但是,对标准而言,为了达到上市的目的,这些强势主体往往就会采取对策行为,从

---

① 所谓明线规则,是指非常明确的规定,执法者和法官几乎没有自由裁量的余地,守法者自然也就没有钻空子的余地,如"禁止从事什么行为,多少天之内不得做什么"即为适例;而标准具有模糊性,尽管这类规则也明确了一些情形,但总体而言执法者和法官的自由裁量余地是比较大的。关于这方面的讨论具体参见张维迎:《信息、信任与法律》,生活·读书·新知三联书店,2006,第72页。

而恶意促成自己符合这些条件——因为这些条件本身就属于说不清楚的问题。例如，在主体资格方面，什么是"主要资产不存在重大权属纠纷"？什么是"主要资产"？什么是"重大权属纠纷"？哪种情况可以称为"股份清晰"？什么是"允许多元化经营，但必须主业突出"？什么是"主业突出"？正是存在这些标准，因此，在虚拟经济发展的过程中，强势主体如上市公司或者证券交易所，会基于这些模糊的"标准"而作出有利于自己的抉择，如此一来，所谓的包装上市也就顺理成章了。但是，公司包装上市毕竟会受到市场机制的实质性制约，优胜劣汰的市场规律依然会发挥作用，在这种情况下，"如果上市公司质量不高，但为了上市而进行粉饰财务或扩大募集投资项目前景等过度包装，那么其上市后迟早会露出原形"[1]。

（2）就强势主体的消极性对策行为而言，在虚拟经济中主要表现在上市公司等强势主体监管套利或者恶化信息披露质量的行为上。鉴于监管套利的复杂性[2]，这里主要谈谈恶化信息披露质量方面的问题。可以认为，在恶化披露信息的质量方面，虚拟经济中强势主体"高质量的信息披露不仅能降低企业股东和经理人之间的信息不对称，缓解委托代理矛盾，还能优化资源配置，提升资本市场的有效性；而低质量的信息披露则会为经理人攫取公司资源和大股东'掏空'等代理行为提供便利，直接损害中小股东的权益"[3]。因此，在虚拟经济发展的过程中，信息披露是非常关键的一个环节。以信息披露中的"重大交易"披露义务为例，根据我国《深圳证券交易所股票上市规

---

[1] 黄顺武、胡贵平：《保荐制度、过度包装与 IPO 定价效率关系研究》，《证券市场导报》2013 年第 8 期，第 23-30 页。

[2] 所谓监管套利，是指基于共同的金融属性，一些金融产品和行为可能在各个金融行业都有需求，但分业监管模式下同质产品或行为由不同监管机构负责，监管标准差异给被监管者带来套利空间。参见黄辉：《中国金融监管体制改革的逻辑与路径：国际经验与本土选择》，《法学家》2019 年第 3 期，第 124-137 页。

[3] 李春涛、刘贝贝、周鹏等：《它山之石：QFII 与上市公司信息披露》，《金融研究》2018 年第 12 期，第 138-156 页。

则》第9.2条的规定,"交易产生的利润占上市公司最近一个会计年度经审计净利润的10%以上,且绝对金额超过100万元"时应当及时披露。但是,正如有论者所指出的,这种关于"重大交易"的披露标准对一些依赖非经常性损益增加利润、扭亏为盈的公司而言,如果仅以净利润作为"重大交易"的披露基准,反而会降低这些公司的信息披露责任。[①] 同时,对很多独角兽公司而言,净利润本身的价值并不是很大,对投资者的投资前景而言意义也是相对比较小的。同时,在操作层面上,为了防止强势主体恶化信息披露的质量,2020年2月14日,在信披备份系统的基础上,中国证券投资基金业协会正式上线信披备份系统定向披露功能:一方面,投资者可以通过投资者登录端查看所购买私募基金的信息披露报告;另一方面,将私募基金管理人规定为信披备份系统定向披露功能的第一责任人。[②] 如果从反面的角度看,采取此等措施,恰恰说明了虚拟经济中的强势主体恶化信息质量已经到了非控制不可的境地。

总之,对虚拟经济中的强势主体而言,其利用自身的优势在某种程度上也是市场优胜劣汰规律的深刻反映,因为这些强势主体总会通过起点公平找到最初的所有者,通过规则公平找到最终的所有者。[③] 这看上去很公平,但其规则制定者主要是虚拟经济中的强势主体,因此,这种形式上的平等其实内含着实质的不公平。我们需要做的不是要简单地消灭虚拟经济中的实质不公平,这既无可能也无必要,但是,我们需要将这种实质不公平控制在一定的程度范围之内。在虚拟经济中强势主体利用规则来谋取自己的利益

① 项剑、王萌、肖少坤:《上市公司临时报告之重大交易披露标准研究——基于股票上市规则的监管实践与思考》,《证券市场导报》2020年第1期,第71-78页。
② 中国证券投资基金业协会:《关于私募股权、创业投资基金管理人会员信用信息报告功能正式上线的通知》,http://www.amac.org.cn/aboutassociation/gyxh_xhdt/xhdt_xhtz/202002/t20200207_6637.html,访问日期:2022年4月10日。
③ 秦晖:《市场的昨天与今天:商品经济·市场理性·社会公正》,东方出版社,2012,第316页。

时,特别是在强势主体采取对策措施来消解那些属于弱势主体的福利时,从国家的层面看,我们应当适当控制这些对策行为,并且采取一些反向措施,以保障虚拟经济的适度发展。

二、虚拟经济中公权力机构的责任配置是否恰当

如果说虚拟经济中弱势主体权益的保护是虚拟经济是否实现了有限发展的晴雨表,那么,虚拟经济中公权力机构的责任配置是否恰当就是虚拟经济是否实现了有限发展的风向标。从深层次的角度看,虚拟经济中公权力机构责任配置的恰当性问题,其实也可以说是虚拟经济中公权力机构干预边界的确定问题。一般认为,政府干预的边界包括以下几类代表性的观点①:一是认为市场失灵处即为政府干预的边界,即认为市场失灵的地方就是政府介入的地方;二是认为政府干预边界的确定应基于政府的短期需要来考虑,例如,认为政府干预主要应以危机应对为核心即为适例;三是认为政府干预的边界是不断变化的,这种观点的核心就是政府干预的边界不能人为地划定,而要根据客观实践的需要确定;四是认为政府干预的边界应当以合理为限度,这种观点的核心就是政府可以随时干预经济,但是,这种干预必须要合理;五是认为政府干预的边界在于政府干预的绩效如何;六是认为政府干预必须在宪法和法律允许的范围之内;七是认为政府干预的边界是一些禁止性的排除措施之外的地方。从学术界有关政府干预的丰富著述可以看出,不管我们认为政府干预的边界在什么地方,但有一点我们是确定的,这就是政府干预必须有边界而不能无边无际。与实体经济中政府应当注重这种边界感一样,虚拟经济中政府也必须有这种边界感。具体而言,就是在虚拟经济发展的过程中,我们要更多地依靠市场、社会中介组织、法律

---

① 肖顺武:《政府干预的权力边界研究——以消费者选择权为分析视角》,《现代法学》2013 年第 1 期,第 99-108 页。

制度来解决虚拟经济中的问题,而不能动不动就采取政府行动,诉诸行政措施。同时,政府不能随便充当第一责任人,比如,有些虚拟经济的发展,动不动就需要政府承担兜底责任、充当第一责任人。果真如此,我们就基本可以判定此时的虚拟经济可能没有实现有限发展,而是过度膨胀。应当说,探讨虚拟经济中的政府边界是一个非常艰难的问题,因此,笔者拟从虚拟经济中政府边界的一个角度切入,即从虚拟经济中公权力机构责任配置的角度切入,以此来衡量虚拟经济是否实现了有限发展。同时,考虑到虚拟经济中监管机构的重要作用,因此,我们在考察虚拟经济是否实现了有限发展时,将证监会这样的准政府权力机构也纳入进来,并将其作为观测虚拟经济是否实现了有限发展的重要视角。

(一)虚拟经济中公权力机构责任配置是否科学

虚拟经济中公权力机构责任配置是否科学本身是一个非常复杂的问题,但是,科学与否我们可以从应然的角度来进行分析:如果虚拟经济中公权力机构干了很多不该干的事情,或者承担了一些不该承担的责任,或者在日常的运作中缺乏一种规范性的运作手段,或者在虚拟经济的监管中出现监管机构的竞相执法或者互相推诿,那么,我们就可以基本判定虚拟经济中公权力机构责任配置是不科学的。具体而言,虚拟经济中公权力机构责任配置不科学主要表现在以下四个方面。

1. 以问题为指向的运动式监管,缺乏系统性的约束

如何认识以问题为指向的监管是一个很复杂的问题。可以认为,以问题为指向的监管是一项监管的原则。根据巴塞尔银行监管委员会修订后《有效银行监管的核心原则》第9条(监管技术和工具)的规定:"监管机构运用一系列适当的技术和工具实施监管,并根据银行的风险状况和系统重要性配置监管资源。"第11条(监管机构的纠正和处罚权力)的规定:"监管机构对银行可能给其自身或银行体系带来风险的不安全、不稳健行为要及

早采取措施。监管机构具备一整套促使银行及时采取纠正措施的手段，包括吊销银行执照或建议吊销银行执照。"从巴塞尔银行监管委员会的《有效银行监管的核心原则》的规定可以看出，一旦银行等金融机构爆发问题，监管机构对其采取监管措施，不仅是合法合规的，也是非常必要的。同时，在这种针对问题的监管过程中，我们会发现，监管机构享有相应的自由裁量权力，也是一种较为普遍的常态。但是，我国存在的问题是，如何规制这种自由裁量权行使不当带来的负面影响。正如有学者所指出的，"中国的金融监管机构在取得自由裁量权时，法律并没有就其自由裁量权不当行使时应负的法律责任进行规定"①。由此看来，以问题为指向的监管本身没有问题，存在的问题是这种监管可能缺乏一以贯之的原则或者规则，从而蜕变成一种运动式的监管：有了问题，发起监管运动，问题一过，或者问题得到部分解决之时，这种监管就停止了。同时，在运动式的监管过程中，金融监管机构虽然拥有自由裁量权，但是，其缺乏系统性的约束，并且这种监管往往会受到监管部门的执法注意力和领导风格的影响，从而致使投资者面临较大的市场波动和不确定性②。

2. 多头监管并行，监管协调性不足

多头监管本身并不是一种可以避免的情况。事实上，在很大程度上，多头监管的产生往往具有深刻的背景，比如，监管机构所面对的问题过于复杂，从而超出甚至大大超出了监管机构的监管能力范围。以美国为例，"对大型金融机构综合业务经营的监管责任分割在不同的联邦机构。监管责任的分散和对'银行'法律界定存在的漏洞，使得银行和其他参保存款机构的

---

① 巫文勇：《金融监管机构的监管权力与监管责任对称性研究》，《社会科学家》2014 年第 2 期，第 103-108 页。

② 盛智明、周仁磊：《制度环境与证券监管——基于 2001-2018 年证监会行政处罚决定书的分析》，《社会学研究》2021 年第 6 期，第 179-199 页。

所有人能够挑选监管机关"①。如果从这个角度看,多头监管可能是难以避免的一个现实情况。因此,问题的解决思路肯定不是简单地合并监管机构,而是寻找其他解决问题的思路。事实上,任何监管问题的解决,首先需要考虑的就是监管能力问题,没有相应的监管能力,美好的监管理想就只能变为纸上谈兵,或者水中花、镜中月。面对复杂的金融问题,很多时候只能退而求其次:动用更多的监管机构来进行监管,这一点在一些特殊时刻——如金融危机中更是如此。正如有学者所指出的,"金融危机表明,对所有一类金融控股公司设立一个对每个机构经营都深入了解的并表监管与规制的机构是至关重要的"②。显然,要达到这种"对每个机构经营都深入了解"的目标,寄希望于某个机构是不现实的。因此,多头监管的正解主要就是两条路。

(1)协调好各监管机构之间的监管职能。作为金融监管机构中最重要的两个部门,财政部门和中央银行各自在其领域发挥着不可代替的作用。一方面,财政部门在结构性调整方面有无可比拟的优势,其运用税收、财政收支、转移支付等手段,能够实现对产业结构、消费结构和收入分配结构进行调整和优化③。另一方面,作为金融体系中处于主导地位的中央银行,其法律地位相对独立,并且"具有完整的、多层次的分支机构网络,拥有大量的金融讯息,可以有的放矢地实施管理"④,其在宏观的、系统性风险的管理和控制方面具有无可比拟的信息优势和职权优势。但非常遗憾的是,"财政部门和中央银行……制定政策措施时往往各自为政,从而削弱了宏观调控政

① 美国财政部:《金融规制改革新基石:重构金融监管与规制》,韩龙、彭秀坤、包勇恩译,韩龙审校,《河北法学》2009 年第 10 期,第 8-41 页。
② 同①。
③ 耿欣:《金融风险处置中财政与央行职能协调配合问题研究》,《山东社会科学》2013 年第 9 期,第 133-137 页。
④ 同③。

策的整体效果"①。因此,如何在制度层面真正协调好这两个监管(调控)部门的职权,是我们亟须进一步考虑的问题。笔者认为,基本的思路应当包括三个层面:一是各监管机构职权权力清单的制定;二是各监管机构职权权力负面清单的制定;三是交叉部分的监管运作规则的制定。值得注意的是,一旦发生交叉部分的监管问题,应当坚持谁先接到投诉(申诉)谁受理的原则(除非监管机构之间协调由那一个机构负责)。这样一来,就避免了不必要的互相推诿。

(2)推进功能监管及功能监管和机构监管的互动。一方面,鉴于监管机构的多元现实性,因此,为填补监管的漏洞,推进功能监管就是不可避免的事情,因为这是超越机构监管的一个具体的、操作性较强的路径。"所谓功能监管指按照金融功能来划分金融监管领域,即对相同的金融服务制定相同的监管标准,而不管经营这类金融业务的具体机构是什么。"②虽然功能监管在概念逻辑方面似乎是无懈可击的——按照金融功能来划分监管领域,但问题在于:各类金融功能之间的分界是否真有那么清晰? 什么是"相同的金融服务"? 应当承认,这些问题在一些情况下是非常清晰的,但并不是在所有情况下或者大多数情况下都是那么清晰的。因此,笔者认为,需要推进功能监管和机构监管之间的互动,从而有效弥补这两种监管方式各自的缺陷。事实上,如何实现功能监管机构和银行监管机构之间的互动,功能监管机构、银行监管机构和银行控股公司的并表监管机构之间的互动③,也是强化监管机构之间协调的重要内容和应有之义。

---

① 耿欣:《金融风险处置中财政与央行职能协调配合问题研究》,《山东社会科学》2013 年第 9 期,第 133-137 页。

② 冯果、袁康:《后危机时期金融监管之反思与变革》,《重庆大学学报(社会科学版)》2011 年第 1 期,第 90-96 页。

③ 美国财政部:《金融规制改革新基石:重构金融监管与规制》,韩龙、彭秀坤、包勇恩译,韩龙审校,《河北法学》2009 年第 10 期,第 8-41 页。

3. 对金融创新的监管切入缺乏应有的抓手

机构是为问题的解决而设置的。在现代社会,机构设置之所以越来越多,权责也越来越清晰,主要是因为现代市场经济巨大的治理需求。换言之,监管机构存在的价值或者根据就是能够及时地解决相关的市场问题。在虚拟经济领域,我们经常看到这样的情况,即面对日新月异的金融创新,监管机构往往处于一种茫然不知所措的尴尬境地:不知道是否应当介入、何时介入、该介入到什么程度等等。要明确的一点是,监管机构对金融创新的监管切入点有时无所适从甚至迷糊,本身也并不是什么重大缺陷。因为既然是创新,面对的当然是新事物,除非监管机构想遏制一切金融创新以避免风险,搞一刀切式的简单粗暴的监管懒政主义,否则,面对海量的金融创新无所适从应当是一种常态。从宏观的角度看,正如有论者所指出的,"在我们一些最资深的金融机构中,风险管理系统没有与金融新产品的复杂性保持同步"①。但是,一时的无所适从并不意味着监管机构可以持续地"束手无策"。事实上,面对层出不穷的金融创新,除非已经有比较确切的证据表明会酿发重大的或者系统性金融风险,或者收到了相关的大量投诉及申诉,否则,监管机构一方面要善于观察,要"让子弹多飞一会儿",而不能动辄以"危害金融安全稳定"相威胁,并简单粗暴地禁止了事;另一方面,金融监管机构也要善于捕捉介入的时机,从而既达到金融创新、激发金融市场创新活力的目的,又未雨绸缪、相机而动,达到防范和化解系统性金融风险的底线。在这种基本思路的指导下,以中央银行为例,有学者就提出了制定"金融稳定职能指导准则"的设想②,以指明中央银行能够决定何时采取行动以维护金融稳定、何时应保持克制不作为,特别是在政府或业内施压要求政策作出反

① 韩龙、彭秀坤、包勇恩:《金融规制改革新基石:重构金融监管与规制》,《河北法学》2009年第10期,第8-41页。
② 托马斯·M.霍尼格:《金融市场的变化与央行职能的扩展》,蔡键译,包明友译校,《中国金融》2009年第8期,第32-34页。

应的时候。同时,该准则将使中央银行知道何时放松、何时取消政策调节或对特别流动性的管理,并对中央银行与公众进行沟通及在中央银行内部展开有意义的讨论提供基本遵循。

4.公权力机构承担了无条件的兜底责任

虚拟经济中公权力机构责任配置不科学的又一表现就是作为公权力机构代表的监管机构承担了无条件的兜底责任,在某些特殊时刻,这将对公权力机构的正常运转产生压死骆驼的最后一根稻草的负面后果。金融是国民经济的血液,是一种公共产品,在这个层面上,国家承担兜底责任具有某种正当性。同时,虚拟经济本来就是信用经济、信心经济,在一定的约束条件之下,由国家来承担兜底责任也是这种信心持续的逻辑延伸。从另外一个角度看,现代金融监管机构深度介入虚拟经济系统,根据权责统一的基本法理,由其承担某种责任——包括兜底责任也是法治的基本要求。正是在这种意义上,有学者就认为,"从经济、政策和正义层面来看,给予监管机构侵权责任的绝对豁免并不合适,绝对豁免与金融体系稳定、效率和正义的目标是背道而驰的"[1]。但是,笔者认为,作为公权力机构的监管机构,无条件地承担兜底责任也是不恰当的:一方面,这将极大提升一些虚拟经济主体的道德风险。事实上,鉴于现代金融机构的重要性,监管机构所谓的防范金融风险,可以具体化为保障金融机构的正常运行,特别是一些较大的商业银行,其涉及现代市场经济的方方面面,一旦出现金融风险,对社会的影响将是空前的。于是,这些大的商业银行可能就会不当地利用自己的地位,衍生为一种所谓"大而不倒"的道德风险[2],从而对监管机构的兜底责任造成一个非常棘手的困局。另一方面,如果作为公权力代表的监管机构兜底责任的承

---

[1] 苏洁澈:《论银行监管机构的侵权责任——以银行破产和英美法为例》,《法学家》2011年第1期,第163-175页。

[2] 托马斯·M.霍尼格:《金融市场的变化与央行职能的扩展》,蔡键译,包明友译校,《中国金融》2009年第8期,第32-34页。

担不是基于一种精细的规则体系,而是堕落成一种"政治责任",那么,这本质上就是虚拟经济过度发展的具体表现。因为道理很清楚,作为利益分割的规则群,规则的制定及运转必然反映现实的利益诉求。如果作为公权力的监管机构承担了不恰当的兜底责任,恰恰就反映了虚拟经济在整个经济系统中的过重话语权。因此,监管机构不是不可以承担责任(包括兜底责任),而是这种责任的承担必须是基于规则的强制性安排,或者监管机构损害了相关主体的权益及存在违法行为。[①] 以英国为例,如果金融监管机构要在过失之诉中承担侵权责任,其同样需"满足注意义务、违背义务、因果关系和损害后果四要件,其中注意义务成为最重要的责任控制机制"[②]。从英国的这个规定我们可以看出,监管机构可以承担责任,可以被追责,但是,需要非常慎重,至少需要适用普通的侵权构成要件。当然,值得注意的是,我们既要防范无条件的金融监管机构的兜底责任,也要防止对金融监管机构的追责流于形式的弊端。事实上,如果金融监管机构的问责主要限制在内部的等级问责,那么,两个弊端将不可避免地产生[③]:其一,这种问责方式与现代民主政治的要求是不相符的——无论如何金融问题也不能被视为纯粹的内部问题;其二,这种问责方式必然面临无穷倒推后上级的上级如何承担责任的问题、最高一级如何承担责任的问题。

(二)虚拟经济中监管机构权责配置是否合理:以证监会为例

可以说,证监会在虚拟经济的监管机构谱系中具有独一无二的地位。也许正是在这个意义上,美国学者施瓦茨教授认为美国证监会(SEC)属于没有上级的政府第四部门,甚至可以说在某种程度上改写了美国宪法规定

---

① 马怀德:《国家赔偿法的理论与实务》,中国法制出版社,1994,第135页。
② 苏洁澈:《论银行监管机构的侵权责任——以银行破产和英美法为例》,《法学家》2011年第1期,第163-175页。
③ 邵冰、华猛:《金融监管机构问责机制探析》,《经济研究导刊》2008年第18期,第86-87页。

的三权分立的政府架构体系。① 证监会这种特殊监管机构的出现是否真的改变了美国的政府架构体系,这个问题可以进一步讨论,但是,现代证券市场需要一个强力的、专业的监管机构则可以说是不争的事实。正如有学者所指出的②,作为一种直接融资方式,证券市场的信息不对称、不完备是经常的状态。因此,一方面,需要证券公司、中介服务机构来审查核实这些信息,并基于其专业的声誉资本为投资者进行信息质量担保;另一方面,也需要证券监督管理机构(本书主要是证监会,下同)来应对证券市场的虚假信息问题、内幕交易问题、市场操纵问题等。面对如此复杂的形势,监管机构当何为? 其中最重要的一条就是增加与监管相关的制度厚度,并力图达到一种"精明规制"的理想状态③。在此基础上,要构建以证监会为核心的权责规则体系,从而使这个最重要的监管机构做自己该做的事情,能做自己该做的事情,不去做自己不该做的事情,履行好其监管的目标使命。正是在这个意义上,笔者认为,监管机构权责配置的合理性是衡量虚拟经济发展是否适度的标志之一。那么,如何来衡量虚拟经济中监管机构权责配置的合理性呢? 笔者认为,可以从以下三个部分得到印证。

1. 不恰当地增加了证监会的干预职责

总体而言,证监会的干预职责在内容和形式上不断丰富属于基本趋势。但是,这种趋势也必须和证券市场的发展相匹配。否则,监管机构权力过大,最后成为一个谁也管不了、谁也管不住的单位,就会引发一些意想不到的负面影响。正因为如此,有学者就认为,"证券监督管理机构享有过大的

---

① Peter L. Strauss, The Place of Agencies in Government: Separation of Powers and The Fourth Branch, *Columbia Law Review*, No. 3(1984): 573-669.

② 席涛:《〈证券法〉的市场与监管分析》,《政法论坛》2019 年第 6 期,第 115-129 页。

③ 所谓"精明规制",是指基于目前证券市场采取传统的"命令—控制"型规制难以有效应对各种挑战,因而转向多重政策工具与多元化规制主体,并注重这些规制手段之间的配合与联动。参见张红:《走向"精明"的证券监管》,《中国法学》2017 年第 6 期,第 149-166 页。

独立性,可能导致监管机构对被监管行业的过度监管,造成金融压抑并阻碍金融创新;也可能导致监管机构与传统政府部门或者被监管行业共谋,滋生监管宽容、监管寻租和道德风险"①。具体而言,不恰当地增加证监会的干预职责,主要表现在以下三个方面。

(1)《证券法》推行的注册制并没有彻底消除证监会行政性干预权力过大的情况。应当承认,《证券法》对新股发行,由原来的核准制变成了注册制,减少了行政审批条件,简化与优化了证券发行条件。特别是删除了"持续盈利能力"的规定——因为这在本质上不是核准机构、保荐人、中介服务机构可以保证的,它是动态变化的,因此,更加科学。② 但是,如果我们实事求是地审视《证券法》第十二条和第二十一条③,我们依然会发现过度的行政干预问题,我们甚至可以认为,正因为有《证券法》第十二条第一款第(五)项和第二十一条的规定,注册制带来的减少证券监督管理机构干预的努力将很容易变为镜中花、水中月。虽然我们不得不承认这种渐进式修法进路是非常必要的,但从理论的角度看,这个作为我国不恰当地增加监管机构职责的例子也是完全可以的。此外,如果《证券法》第二十一条的规定落

① 洪艳蓉:《我国证券监管独立性的检讨与制度完善》,《法律适用》2018 年第 3 期,第 82-92 页。
② 席涛:《〈证券法〉的市场与监管分析》,《政法论坛》2019 年第 6 期,第 115-129 页。
③ 《证券法》第十二条规定:"公司首次公开发行新股,应当符合下列条件:(一)具备健全且运行良好的组织机构;(二)具有持续经营能力;(三)最近三年财务会计报告被出具无保留意见审计报告;(四)发行人及其控股股东、实际控制人最近三年不存在贪污、贿赂、侵占财产、挪用财产或者破坏社会主义市场经济秩序的刑事犯罪;(五)经国务院批准的国务院证券监督管理机构规定的其他条件。上市公司发行新股,应当符合经国务院批准的国务院证券监督管理机构规定的条件,具体管理办法由国务院证券监督管理机构规定。公开发行存托凭证的,应当符合首次公开发行新股的条件以及国务院证券监督管理机构规定的其他条件。"第二十一条规定:"国务院证券监督管理机构或者国务院授权的部门依照法定条件负责证券发行申请的注册。证券公开发行注册的具体办法由国务院规定。按照国务院的规定,证券交易所等可以审核公开发行证券申请,判断发行人是否符合发行条件、信息披露要求,督促发行人完善信息披露内容。依照前两款规定参与证券发行申请注册的人员,不得与发行申请人有利害关系,不得直接或者间接接受发行申请人的馈赠,不得持有所注册的发行申请的证券,不得私下与发行申请人进行接触。"

实到操作层面,就是证监会委托股票发行审核委员会来具体审查发行人是否符合股票发行的条件等实质性的内容,这就意味着三个方面的问题①:①由股票发行审核委员会来实质性审核意味着该委员会代替了市场对该只股票的投资价值进行判断;②鉴于是"按照国务院的规定"进行审核,因此,这对证券市场而言,实质就是一种公权力的背书或者隐性担保;③鉴于进行的是实质性审核,且"是否符合发行条件""信息披露要求""督促发行人完善信息披露内容"等存在较大的自由裁量范围,因此,此时产生某种"监管俘获"也是逻辑的合理延伸。

（2）证监会的立规权（制定规章、规则的权力）过大,至少在理论上,几乎到了不受限制的程度。根据我国《证券法》第一百六十九条的规定,国务院证券监督管理机构在对证券市场实施监督管理中需要履行的职责包括:其一,依法制定有关证券市场监督管理的规章、规则,并依法进行审批、核准、注册,办理备案;其二,依法对证券的发行、上市、交易、登记、存管、结算等行为,进行监督管理。但是,这一规定可能会引发以下具体问题②:①证监会将在实质上享有不受限制的立规权。一方面,对这种立规权的监督并不充分,实践中的执行更难以落到实处,我国不存在一个上位法机构专门负责审查证监会所制定部门规章的合法性;另一方面,尽管根据《法规规章备案条例》的规定,规章应该报国务院法制机构备案并且可以不予备案或者可以建议制定机关自行纠正,或提出意见报国务院决定,但实践中这种备案审查难以严格执行,加之证券行业的规章专业性很强,备案能否真的达到效果,也是值得考虑的问题。②作为投资者的个人及机构无法对证监会这种"抽象行政行为"提起诉讼,因为《中华人民共和国行政诉讼法》(2017 年修正)在第十三条明确规定人民法院不受理公民、法人或者其他组织对"行政法

---

① 席涛:《〈证券法〉的市场与监管分析》,《政法论坛》2019 年第 6 期,第 115-129 页。
② 洪艳蓉:《我国证券监管独立性的检讨与制度完善》,《法律适用》2018 年第 3 期,第 82-92 页。

规、规章或者行政机关制定、发布的具有普遍约束力的决定、命令"提起的诉讼。

（3）针对证券市场的信息失灵，证监会的打击主体范围被不当扩大，这一点可以通过分析旧《证券法》（2014年8月31日修正）相关规定的修改就可以清晰地展示出来。旧《证券法》第七十八条规定："禁止国家工作人员、传播媒介从业人员和有关人员编造、传播虚假信息，扰乱证券市场。"这对国家工作人员、传播媒介从业人员编造、传播虚假信息，扰乱证券市场的规定是非常清楚的，也没有什么问题。而问题在于后面的"有关人员"，这个有关人员具有兜底性，但是，至少有一点是非常明确的，虽然这个"有关人员"可以适当扩大解释，但肯定不能解释为"任何人"，否则，这个条款就直接将主体改为任何人了。事实上，正因为这个"有关人员"不能解释为任何人，所以，2019年修订《证券法》时，将这一条直接改为"禁止任何单位和个人编造、传播虚假信息或者误导性信息，扰乱证券市场"①，这也从一个侧面印证了当时的立法本意不是禁止任何人。客观而论，这个修订考虑了自媒体时代信息传播的特殊性，反映了《证券法》对现代传播模式的回应，但是，这种回应是否会过度扩大证监会的权力？答案是肯定的。理由在于：尽管《证券法》第五十六条最后一款规定"编造、传播虚假信息或者误导性信息，扰乱证券市场，给投资者造成损失的，应当依法承担赔偿责任"，但是其中承担赔偿责任的前提有两个：一个是扰乱证券市场，另一个是给投资者造成损失。而且，从文义解释的角度看，这两个条件是并列的。也就是说，纯粹地扰乱证券市场，或者纯粹给投资者造成了损失，是不需要承担赔偿责任的——虽然很多时候这两者是紧密联系在一起的，但毕竟不是一回事。然而，这一规定可以说不当扩大了证监会的打击主体范围，会给整个证券市场带来一些意想不到的负面后果。如果我们从监管问题发现的角度看，有更多的主体关

---

① 《证券法》第五十六条。

注甚至是发布（非恶意）证券市场的信息，反而有助于证监会及时发现问题，这个已经为证券市场的发展实践所证明。正因为如此，有学者就认为，"证券市场是信息市场，信息的真实性会影响股票价格的波动进而影响市场秩序。但信息的产生来源繁多，除了专业人士和信息披露义务人，很难要求市场上的所有主体都保证其所提供或者传播的信息真实准确"[1]。笔者认为，这个分析是一语中的的。

2. 不恰当地减少了证监会的干预职责，容易导致其干预失灵

证监会不能因为证券市场复杂性程度高就赋予其过大权力，这从另一个角度来说就是证券市场利益集团力量过大从而造成这个规制部门权力配置过大（当然也反映了虚拟经济发展过度而不得不"增加人手和增强手段"），从侧面印证了虚拟经济没有实现有限发展。从反面的角度看，如果我们不恰当地减少了证监会应有的职责，让其"该干的事没干，不该干的事干了很多"，其实也可能反映了虚拟经济发展过度而不恰当地抵消了监管机构的监管职权，这也是虚拟经济没有实现有限发展的另一个侧面的体现。笔者认为，总体而言，虚拟经济的发展需要一个与之相匹配的监管机构，而且，考虑到虚拟经济的特殊性，这个监管机构需要更多的执法资源和手段。如果沿着这样一种思考进路，特别是比对美国证监会的情况，根据学者的研究，以 2015 财政年度为例，美国证监会的预算授权为 15 亿美元，中国证监会的预算收入则不到 10 亿元人民币。通过比较可以看出，自 1995 年以来，美国证监会的预算授权稳步递增，从 2012 年至 2015 年，这一增幅明显大于中国证监会预算收入的增幅。[2] 根据财权和事权基本匹配的原理，在不断加大证券监管权力的背景下，如果经费支持没有相应地增长，那么，本质上就

---

[1] 彭冰：《魔鬼隐藏在细节中：证券法大修中的小条款》，《中国法律评论》2019 年第 4 期，第 155-162 页。

[2] 沈朝晖：《证券法的权力分配》，北京大学出版社，2016，第 29 页。

相当于不当减少了监管机构的职权。

那么,我国不当减少(减损)证券监督管理机构职权的情况表现在哪些方面呢? 择要如下:

(1)监管对象对执法机构仅有消极义务,违反积极义务无须承担责任。根据《证券法》第一百七十三条和第一百七十五条的规定①,被检查、调查的单位和个人、有关部门应当担负积极的"配合义务"。但值得深思的是,如果被检查、调查的单位和个人、有关部门没有履行这种执法配合义务,《证券法》对其并没有规定相应的法律责任,因此,上面两条规定可以说在很大程度上将成为具文。因为在执法监督的过程中,被执法单位、个人或者有关部门的配合可以说是非常重要的,这种配合义务绝不是《证券法》第二百一十八条规定②的"不拒绝、不阻碍"能够涵括的。事实上,"不拒绝、不阻碍"仅仅是一种消极义务,而配合义务是一种积极义务,完全不可同日而语。进一步的问题在于,即使发生《证券法》第二百一十八条规定的拒绝、阻碍的情况,其法律责任的规定也可以说是非常轻微的——人民币10万元以上100万元以下的罚款,再加上治安管理处罚。而根据《中华人民共和国治安管理处罚法》第十条的规定,治安管理处罚的种类无非就是警告、罚款、行政拘留、吊销公安机关发放的许可证,而对违反治安管理的外国人,可附加适用限期出境或者驱逐出境。如果结合证券行业的实际情况,笔者认为10万~100万元人民币的罚款简直不值一提,特别是对上市公司而言,完全是九牛一毛的感觉,而治安管理处罚,顶格处罚也就是行政拘留,完全达不到匹配

① 《证券法》(2019年修订)第一百七十三条规定:"国务院证券监督管理机构依法履行职责,被检查、调查的单位和个人应当配合,如实提供有关文件和资料,不得拒绝、阻碍和隐瞒"。第一百七十五条第二款规定:"国务院证券监督管理机构依法履行职责,进行监督检查或者调查时,有关部门应当予以配合"。
② 《证券法》(2019年修订)第二百一十八条规定:"拒绝、阻碍证券监督管理机构及其工作人员依法行使监督检查、调查职权,由证券监督管理机构责令改正,处以十万元以上一百万元以下的罚款,并由公安机关依法给予治安管理处罚"。

此种违法行为恶性的程度。

（2）证监会缺乏防范系统性风险的职权，至少从《证券法》的立法目的来看如此。从严格的文义解释看，我国证监会并没有防范系统性风险的职权，这其实从《证券法》第一条就可以清晰地展示出来。根据《证券法》第一条的规定，该法的目的主要有四个：①规范证券发行和交易行为；②保护投资者的合法权益；③维护社会经济秩序和社会公共利益；④促进社会主义市场经济的发展。尽管可以做扩大解释，我们可以认为防范系统性风险可以包含在"规范证券发行交易行为"或者"维护社会经济秩序和社会公共利益"里，但我们不得不承认，《证券法》立法目的的规定中毕竟没有明确这一项职权。因此，有学者就深刻地指出，"证监会充其量起到防范发生区域性系统风险的作用，却对整体的金融系统性安全没有监管职责，更缺乏应对这种风险冲击的手段和资金来源"[1]。真可谓一语中的、入木三分。

（3）证监会的职权配置及监管目标也没有体现投资者权益保护的核心理念。在监管目标上，虽然《证券法》第一条规定了"保护投资者的合法权益"，但是，如何具体去落实，从纸面上的法变成实践中的法，恐怕还有很长的路要走。此外，虽然"金融之本质和存在目的乃为实体企业提供'融资中介'服务"[2]，在这个意义上，基于金融交易主体而进行的监管职权配置可以说符合直接的监管目标诉求。但在证券法领域，正如有学者所指出的，"《证券法》的灵魂应该是投资者权益的保护，其他的制度都应该围绕这样的一个核心的理念去设计"[3]。如果以这样一种思维去审视《证券法》，那不得不说，尽管已经取得了较大的进步，但是，这个保护投资者权益的核心理念还需要我们进一步去落实，相关的制度建设还存在较大的完善空间。

---

[1]　洪艳蓉：《我国证券监管独立性的检讨与制度完善》，《法律适用》2018 年第 3 期，第82-92 页。

[2]　蒋大兴：《金融"脱实向虚"之规制逻辑——以上市公司并购重组规制为例》，《现代法学》2018 年第 5 期，第 79-94 页。

[3]　信春鹰：《我国<证券法>的发展历程及其修改完善》，《证券法苑》2014 年第 1 期，第 8-11 页。

3. 没有很好地解决"谁来监督监督者"的问题

毫无疑问,我国证券市场还在发展的过程中,我国的证监会在监管方面的职权也需要加强或者增加,但作为行业监督管理部门,我们发现证监会缺乏相应的监督可能也是系列问题之一。正如有学者所指出的,我们并没有制定专门的证券监督管理机构组织法,并且作为国务院的下属事业单位(而不是行政单位),证监会既不需要向全国人民代表大会及其常委会汇报工作,也没有明确地规定其需要向国务院汇报工作并如何具体来接受国务院的监督,在这一点上,证监会和中国人民银行是完全不同的。① 事实上,如果考察我国证监会主要领导——证监会主席的任职期限(表4.2),我们也能从侧面发现这个问题。

表4.2　我国历任证监会主席及其任期

名称	姓名	任职时间
第一任证监会主席	刘鸿儒	1992 年 10 月—1995 年 3 月
第二任证监会主席	周道炯	1995 年 3 月–1997 年 5 月
第三任证监会主席	周正庆	1997 年 5 月–2000 年 2 月
第四任证监会主席	周小川	2000 年 2 月–2002 年 12 月
第五任证监会主席	尚福林	2002 年 12 月–2011 年 10 月
第六任证监会主席	郭树清	2011 年 10 月–2013 年 3 月
第七任证监会主席	肖钢	2013 年 3 月–2016 年 2 月
第八任证监会主席	刘士余	2016 年 2 月–2019 年 1 月
第九任证监会主席	易会满	2019 年 1 月至今

从表4.2我们可以看出,除了第五任证监会主席尚福林任期较长及现任证监会主席任期无法预测外,其他七位证监会主席的任期都没有超过3

---

① 《中华人民共和国中国人民银行法》(2003 年修正)第六条明确规定:"中国人民银行应当向全国人民代表大会常务委员会提出有关货币政策情况和金融业运行情况的工作报告。"

年,这个现象是耐人寻味的,虽然原因可能是多方面的,但是否也从一个侧面反映出证监会可能受到的监督有限,造成其权力过大而滋生一些问题?从《证券法》关于证监会职权的规定及中国证监会网站关于证监会职权职责的规定来看①,正如有学者所指出的,其主要"考虑如何赋予证监会更多的监管职权和能够采取更多的监管措施,而很少有对证监会运作及其工作人员问责的相关规定,即使有也是规定模糊,需要证监会自身制定配套规则才有

---

① 《证券法》第一百六十九条规定:"国务院证券监督管理机构在对证券市场实施监督管理中履行下列职责:(一)依法制定有关证券市场监督管理的规章、规则,并依法进行审批、核准、注册,办理备案;(二)依法对证券的发行、上市、交易、登记、存管、结算等行为,进行监督管理;(三)依法对证券发行人、证券公司、证券服务机构、证券交易场所、证券登记结算机构的证券业务活动,进行监督管理;(四)依法制定从事证券业务人员的行为准则,并监督实施;(五)依法监督检查证券发行、上市、交易的信息披露;(六)依法对证券业协会的自律管理活动进行指导和监督;(七)依法监测并防范、处置证券市场风险;(八)依法开展投资者教育;(九)依法对证券违法行为进行查处;(十)法律、行政法规规定的其他职责"。根据证监会网站的介绍,中国证监会在对证券市场实施监督管理中履行下列职责:(一)研究和拟订证券期货市场的方针政策、发展规划;起草证券期货市场的有关法律、法规,提出制定和修改的建议;制定有关证券期货市场监管的规章、规则和办法。(二)垂直领导全国证券期货监管机构,对证券期货市场实行集中统一监管;管理有关证券公司的领导班子和领导成员。(三)监管股票、可转换债券、证券公司债券和国务院确定由证监会负责的债及其他证券的发行、上市、交易、托管和结算;监管证券投资基金活动;批准企业债券的上市;监管上市国债和企业债券的交易活动。(四)监管上市公司及其按法律法规必须履行有关义务的股东的证券市场行为。(五)监管境内期货合约的上市、交易和结算;按规定监管境内机构从事境外期货业务。(六)管理证券期货交易所;按规定管理证券期货交易所的高级管理人员;归口管理证券业、期货业协会。(七)监管证券期货经营机构、证券投资基金管理公司、证券登记结算公司、期货结算机构、证券期货投资咨询机构、证券资信评级机构;审批基金托管机构的资格并监管其基金托管业务;制定有关机构高级管理人员任职资格的管理办法并组织实施;指导中国证券业、期货业协会开展证券期货从业人员资格管理工作。(八)监管境内企业直接或间接到境外发行股票、上市以及在境外上市的公司到境外发行可转换债券;监管境内证券、期货经营机构到境外设立证券、期货机构;监管境外机构到境内设立证券、期货机构、从事证券、期货业务。(九)监管证券期货信息传播活动,负责证券期货市场的统计与信息资源管理。(十)会同有关部门审批会计师事务所、资产评估机构及其成员从事证券期货中介业务的资格,并监管律师事务所、律师及有资格的会计师事务所、资产评估机构及其成员从事证券期货相关业务的活动。(十一)依法对证券期货违法违规行为进行调查、处罚。(十二)归口管理证券期货行业的对外交往和国际合作事务。(十三)承办国务院交办的其他事项。参见中国证券监督管理委员会:《证监会简介》,http://www.csrc.gov.cn/csrc/c100002/c5c05724baf164183a5c1c7ab0da7eb34/content.shtml,访问日期:2022年4月10日。

可能实行"①。这在某种程度上固化了证监会作为监督者没有得到相应监督的基本事实。

三、虚拟经济的制度架构体系化是否充分

从根本上讲,虚拟经济的制度架构是否真正实现了体系化,在于这些制度安排是否能够对整个虚拟经济系统的发展与实体经济系统的发展保持相应的契合度和必要的灵敏度。如果进一步审视虚拟经济的制度架构体系化是否充分,从根本上讲有两个大的方面。

(1)虚拟经济的制度架构是否契合实体经济的发展。例如,有无系统性的超前的制度安排。从我国的现实状况看,鉴于我国的虚拟经济目前还处在一种发展中的状态,更多的是一种学习他国经验和吸取他国教训的情况,真正基于中国国情而生发的有中国特色的制度还是比较稀少的,同时,由于我国虚拟经济系统异常活跃的现实状态,并且考虑到虚拟经济自身不断完善的需要及虚拟经济创新的客观需要,因此,我国的虚拟经济制度架构在超前性方面可能略逊一筹。应当说,我国虚拟经济系统中并不存在系统性的超前的制度安排,基本属于常规性的、必要的金融基础设施建设和制度添附。

(2)虚拟经济的制度架构自身的体系化问题,换言之,就是我国虚拟经济体系中的制度架构之间是否能够作为一个体系有序运转。这主要可以从三个核心维度体现出来:其一,虚拟经济的制度架构是否有利于实体经济的发展;其二,虚拟经济的契约结构是否系统化;其三,虚拟经济的制度安排是否有利于适度的金融创新。

鉴于第一个方面的问题在我国虚拟经济的发展过程中并不是主要问题,因此,以下主要对虚拟经济的制度架构自身的体系化问题进行详细

---

① 洪艳蓉:《我国证券监管独立性的检讨与制度完善》,《法律适用》2018 年第 3 期,第82-92 页。

阐述。

(一)虚拟经济的制度架构是否有利于实体经济的发展

关于虚拟经济的制度架构是否有利于促进实体经济的发展,鉴于虚拟经济范围的广泛性,因此,基于研讨的需要,我们可以以金融为例进行具体的说明。根据学术界的梳理,金融和经济发展之间具有相关性,但是,这种相关性到底是一种正相关性还是一种负相关性,代表性的观点有两种[1]:一种观点认为金融深化发展有利于经济发展,并且这种关系是一种线性关系,从金融开始存在的时候就是如此,变化的是金融深化发展对经济影响的程度——扩大或者缩小;另一种观点认为金融深化发展与经济发展是对立统一的,这种矛盾始终存在且还可能相互转化。应当说,这两种观点都有其合理和不合理的地方。第一种观点合理的地方就是看到了金融深化发展对经济发展的促进作用,但是,它无法解释即使金融深化发展了,经济还是没有继续向前发展,甚至出现经济中断的问题。再者,如果我们认为金融深化发展只会促进经济发展,那么,我们也无法解释在第二次世界大战前,世界金融中心在伦敦,但是,英国的经济发展并没有一直向前。第二种观点合理的地方就是看到了金融深化发展和经济发展之间的辩证关系,让我们认识到金融深化发展不一定是完全促进经济发展的。因为金融深化发展到了一定阶段,就会出现所谓的虚拟经济系统和实体经济系统争夺资源的问题。然而,这种观点虽然对我们的认识有很大的作用,但是,其在指导实践时我们会发现这个理论等于什么也没有说——因为金融深化发展和经济发展的关系是变化的、辩证的,那么,在特定的时空之内,我们究竟是要发展金融还是要发展实体经济呢? 显然,依据这个理论无法得出行动的具体指南或者标准。

---

[1] 孙慧宗、林丽敏:《金融自由化与经济危机:基于日本金融深化实践的再认识》,《当代经济研究》2019年第 3 期,第 96-101 页。

正因为如此,如何看待金融系统的发展及其制度构建是否必要和足够,关键是要看其和实体经济的匹配情况。正如有学者所深刻指出的,"金融虽然在经济发展中扮演着极为重要的角色,但金融和经济发展之间的关系不是线性的和无止境的,金融发展必须服务于实体经济,在达到某一点之后,金融活动的进一步增加、金融密集度的进一步提高对经济发展是有害的"①。当然,这里的问题在于"某一点"到底是哪一个点,这是很难解释清楚的,也许这是一个实践理性的问题。

那么,如何来衡量虚拟经济的制度架构是否有利于实体经济的发展呢?以金融系统为例,主要的标准就在于金融系统的制度安排是否能够保障本系统的协调运转,从而实现基于市场效率或者社会公共利益的资金配置,使需要资金的人能够以市场的价格得到资金,并且得到资金的人就是最能实现资金保值增值的主体。而实现这一目标,最为重要的是保持金融系统的稳定。如何来保持金融系统的稳定呢?

(1)保持稳定不意味着零金融管制或者过度宽松的金融管制。如果市场的周期足够长,放松管制,任由所谓市场的"自生自发秩序",最终当然可以实现金融系统的稳定,恢复市场应有的秩序,但是,这个进程和周期都是高度不确定的,那么,任由金融市场的自我调节来进行恢复,就可能付出一些不必要甚至异常沉重的代价,导致社会整体福利受损。正如有学者所指出的,"放松金融管制并不能自动保证金融制度的健康发展,反而可能导致金融交易的混乱和金融危机的发生"②。

(2)保持金融系统的稳定,特别是要实现金融系统长期的可持续发展,那么,死水一潭的金融制度架构也是不合时宜的。换言之,如果我们过度追

---

① 孙慧宗、林丽敏:《金融自由化与经济危机:基于日本金融深化实践的再认识》,《当代经济研究》2019年第3期,第96-101页。

② 赵向琴、陈国进:《从金融交易的信息摩擦看金融制度、金融管制与经济增长的关系》,《南开经济研究》2003年第4期,第71-74页。

求金融系统的所谓稳定性,并在有意无意之间将金融系统的稳定性和金融系统的效率对立起来,那么,这种稳定就是违反金融制度建构的本意和初心的,因为金融稳定本身只是手段,或者说,顶多只能算一个过渡性的手段,保持金融稳定,最终还是为了实现经济发展,追求金融体系的资金融通效率,追求社会经济总体效益,实现整个社会福利的帕累托改进。也正是在这种意义上,有学者就认为,"金融制度作为一种社会化分工与协作的产物,它的目的是融通资金,把储蓄资金转变为投资资金,实现一个国家的经济增长,稳定只是实现这个目的的必备前提,在强调稳定的同时我们必须追求效率,追求金融体系的融资效率"[1]。

(二)虚拟经济的契约结构是否系统化

虚拟经济内嵌着市场交易的基本内涵,而市场交易主要是通过契约进行安排的。同时,代表自我决定、自我拘束与自我负责的契约自治理念,在现代私法制度上扮演的是最重要的功能。[2] 因此,考察虚拟经济的契约结构问题,对于从深层次上认知虚拟经济的发展限度问题可以说是绝好的切入视角。在此,我们以虚拟经济中的金融为例,分析其契约结构问题。从制度的角度看[3],作为金融交易规则、惯例和组织安排的系统,金融制度基于规则和组织安排来界定市场主体在金融交易过程中的选择空间,一方面降低了金融交易的费用及金融竞争中不确定性所带来的金融风险,另一方面通过约束乃至激励市场主体的金融行为,保护基于金融契约的债权债务关系,进而促进整个金融交易系统顺利运转。鉴于"交易是所有权的转移,当我们分析交易时,我们发现它们分成三种类型,可以区别为'买卖的''管理的'和

---

① 范从来:《重塑金融交易关系:中国金融制度建设的核心》,《南京社会科学》1999 年第 5 期,第 3-7 页。

② 谢哲胜:《契约自治与管制》,《河南省政法管理干部学院学报》2006 年第 4 期,第 28-33 页。

③ 同①。

'限额的'交易"①。据此,分析这些交易的契约结构,则主要可从三个维度入手:①这些不同类型的金融交易的外部制度环境因素;②这些不同类型的金融交易主体对金融契约的执行问题;③关于这些不同类型的金融交易的管理机构的法律责任承担问题。应当说,基于这三个维度来分析金融契约结构是否系统化难免挂一漏万,但大体上能擘画这一情势。以下详述之。

1. 金融契约的契约环境问题

契约在当事人之间具有法律作用,往往是基于市场多次博弈的智慧结晶。从这个角度看,全世界的契约形式大同小异,甚至可以认为,契约经过市场经济的充分洗礼后,整个契约形式等已经非常成熟,我们甚至可以宣称这是另一种形式的"契约死亡"——契约的形式不再发展,而陷入一种成熟导致的停滞状态。但是,这一判断可能对于普通的民事活动是对的,一旦跨入纷繁复杂的金融契约领域,我们就会发现金融契约不仅没有死亡,而且可能又"再生"了。正是在这个意义上,我们发现基于竞争的市场机制而生的金融契约很难达到理想的帕累托最优状态,而此时"旨在降低金融交易费用和改善金融运行效率的各种'组织、工具、规则'和交易管理机制就显得格外必要"②。如果进一步提炼,我们就会发现金融契约对规则运行环境提出了新的要求,换言之,同样的金融契约,其会在相异的契约环境下发挥出不同的价值,并且这种价值还可以说是几何级数增长的。因此,有学者就认为,"在契约环境越好的地区,金融市场对提升全球价值链地位的促进作用就越大,并且契约环境存在显著的门限效应,跨过第一个门限值,契约环境的调节作用将大大增强"③。从我国的现实来看,虽然中国特色社会主义法律体

---

① 康芒斯:《制度经济学(上册)》,于树生译,商务印书馆,1962,第73页。
② 任瑞新:《论金融交易与金融监管制度》,《中央财经大学学报》1999年第8期,第54-57页。
③ 盛斌、景光正:《金融结构、契约环境与全球价值链地位》,《世界经济》2019年第4期,第29-52页。

系已经宣布建成,我国"在整体上实行统一的法律制度和经济规则"①,但是,各地的经济发展水平、市场发展水平是不同的,因此,我国金融企业的环境可以说还是存在较大的提升空间的。

2. 金融契约的执行效率问题

金融契约的执行效率可以说直接影响企业融资的难易程度。因为在一个市场发挥决定性作用的国家,大部分金融资源的供给和需求都应当是基于市场交易规则进行流动的。市场,特别是金融市场对风险是非常敏感的,在这种情况下,金融契约的执行效率直接关系到投资者投资稳定预期的维持,而这是与企业特别是中小企业的融资可能性直接挂钩的。② 同时,金融契约的执行效率对经济发展的影响是正相关的,相关学者的研究就清晰地表明:"对于金融契约执行效率高的地区来说,随着地区间金融契约执行效率差距的正向扩大,该地区的市场接近效应进一步增强;对于金融契约执行效率低的地区来说,随着地区间金融契约执行效率差距的负向扩大,该地区的市场接近效应进一步减弱。"③事实上,金融契约对企业发展的影响是非常深远的④:首先,从长远的角度看,一个企业是否进入某一个产业领域,这个领域金融契约的执行效率可以说发挥着根本性的作用;其次,从宏观上看,如果一个国家的金融契约的执行效率更高,那么,这个国家的企业往往更活跃,市场竞争也将更充分、自然,这个社会的福利水平也会不断提高。更进一步的问题在于,如果一个国家的金融契约的执行效率较高,那么,我们可以说此时的虚拟经济实现了有限发展,或者说,发展是适度的。反过来,如

---

① 史小坤、贾丹丹、陶雨琴:《契约执行效率、金融发展与融资约束》,《哈尔滨商业大学学报(社会科学版)》2019 年第 5 期,第 35-45 页。

② 同上。

③ 聂正彦、吕洋、武志胜:《金融契约执行效率、资本区位选择与产业分布》,《产经评论》2018 年第 5 期,第 5-17 页。

④ 李俊青、刘帅光、刘鹏飞:《金融契约执行效率、企业进入与产品市场竞争》,《经济研究》2017 年第 3 期,第 136-150 页。

果一个国家的金融契约的执行效率很低,甚至出现大面积的金融契约违约问题,那么,我们基本可以推定,该国的虚拟经济可能发展过头了、过度了,需要宏观调控,需要政府干预来"踩踩刹车"。

3. 金融机构在金融契约中承担惩罚性赔偿责任问题

分析虚拟金融契约结构的系统化是否充分,绕不开的一个问题就是关于金融机构是否需要承担惩罚性赔偿责任问题。事实上,这个问题从逻辑上进行梳理是非常清晰的。如果金融机构不需要对其行为承担惩罚性赔偿,鉴于金融系统的隐秘性,那么,金融机构可能就会陷入一种无限膨胀的状态,这种膨胀很多时候可能就是没有节制地增长。反过来,如果金融机构需要为自己某些行为承担惩罚性赔偿责任,那么,这一制度安排就会成为金融机构不当扩张的"节制器"。正是在这种意义上,有学者认为让金融机构在某些情况之下承担这样一种惩罚性赔偿责任,属于逻辑的合理延伸。"让金融机构对其欺诈行为承担惩罚性赔偿责任,有助于抑制金融机构的机会主义行为与道德风险。"[1]当然,金融机构在某些情况下承担惩罚性赔偿责任,并不意味着其他责任就不重要,甚至不需要了;恰恰相反,其他责任方式,包括普通的民事责任、行政责任甚至刑事责任,都是非常重要的制度安排。那么,强调金融机构在某些情况下承担惩罚性赔偿责任的价值是什么呢?一个重要的价值就是保障虚拟经济的有限发展,特别是对冲动的金融资本而言,惩罚性赔偿责任就是资本无节制扩张的冷静剂——不能经常使用,但是不能没有,特别是对金融机构这种强外部性的市场主体而言更是如此。因此,有学者就认为,"将金融机构风险揭露义务纳入金融法制,已成为重要的金融监管规范项目之一"[2]。当然,如何具体建构金融机构的惩罚性

---

① 阳建勋:《我国金融机构惩罚性赔偿责任落空的反思与制度完善》,《法律科学(西北政法大学学报)》2019 年第 5 期,第 156-170 页。

② 林继恒:《金融消费者保护法之理论与实务》,台湾法学出版股份有限公司,2012,第 9 页。

赔偿制度,是需要进一步思考的。从目前的情况来看,这种惩罚性赔偿制度面临着"请求权主体不明确、缺乏体现金融业专业性与特殊性的金融机构告知义务保障、金融消费者承担与其经济和信息地位不相称的证明责任、法官审慎控制惩罚性赔偿的负面激励功能等"①,如何破局,尚需进一步思考。但是,这个方向应该是清晰的,其遏制虚拟经济过度发展的目标也是清晰的。

4. 如何预防金融契约中的违约问题

从根本上讲,虽然金融契约和普通的民事契约有诸多共同之处,但是,金融契约最致命的缺陷不在于金融契约应如何缔结才公平——因为金融契约的缔结都是市场竞争和选择的结果,是"公道"的市场交易结果,而在于如何来预防金融契约中的违约问题。与普通的民事契约不同,金融契约往往标的比较大,并且具有系统联动性——所有的债务人都关联着商业银行,所有的商业银行都关联着中央银行,并且这种风险是高度集中的——金融是国民经济的血液,成千上万的企业都与少数几家银行存在着较为密集的金融契约。同时,金融契约的风险分散方式(往往是基于不动产的抵押)和实现债权的方式(如拍卖不动产)也是极为有限的,在这种情况下,一旦出现大面积的集体违约,就会引发整个社会的连锁反应。如美国的次贷危机,就是很多不具备资格的贷款(次贷)主体同时不能按时还款。此时,作为债权人的银行,其基于担保来确保自己的流动性是非常不现实的——因为没有哪个市场主体能够同时吞下如此庞大数量的不动产,那么,此时作为金融机构的银行依靠的其实就只有两个:央行的钞票和市场的金融保险制度。更复杂的问题在于,这些措施或者制度安排都是基于正常的状态而进行的铺垫,在整个社会出现较大的虚拟经济风险时,这些措施或者制度不能说是形同虚设的,但其价值和效果确实会受到折损和耗散。

---

① 阳建勋:《我国金融机构惩罚性赔偿责任落空的反思与制度完善》,《法律科学(西北政法大学学报)》2019年第5期,第156-170页。

基于上述分析可知,对有限发展的虚拟经济而言,建构违约预防制度就显得非常必要,没有这个制度安排,虚拟经济所引发的星星之火难免燃成燎原之势。正是在这种意义上,有学者深刻指出"金融法在构建合同制度之时,必须同时构建违约预防制度"①,可谓深思熟虑,一语中的。

(三)虚拟经济的制度安排是否有利于适度的金融创新

市场经济是不断深入和深化发展的,而与之相应的虚拟经济系统(金融系统)也是契合市场经济不断推进的。在没有发生生产力的革命性突破或者生产力长期的累积性进展的前提下,虚拟经济和实体经济之间的协调发展是不会或者说难以被打破的,总体上会形成一种动态的平衡。但是,基于生产力的革命性突破是客观存在的,生产力的累积性进展也是客观存在的,加之虚拟经济系统自身的独立性内循环,因此,建构于虚拟经济之上的制度安排难以适应现实需要也具有必然性。在这种情况下,虚拟经济的制度体系需要或多或少的创新,以更好地契合实体经济和自身的发展。需要指出的是,以上描述是基于虚拟经济能够与实体经济协调发展这一前提,但从人类历史发展的长河看,现实并不总是如此。正是在这个意义上,我们认为,以金融系统为例,虚拟经济的制度安排是否有利于适度的金融创新是衡量虚拟经济发展是否适度的一个重要标准。

在分析虚拟经济的制度安排是否有利于虚拟经济中的创新——如金融创新之前,我们以金融系统为例,先分析为什么会有金融创新。可以认为,金融创新是一定的,当然,创新到什么程度、是否都是有益的、创新是否能够达到预期的目标等是另一回事。不管是从适应实体经济不断向前发展的客观情况,还是虚拟经济自身需要不断提升的内在需求,金融创新既是问题的一部分,也是解决问题的方法。那么,具体来讲,为什么会有金融创新呢?

---

① 陈醇:《论金融法中的违约预防制度》,《环球法律评论》2019 年第 2 期,第 84-100 页。

概言之,可以总结为以下三个主要方面。

1. 防范系统性风险需要金融创新

需要指出的是,金融系统本身就是与风险并存的,因为这是金融跨时空配置资源必然的特征[①],因此,金融系统的真问题不在于是否有风险,而在于是否会发生系统性风险,这才是我们真正需要防范的。在现代社会,金融的系统性风险是一种被扩散和扩大了的存在。其根据主要在于:

(1)当前的金融风险具有国际国内联动的特性。除非是封闭的非市场经济国家,只要参与国际金融体系,参与全球产业链,这些国家的金融系统就必须接受世界金融系统冲击的考验。正是在这个意义上,有学者就认为,"在当前金融市场开放性不断增强和国际化不断深化的背景下,金融风险的跨市场、跨地域传染成为金融风险新态势"[②]。

(2)一国金融体系的系统性风险有很多类型,但是,有一些风险本来就是输入性的金融风险。与实体经济基于产业链的缓慢转移不同,基于现代支付体系的飞速发展,资金流动的速度早已达到忽视配置时间的程度。在这种情况下,金融系统的资金会基于这种交易系统实现世界范围内的流通和配置,对一个开放的经济体而言,这势必带来巨大的冲击。从历史的角度看,有一些金融危机甚至其本身就是对外部冲击的反应。也正是在这个意义上,有学者认为,"在不断推进金融开放的过程中,要重视国际金融市场的外部冲击,尤其要关注大量国际资本流动对外汇市场的冲击和国内外股票市场的联动效应"[③]。

(3)系统的金融风险爆发之后,不会局限于某一个层面,整个金融系统

---

① 陈志武:《金融的逻辑》,国际文化出版公司,2009,第 2 页。

② Barrell R. & Hurst I. & Kirby S, "Financial Crises, Regulation and Growth," *National Institute Economic Review*, No. 10(2008):56-65.

③ 郑金麟、张业圳、谢八妹:《我国系统性金融风险的衡量与识别》,《金融监管研究》2019 年第 12 期,第 54-65 页。

的子系统之间,甚至不同类型的系统之间,都会相互传染,这就是系统性风险的真正可怕之处。事实上,这种传染可以划分为三个层面:①不同类型的金融风险之间的传染。例如,在一定条件下货币危机会增加债务危机的风险[①]。②货币危机和债务危机之间的传染。正如有学者所指出的,货币危机会通过实际有效汇率的上升来加大债务危机发生的可能性[②]。③银行危机往往也是和债务危机相互关联的。总之,系统性风险的存在与爆发的严重后果,需要我们进行金融创新,当然,吊诡的是,金融创新和金融风险之间本身又是紧密相连的。[③]

2. 规避金融监管需要金融创新

金融系统是资本高度流动的体系,与实体经济系统一样,金融系统中的资本同样具有实现利润最大化的冲动,并且这种冲动比实体经济系统更为强烈。基于金融系统的公共产品性质,各个国家基本上都对金融系统进行了严格的监管,以保障金融系统的顺利运行。为此,各个国家甚至制定了严格的监管规则,并赋予了监管机构强有力的监管权力。以我国金融系统为例,金融监管机构拥有的强制措施至少包括以下几个方面[④]:①金融机构违反审慎经营规则,监管机构可以责令限期改正、暂停部分业务,停止批准开办新业务、限制分配红利和其他收入、限制资产转让、停止批准增设分支机构、责令调整高级管理人员等。②对于金融机构发生被接管、重组或被撤销,监管机构可以对直接责任人员阻止其出境、申请司法机关禁止其转移、

① Michael D. Bordo & Christopher M. Meissner, "Fiscal and Financial Crises," *Working paper*: *Monetary economics*, No. 2(2016):355-412.

② Sylvester C. W. Eijffinger & Bilge Karataş, "Currency Crises and Monetary Policy: A Study on Advanced and Emerging Economies," *Journal of International Money & Finance*, No. 5(2012):950-971.

③ 杨海珍、程相娟、李妍等:《系统性金融风险关键成因及其演化机理分析——基于文献挖掘法》,《管理评论》2020 年第 2 期,第 18-28 页。

④ 巫文勇:《金融监管机构的监管权力与监管责任对称性研究》,《社会科学家》2014 年第 2 期,第 103-108 页。

转让财产。③金融机构违法经营或出现重大风险,监管机构可责令停业整顿,指定其他机构托管、接管等。④金融机构的高级管理人员未能勤勉尽责引发重大风险,或有严重违法违规行为,监管机构可以撤销其任职资格。在这种情况下,我们可以想象:一方面,基于这种严厉的措施和规则,金融机构在很大程度上只能合法合规经营;另一方面,如果金融机构仅仅严格按照监管规则行事,那么,金融系统中追求利润最大化的资本就会不断退出这个系统,甚至流入地下金融市场。从长远的角度看,这样对金融系统的发展也是不利的。因此,金融机构的现实选择是,既要合法合规经营,也要鼓励金融创新。而金融创新要达到预期的目标,在某种程度上合理规避金融监管可能就是无二的选择。正是在这个意义上,有学者就认为"当管制以外盈利收益具有足够吸引力时,金融机构就会产生创新动力,采用创新手段规避金融监管以获取更多的利润"①。

3. 减少体制摩擦产生的金融资源配置低效率需要金融创新

与实体经济一样,虚拟经济也是变动不居的,其动力主要来自两个方面:①来自实体经济方面的变动。也就是说,一旦实体经济出现了变动,那么,与之相对应的虚拟经济也会发生或大或小的变动。②来自虚拟经济自身的变动。与实体经济一样,虚拟经济也有其独立的运作规律和方式,其自身也会不断地变化和调整,以适应实体经济发展的需要,适应其中的资本追求利润最大化的需要。正因为虚拟经济的变动有两个方面的动力,所以,虚拟经济本身就是常变常新的,在这种情况下,我们会发现虚拟经济中总是存在着新旧交替、否定之否定的现象。以我国金融系统为例,可以说,我国的金融监管体制近几年的变革是很大的,标志性的事件有②:2017 年 11 月成立

① 马玉洁、刘超:《金融监管系统的演化逻辑与改革框架探析》,《山东社会科学》2019 年第 6 期,第 82-87 页。

② 黄辉:《中国金融监管体制改革的逻辑与路径:国际经验与本土选择》,《法学家》2019 年第 3 期,第 124-137 页。

国务院金融稳定发展委员会;2018年3月基于国务院机构改革方案,我国对当时的金融监管体制作出了重大调整,将中国银行业监督管理委员会(简称"银监会")和中国保险监督管理委员会(简称"保监会")合并为中国银行保险监督管理委员会,并将拟订银行业、保险业重要法律法规草案和审慎监管基本制度的职责划入中国人民银行;2023年3月中共中央、国务院印发的《党和国家机构改革方案》中规定"组建国家金融监督管理总局。统一负责除证券业之外的金融业监管……将中国人民银行对金融控股公司等金融集团的日常监管职责、有关金融消费者保护职责,中国证券监督管理委员会的投资者保护职责划入国家金融监督管理总局。不再保留中国银行保险监督管理委员会。"因此,在金融系统中,永远是老的体制和新的体制相映成趣。但是,这种新老体制并存的情况,也无可避免地会存在体制摩擦的问题,并导致金融系统的资金配置功能被折损甚至被消耗殆尽。但是,基于金融自身"嫌贫爱富"的本性,这种金融体制摩擦导致的阻碍金融资源正常流动而产生的损害,其实际利益受损者主要还是中小企业,因为中小企业融资难是一个世界性的难题,其成因也非常复杂①。正如有学者所指出的,金融体制摩擦就是导致我国中小企业受制于严重融资约束的重要原因。②

基于上述分析可知,虚拟经济是否实现了有限发展,一个重要的角度就是虚拟经济既有的制度安排是否有利于适度的金融创新。这里需要理清一个认知前提:金融创新是必然存在的,但是,理想的状态是既能满足金融市场中资本的逐利要求,也不会因此而产生无法控制的系统性风险。沿着这个思路进一步思考,我们就会发现,如果虚拟经济中的相关制度安排过分支持金融创新,那么,这种制度安排就会使整个金融系统处于动荡不安之中,

① 肖顺武:《刍议中小企业融资难的原因及法律对策》,《西南政法大学学报》2010年第3期,第71-80页。

② Virgiliu Midrigan & Daniel Yi Xu,"Finance and Misallocation:Evidence from Plant-Level Data,"*American Economic Review*,No.2(2014):422-458.

甚至会影响基本的交易安全,此时,我们就可以认为,这种虚拟经济的发展是过度的。反过来,如果虚拟经济中相关的制度安排有利于适度的金融创新——既是金融资本逐利的基本诉求,也是应对系统性风险的自我保护之举,此时,我们就可以认为,虚拟经济已经实现或者基本实现了有限发展。

第五章　进路选择:虚拟经济如何有限发展

虚拟经济要真正实现有限发展,不能就虚拟经济来看虚拟经济,而需要跳出虚拟经济,并基于虚拟经济与实体经济的关系来考虑和发展虚拟经济,这就是关于虚拟经济和实体经济的规模匹配问题。从现实经验和长远来看,虚拟经济过度发展,并且在规模方面过度超越实体经济,对一国经济的发展是不利的,如果上升到国家发展战略的高度,这往往会成为大国兴衰的标志。当然,要实现虚拟经济的有限发展,还需要在宏观上注重政府和市场的关系处理问题。鉴于此,笔者拟主要从以下五个方面对如何实现我国虚拟经济的有限发展展开分析:

(1)要明确国家干预与市场决定相结合的虚拟经济发展目标。一方面,实现虚拟经济的有限发展需要更好地发挥政府的作用;另一方面,实现虚拟经济的有限发展要发挥市场在资源配置中的决定性作用。

(2)虚拟经济有限发展需要在规模上实现与实体经济的匹配。事实上,之所以强调虚拟经济和实体经济的规模匹配以衡量虚拟经济发展的有限性,根本原因在于实体经济和虚拟经济本身并不存在不可逾越的鸿沟。实体经济在一定条件下也是可以虚化的:一方面,虚拟经济有限发展需要注重"向实而生";另一方面,虚拟经济有限发展需要克服"脱实向虚"。

(3)需要维持以银行为中心的虚拟经济资源配置体制。如何继续维持以大银行为中心的虚拟经济资源配置体制,核心要点包括:要发挥银行业在资金融通中的主导作用;要维持大银行在资金融通中的主力角色。

(4)要坚持以审慎监管为特色的虚拟经济监管体制。一方面,审慎监管需要将监管技术化。事实上,作为一种整体性的监管方法论,审慎监管如何具体落实,什么样的监管才是真正的审慎监管,虽然监管实践有众多的措施和手段,但是,从根本上来讲,实现监管的技术化才是实现审慎监管的可行路径。另一方面,审慎监管需要基于大银行金融体制的局限性来有针对性地推进。具体而言,就是要因地制宜,针对我国大银行金融体制的局限性来设计监管规则、措施和机构。

(5)要注重直接融资市场的发展边界。直接融资市场在整个虚拟经济系统中具有重要的地位和价值,它是实现一国经济由高速发展转向高质量发展的关键节点。当一个国家的经济发展到一定阶段时,发展的速度很重要,发展的质量更重要。值得注意的是,基于资本市场的直接融资,恰恰更有利于经济发展质量的提升。那么,如何注重直接融资市场的发展边界问题呢?①要认识到直接融资市场的发展不能以替代间接融资市场为目标;②要强化信息披露质量保障制度在直接融资市场中的中心地位;③要从完善直接融资市场基础制度的角度来推进注册制。

一、明确国家干预与市场决定相结合的虚拟经济发展目标

(一)实现虚拟经济的有限发展需要更好地发挥政府的作用

1.虚拟经济的繁荣离不开更好地发挥政府的引导作用

如何理解虚拟经济的繁荣离不开更好地发挥政府的引导作用,我们可以从虚拟经济的发展历程中得到一些启示。因为从发生学的角度看,"一个人对一切事务,不论是国家还是别的什么,思考它们的最初成长和起源,就能对它们获得明确的概念"①。与实体经济不同,虚拟经济的发展特别需要

---

① 乔治·萨拜因:《政治学说史》,盛葵阳、崔妙因译,商务印书馆,1986,第15页。

政府发挥引导作用,并不能仅依靠市场的自生自发秩序。以我国为例,据学者考证①,如果以是否存在典型的集中竞价市场形成为标志,中国的证券市场最早形成是在20世纪90年代初期,此时,距离中国最早向社会发行的第一只股票(1984年11月14日上海飞乐音响公司发行的股票)已经过去了整整6年。不仅证券市场的发展速度需要政府的引导,其发展的过程也需要政府的引导。事实上,在我国证券市场发展的初期阶段,著名经济学家吴敬琏教授就认为其可以概括如下②:中国股市好比一个大赌场、全民炒股不是正常的现象、市盈率过高。如果对比美国证券市场的发展历程,根据相关学者的研究③,我们可以看到以下值得注意的事实:

(1)在证券市场风险构成方面,成熟的纽约证券交易所的系统性风险(也就是不可化解的风险)占比约为四分之一,非系统性风险(可分散的风险)占比约为四分之三。而上海证券交易所的风险构成恰好基本与此相反:系统性风险占比约为三分之二,非系统性风险占比约为三分之一。

(2)基于对1885—1993年道琼斯工业指数和1992—1998年7月上证指数单日跌幅超过7%的次数统计比对可见,在超过100年时间里,道琼斯工业指数的单日跌幅超过7%的次数仅有15次,而上证指数在短短7个年度之内,单日跌幅超过7%的次数竟有23次。

(3)从单日跌幅超过7%的次数的分布情况看,道琼斯工业指数单日跌幅最大的日期分布是比较集中的,即1929—1931年及1987年,而上证指数单日跌幅超过7%的日期则均匀分布在1992—1998年的7个年度之内。抛开其他因素不论,从对美国证券市场和我国证券市场的比对分析中可见,如果没有政府的引导,纯粹依靠市场的自生自发秩序,我国的证券市场要摆脱

---

① 胡光志:《内幕交易及其法律控制研究》,法律出版社,2002,第1页。
② 吴敬琏:《呼唤法治的市场经济》,生活·读书·新知三联书店,2007,第302页。
③ 吴敬琏:《呼唤法治的市场经济》,生活·读书·新知三联书店,2007,第306-307页。

这种强投机性、暴涨暴跌为常态的情况几乎是不太可能的。事实上,美国虚拟经济的持续繁荣不仅是重视市场力量的结果,更是美国政府对证券市场基础交易制度的架构、美国证监会对证券市场深入、系统和严密的监管等综合手段的结果。反过来,对我国而言,特别是证券市场发展的初期,我国的政府机构对证券市场应当如何引导,其实并没有一个清晰的认知,我国《证券法》的制定和修改就很能说明问题:我国《证券法》是 1998 年制定的,但是,该法一直到 2004 年才进行了第一次修正,2005 年进行了第一次修订,2013 年进行了第二次修正,2014 年进行了第三次修正,2019 年进行了第二次修订。相对而言,对证券这样一个变化极大的领域而言,这种修改(包括修正和修订)是比较迟滞的。这一方面反映出我国证券市场的快速发展,我国充分尊重市场自治的基本态度;另一方面,可能也在某种程度上反映出我国政府在引导证券市场发展方面的种种不足和缺陷。正是存在这种不足甚至这样那样的缺陷,我国的证券市场直到今天依然面临着政府有效治理和规制的种种挑战。我们可以认为我国已经建成了一个发展的甚至欣欣向荣的证券市场,但是,很难说我国的证券市场是一个成熟的、规范的资本市场。同时,这些年证券市场的大发展也是和我国政府的大力引导与干预紧密联系在一起的:从机构设置到制度安排,从职权职责的法定到监管模式的变迁,既是顺应市场发展的结果,也是政府有意识地对市场运作阶段性成果的制度固化。正是在这个意义上,有学者认为目前我国"金融发展正处于改革过渡的攻坚期,深化金融改革的同时,要突出政府、市场和社会的协同作用"[1]。应当说,这种对政府、市场和社会协同作用的强调,与本书关于要在实现虚拟经济有限发展的过程中注重发挥政府的引导性作用是殊途同归的。

---

[1] 刘峻峰、李巍:《金融新常态与经济新常态的协同发展分析——兼论金融供给侧结构性改革中解除金融抑制的进程》,《经济体制改革》2020 年第 1 期,第 21-28 页。

2. 虚拟经济领域实质公平的维持需要更好地发挥政府的倾斜保护作用

与实体经济领域中的扁平化结构不同,虚拟经济中市场主体之间呈现出差异化的特性,并且,这种主体之间的差异往往存在不可逾越的鸿沟。在虚拟经济中,大公司、机构投资者、中小企业及众多的个体,他们之间的信息归集和处理水平、风险规避和承受能力及自身经济实力的差异巨大。在这种情况下,如果任由虚拟经济自发生长,政府不管不顾,特别是如果企图以牺牲中小投资者的利益来换取虚拟经济的一时发展,那么,这种虚拟经济的发展势必是不可持续的。在资本逐利的冲动下,鉴于虚拟经济极为迅速的财富转移功能,那么,虚拟经济很可能一路狂奔,从而形成所谓的泡沫经济,历史上著名的"南海泡沫事件""密西西比泡沫事件"就是前车之鉴。① 如果虚拟经济进入这种泡沫经济的状态,这种膨胀就与有限发展的旨趣背道而驰了。事实上,虚拟经济的这种膨胀和利益的"乾坤大挪移"是建立在中小投资者财富损失甚至破产的基础之上的,因为虚拟经济本身并不能使社会财富增加,它更多的是一种资源流向的分配功能及社会财富的再分配功能。在这样一个市场环境中,如果不强调政府对中小投资者的倾斜保护作用,那么,掩盖在虚拟经济表面的形式公平的外衣之下,很可能就是对广大中小投资者的无情剥夺,因为金融市场是不存在一个"具有帕累托效率的均衡点,而是在某一区域内的任何一点都能达到供求平衡"②。因此,在虚拟经济中,我们需要政府采取以下最低限度的措施来保障实质公平:

(1)政府应当赋予强势主体(如金融机构、大公司、机构投资者等)更多

---

① 吴敬琏:《呼唤法治的市场经济》,生活·读书·新知三联书店,2007,第311页。
② 同上。

的信息披露义务。以 2020 年 4 月期货市场的"原油宝"事件为例,据报道①,"原油宝"是中国银行面向个人客户发行的挂钩境内外原油期货合约的交易产品,按照报价参考对象不同,其产品分为美国原油产品和英国原油产品。2020 年 4 月 21 日是美原油合约的最后一个交易日,但中国银行"原油宝"于 4 月 20 日展期,于是,正巧碰到了原油期货历史上的最低结算价 -37.63 美元／桶,出现了一个"黑天鹅"事件,一众"原油宝"的购买者陷入天价债务当中。这个问题到底应如何解决,对于这种突发事件,基于公平原则等方面的考虑,还是可以得到妥善解决的。但是,如果从银行在这样一个期货交易过程中的义务来看,国家的规则也是非常清楚的:①《金融机构衍生产品交易业务管理暂行办法》(2011 年修改,下同)第五十三条规定:"银行业金融机构应当及时向客户提供已交易的衍生产品的市场信息,定期将与客户交易的衍生产品的市值重估结果以评估报告、风险提示函等形式,通过信件、电子邮件、传真等可记录的方式向客户书面提供,并确保相关材料及时送达客户。当市场出现较大波动时,应当适当提高市值重估的频率,并及时向客户书面提供市值重估的结果。银行业金融机构应当至少每年对上述市值重估的频率和质量进行评估。"②《金融机构衍生产品交易业务管理暂行办法》第五十四条规定:"银行业金融机构对于自身不具备定价估值能力的衍生产品交易,应当向报价方获取关键的估值参数及相关信息,并通过信件、电子邮件、传真等可记录的方式向客户书面提供此类信息,以提高衍生产品市值重估的透明度。"笔者认为,以上两条规定,本质就是银行应当承担必要的信息披露义务,并且,这种规定应当理解为强制性规定,不得因为金融机构与客户之间有书面约定而予以排除。可以想象,如果没有这些强制性的规定,在

---

① 中国银行:《中国银行关于原油宝业务情况的说明》,https://www.bankofchina.com/fimarkets/bi2/202004/t20200422_17781867.html,访问日期:2022 年 4 月 10 日;中国银行:《中国银行关于"原油宝"产品情况的说明》,https://www.bankofchina.com/custserv/bi2/bi2o/202004/t20200424_17793210.html,访问日期:2022 年 4 月 10 日。

虚拟经济中的普通客户或者中小投资者,将遭受不可承受的损失,这自然不符合保护弱势群体的基本法理诉求。

(2)要加强对金融市场的监管。一方面,监管本身就是主要针对强势主体的监督和管理。因为"金融业是一个充满风险的行业,绝不是仅仅能够依靠其内部经济规律就能自我完善和发展的,它的健康运行必须依靠国家有关机关对其进行有力的约束与调控,这就形成了金融监管制度"①。在金融行业,强势主体(如大型金融机构等)与弱势主体(如个体投资者)之间是一场力量悬殊的"游戏"。如果没有政府监管机构的介入,这场"游戏"就有可能变成大型金融机构或者机构投资者的"演戏"。另一方面,为了遏制金融市场真正严重的实质不公平现象,监管者需要不断改进监管方式、提升监管水平。事实上,证券市场的监管从分业监管、功能监管到"穿透式"监管等的变化,本身就反映出政府对证券市场干预力度的加大,而为什么要对这些市场中的强势主体进行监管,无非就是为了实现虚拟经济市场的实质公平,避免虚拟经济沦为弱肉强食的饕餮盛宴。道理很清楚,从混业监管到分业监管再到混业监管,从机构监管到强调功能监管和"穿透式"监管,虽然形式变得眼花缭乱,但是其针对的对象则是始终不变的,即对那些强势的混业经营者进行监管,对那些强势金融企业或者投资者进行功能监管,对那些金融市场的强势主体进行"穿透"而不是对普通投资者进行"穿透"——普通投资者根本不需要强调"穿透"而是"一看就透"。因此,这种监管形式的变化本质上就是为了实现金融领域的实质公平。

(3)要强化证券民事责任制度。一般认为,证券民事责任制度通常具备以下三个功能②:①损害赔偿功能。这是指违法行为人因证券违法行为对证

---

① 李昌麒:《经济法学(第二版)》,法律出版社,2008,第548页。

② 程璐:《证券法中民事责任制度研究——评〈证券法原理〉》,《广东财经大学学报》2020年第2期,第117页。

券市场其他主体造成经济损害时,需要违法行为人支付财产进行损害赔偿。②规范与预防功能。这是指通过证券民事责任制度的运行,使证券市场主体依靠法律自觉维护证券市场的良好秩序,规范证券市场行为,预防证券违法行为的产生。③监管体系功能。因为证券民事责任制度能够为受害人提供民事诉讼途径,维护其合法权益,从而极大地调动起人们对证券市场监管的积极性。但是,证券市场交易不是传统的一对一的交易,因此,要认定证券市场的民事责任确实是一种"知易行难"的事情。以证券市场中内幕交易的民事责任为例,虽然学术界①和实务部门呼声都很高,但是,内幕交易行为与损失之间需要双重因果关系证明,立法上是否可以过分免除原告的举证责任、民事责任范围是否应当有上限等,都是极具挑战性的问题。② 此外,要在虚拟经济领域实现实质公平的维持,建立中小投资者损失赔偿资金、完善中小投资者的集团诉讼制度等,都需要更好地发挥政府的倾斜性保护作用。总之,要保障虚拟经济领域中小投资者的实质公平,就需要强化政府的倾斜保护,既要给予中小投资者防护的"盾",也要赋予中小投资者集团诉讼的"矛",从而实现虚拟经济有限发展过程中的实质公平。正如有学者所指出的,政府除了在改革过程中要保持产权再配置的初始分配不过分悬殊,还应当在人民生活水平普遍提高的基础上抑制少数财富的过度积累,防止两极分化,以逐步实现共同富裕。③ 需要说明的是,这在虚拟经济实现有限发展的过程中也是弥足珍贵的。

3. 虚拟经济实现平稳运转需要更好地发挥政府的制度供给作用

与实体经济不同,虚拟经济属于看不见的价值流动,因此,其对制度的依赖比实体经济更为严重。我们可以认为,没有相应的制度体系安排,虚拟

---

① 胡光志:《内幕交易及其法律控制研究》,法律出版社,2002,第246-252页。

② 缪因知:《内幕交易民事责任制度的知易行难》,《清华法学》2018年第1期,第188-206页。

③ 吴敬琏:《呼唤法治的市场经济》,生活·读书·新知三联书店,2007,第331页。

经济就会失去生存的空间和持续发展的可能性。那么,政府在虚拟经济中的制度供给是一种什么样的基本状态呢?"在虚拟经济制度供给中,中央政府居于主导地位,虚拟经济的基本制度需要由中央政府制定;地方政府的制度供给则主要集中在促进虚拟经济发展方面。"①概言之,政府在虚拟经济中的制度供给情况可以被描述为:中央政府搭台,地方政府唱戏。也正因为如此,我们看到,同样是中央政府搭的"制度台",但是,各地虚拟经济发展的广度和深度的差异还是很大的。虽然其中有各地经济发展水平差异的影响,但地方政府在虚拟经济制度供给能力方面的差异也是客观的事实。鉴于此,有学者就认为,"中国的民间金融制度供给存在滞后性,在民间金融和民营经济发达的地区,尤其是民间金融进入契约化阶段以后,制度的滞后性表现得更加明显"②。由此看来,因为中央制度关于虚拟经济的制度供给属于"公共产品",属于一种普照的光,因此,除了理解及执行力度方面会存在一些差异,中央政府在虚拟经济中的制度供给作用应当说与整个虚拟经济的发展需求是比较匹配的。

以我国为例,鉴于我国是发展中国家,又是一个总体经济实力世界第二、贸易总量世界第一的国家,因此,我国各地虚拟经济发展呈现出差异化的特性。这种差异化可能会带来两个意想不到的后果:①有的地方虚拟经济制度供给契合虚拟经济发展的需求,这种长期的契合会产生一种累积性的制度优势,并进一步放大各地虚拟经济制度环境的影响;②与实体经济一样,地方虚拟经济的制度供给也会在地方政府之间产生一种制度学习、制度竞争和制度创新,从而形成地方虚拟经济政府制度环境的张力,进而可能会造成地方虚拟经济制度环境的摩擦,从而增加社会总体的非生产性损耗。

---

① 胡光志、雷云:《法律制度供给与地方虚拟经济立法问题》,《重庆社会科学》2008 年第 9 期,第 55-60 页。

② 徐军辉:《精英决策到公共选择:中国民间金融制度供给分析》,《财经问题研究》2013 年第 8 期,第 65-70 页。

也正是在这样一种意义上,"地方性的制度供给虽然填补了制度空白并在一定程度上起到了规范民间金融的实际功效,然而也无法消除其冲击法治或者被地方利益所裹挟等负面影响,亟待规范化"①。

综上所述,虚拟经济的平稳发展需要政府发挥其制度供给作用,这种作用的发挥包括两个层面:中央政府层面和地方政府层面。对中央政府层面的虚拟经济制度供给而言,可能主要的问题就是如何真正理解好和执行好这种制度安排;对地方政府层面的虚拟经济制度供给而言,可能主要的问题就是解决地方政府的制度竞争和制度冲突问题。应当说,在一定范围内,地方政府的虚拟经济制度供给存在一种制度学习、制度竞争和制度创新并存的局面,对整个虚拟经济的发展是有益的。但是,如果这种竞争超过了一定的限度,那么,就会造成地方政府间虚拟经济制度架构的冲突,从而扭曲中央政府的虚拟经济制度供给,造成整个社会福利的减损,这是地方政府在进行虚拟经济制度供给时需要特别注意的。如何解决这个问题,思路之一还是要进行改革。如何改革,可能不是简单地实现各地虚拟经济制度的趋同,这既不现实也无必要。可行性的做法是,地方政府在进行虚拟经济制度供给时,尽量保持虚拟经济的发展与实体经济的发展相匹配,也就是说,关于虚拟经济的制度安排不能成为虚拟经济不当发展的依据,而应当成为虚拟经济实现有限发展的盾牌。当然,这种制度的变革需要循序渐进,需要假以时日,需要慢功细活。正如有学者所指出的,"改革不是一个全然自发的经济演进过程,而是一种制度的重新安排"②。制度的重新安排涉及利益的重新调整,焉能一蹴而就,岂可一蹴而就?

---

① 刘骏:《金融制度的地方性供给:源自民间金融的制度经验》,《社会科学》2018 年第 8 期,第 55-64 页。

② 吴敬琏:《呼唤法治的市场经济》,生活·读书·新知三联书店,2007,第 331 页。

（二）实现虚拟经济的有限发展要发挥市场在资源配置中的决定性作用

如果说在宏观层面上实现虚拟经济的有限发展需要强调政府的作用，那么，在微观层面上实现虚拟经济的有限发展就需要更加重视市场在资源配置中的决定性作用。之所以如此，是因为虚拟经济本来就是一种基于市场价值的流动，如果没有市场机制作用的发挥，虚拟经济自然谈不上实现有限发展，甚至无法继续发展下去。

1. 市场要在虚拟经济的有限发展中起决定性作用的原因

（1）虚拟经济的产生本来就是市场发展的结果。①虚拟经济本来就是实体经济、市场经济发展到一定阶段的产物。可以说，没有实体经济在市场中的深入发展，就没有虚拟经济的产生和进一步发展。从本质看，虚拟经济只不过变化了实体经济的利润追逐方式，对资本而言，这种变化就算不是无足轻重的，也是本质上基本没有差异的。②虚拟经济之所以会壮大甚至进一步膨胀，说到底还是因为实体经济自身的利润水平过高、竞争过于激烈。如果将实体经济和虚拟经济比作资本活动的两个空间，将资本比作水的流动，那么，我们就可以清晰地看到，"水往低处流"就是一种常态，也就是说，对资本而言，哪里有利于利润最大化，资本就会流向哪个领域。从这个角度看，我国改革开放以来实体经济的高歌猛进，其实也是这个领域经济利润、竞争环境为资本提供了舒适的流动环境的结果。反过来，当实体经济发展到一定程度之后，资本开始流向甚至大量流向虚拟经济领域，其实这本质上反映的是虚拟经济的"舒适度"，且正好是市场深入发展的结果——考虑利润而不考虑其他，或者说，从某种程度上讲，如马克思所讲的"商品是天生的平等派"，资本也是天生的平等派——哪个市场领域能够提供合适的甚至更高的利润水平、更舒适的生存环境，那个领域就会出现资本的涌入和持续涌入。也正是在这个意义上，有学者就认为，鉴于目前我国的货币供应和社会资本是充足的,但制造业等实体经济利润水平不高、竞争激烈等因素,使社会资本甚至实体经济资本流向互联网经济、共享经济等新经济领域,甚至流向金融、房地产等回报率较高、增值能力较强的虚拟经济领域,既引发了新经济的虚拟化,又加剧了虚拟经济泡沫化。

(2)虚拟经济的持续发展需要基于契约精神的市场交易的规则体系。从根本上讲,虚拟经济的发展是资本寻找新的利润实现模式和实现金融资源市场化配置的结果。特别是经济发展到一定阶段之后,一方面实体经济需要巨额的金融资源,另一方面,实体经济对这些金融资源的需要又不是一蹴而就的,其本质上是一个比较漫长的过程。在这种情况下,总是有一部分资金在一定时间内被闲置,这种金融资源的时间和空间差发展的结果,就是资本进入虚拟经济领域。但是,虚拟经济领域的这种发展事实上还有一个前置性的条件,即实体经济领域的发展是一种基于契约规则的发展,而这又根源于实体经济领域基于契约规则的发展能够维持稳定的资金供给和盈余预期。反过来,如果实体经济的发展欠缺契约规则的楔入,那么,尽管这种经济可以实现发展,甚至是不断地发展,但是,对资金而言,这种经济就不能维持稳定的资金供给和盈余预期,这样,资金的流动就会受到大大限制。从这个角度看,这也是农业时代经济的发展并不能产生良好的金融服务体系的原因之一。也正是在这个意义上,有学者认为,"由于金融发展的效果会受到契约的实施宽度影响,因而要充分发挥金融发展的增长促进效应,还必需提高行业的契约密集度"[①]。

(3)典型的虚拟经济形态都是市场催生的产物。一般认为,"虚拟经济交易是指虚拟经济主体买卖证券、期货和金融衍生品的活动"[②]。从这个角度看,典型的虚拟经济事实上包括三种形态:证券、期货和金融衍生品。

---

① 吕朝凤:《金融发展、不完全契约与经济增长》,《经济学(季刊)》2017 年第 1 期,第 155-188 页。
② 胡光志:《虚拟经济及其法律制度研究》,北京大学出版社,2007,第 275 页。

①就证券交易而言,必须依据市场的规则进行交易。《证券法》第三十七条规定:"开发行的证券,应当在依法设立的证券交易所上市交易或者在国务院批准的其他全国性证券交易场所交易。非公开发行的证券,可以在证券交易所、国务院批准的其他全国性证券交易场所、按照国务院规定设立的区域性股权市场转让。"显然,这种转让也是基于市场的方式进行的。此外,《证券法》第三十八条规定:"证券在证券交易所上市交易,应当采用公开的集中交易方式或者国务院证券监督管理机构批准的其他方式。"②就期货交易而言,根据《期货交易管理条例》(2017年修订)第二条的规定,所谓期货交易,是指"采用公开的集中交易方式或者国务院期货监督管理机构批准的其他方式进行的以期货合约或者期权合约为交易标的的交易活动"。与普通的市场交易相比,期货交易实行的是会员制①,并且实行统一结算②、统一交割③,且违约责任也是比较特殊的④,但无可否认的是,期货交易也是一种市场的交易活动,没有市场经济的高度发达,就没有期货市场的发展和持续发展。也正是在这个意义上,有学者认为,期货交易的"根本目的则在于通过合约交易转嫁并管理风险,或者从中获利,其主要目的并不在于满足交易者对商品的实际需求,从法律效果看即是单纯的'合约买卖'"⑤。③金融衍生品其实也是市场催生的结果。正如有学者所指出的,金融衍生品市场的

① 《期货交易管理条例》(2017年修订)第二十三条规定:"在期货交易所进行期货交易的,应当是期货交易所会员。……"
② 《期货交易管理条例》(2017年修订)第三十三条规定:"期货交易的结算,由期货交易所统一组织进行。……"
③ 《期货交易管理条例》(2017年修订)第三十五条规定:"期货交易的交割,由期货交易所统一组织进行。……"
④ 《期货交易管理条例》(2017年修订)第三十六条规定:"会员在期货交易中违约的,期货交易所先以该会员的保证金承担违约责任;保证金不足的,期货交易所应当以风险准备金和自有资金代为承担违约责任,并由此取得对该会员的相应追偿权。客户在期货交易中违约的,期货公司先以该客户的保证金承担违约责任;保证金不足的,期货公司应当以风险准备金和自有资金代为承担违约责任,并由此取得对该客户的相应追偿权。"
⑤ 吴越:《现货与期货交易的界分标准与法律规制》,《中国法学》2020年第2期,第48-68页。

出现源于人类对风险规避或管理的动机,虽然金融衍生品的发展依赖风险计量技术的进步,但是,金融衍生品能够发展并壮大的根本原因,在于其实现的是市场中风险与收益之间的动态平衡。① 当然,金融衍生品交易等作为依法推进的金融期货交易,虽然其定价植根于现货市场,但是,其作为市场交易的本质是非常清晰的,因为作为其基础的现货市场首先就是一个市场。因此,如果说现货市场是实现实体经济资源优化的配置场所,那么,金融衍生品市场就是实现金融资源优化配置的场所。

2.如何实现市场在虚拟经济资源配置中的决定性作用

(1)要在虚拟经济中实现价格发现和资源配置的有机对接。虚拟经济中的资源流向事实上是由虚拟经济各领域的利润率决定的。在一定时期内,虚拟经济资源是有限的,其到底是流向证券市场,还是期货市场,抑或是金融衍生品交易市场,并不是人为操作的结果,在很大程度上都是市场自生自发秩序运作的逻辑必然。通俗地讲,在整个虚拟经济体系内,其完成的资源配置功能和实体经济领域本质上并没有什么两样:资源配置流向出价最高者,从而实现所谓的价格发现和资源配置的有机对接。也正是在这个意义上,有学者认为,虚拟经济交易对象的定价是由资本市场或相关投资品市场内部确定的,市场预期、货币政策、个人偏好甚至共谋等因素都会对虚拟经济产品的价格及变动产生重要影响。②

(2)虚拟经济的运行要尊重市场机制的运作规律。市场机制的运作规律就是优胜劣汰,通过市场的出清来达到资源的优化配置。市场机制的这一功能不仅在实体经济领域是铁律,在虚拟经济领域同样是铁律。值得注意的是,作为实体经济的对应部分,"虚拟经济很大程度上反映着市场对某些产品供求和技术走向的预期,从而影响资本等要素的流动,引导资源向投

---

① 刘玄:《金融衍生品功能的理论分析》,《中国金融》2016 年第 4 期,第 65-66 页。
② 王青:《"脱实向虚"风险防范与推进市场化改革》,《改革》2017 年第 10 期,第 36-38 页。

资收益预期较好的产品或部门流动"①。

（3）虚拟经济的价值流动要尊重市场机制的运作结果。金融资源为什么会流入虚拟经济领域？究其根本原因，在于实体经济中的利润难以满足资本的逐利性需求，因此，金融资源进入虚拟经济领域属于"另谋出路"的具体表现。从这个角度看，金融资源进入虚拟经济领域，并不是为了进入虚拟经济领域而进入虚拟经济领域，而是资本逐利的具体体现。正是在这个意义上，有学者就认为"逐利是资本的天性，'脱实向虚'也是资本在特定条件和政策下的自然结果。但资本'脱实向虚'，特别是资本从实体经济流向虚拟经济，增加了经济稳定和可持续增长的风险。要化解和防范资本'脱实向虚'风险，关键在于进一步加快市场化改革"②。

综上所述，要实现虚拟经济的有限发展，就必须在宏观层面上更加强调政府的作用，这样才能从根本上遏制虚拟经济无节制的扩张和膨胀，从而过分挤压实体经济发展的资源，并导致整个国民经济"脱实向虚"。同时，实现虚拟经济的有限发展，也必须同样强调市场在资源配置中的决定性作用。虚拟经济不仅可能与实体经济争夺资源，而且在一定程度和范围内，其发展与实体经济的发展呈现出一种正相关性：虚拟经济能够弥补实体经济自身无法解决的一些缺陷，并促使资源在实体经济领域实现基于市场化的最优配置。需要指出的是，在宏观上强调政府在虚拟经济有限发展中的作用，并不是否定市场在虚拟经济发展中的宏观性作用，反过来，在微观上强调市场在虚拟经济有限发展中的作用，也不是否定政府在虚拟经济发展中的微观性作用。根据马克思主义的矛盾转化哲学，笔者认为：在宏观层面上，政府作用的发挥是实现虚拟经济有限发展的矛盾的主要方面；在微观层面上，市场作用的发挥是实现虚拟经济有限发展的矛盾的主要方面。但是，这种矛

---

① 王青：《"脱实向虚"风险防范与推进市场化改革》，《改革》2017 年第 10 期，第 36-38 页。
② 同上。

盾的主要方面和次要方面在一定的条件下也是会转化的,我们不能基于一种静态的、机械的观点和立场来分析这个问题。

二、虚拟经济有限发展需要在规模上实现与实体经济的匹配

虚拟经济有限发展需要在规模上实现与实体经济的匹配,根本原因在于:

(1)虚拟经济是否实现了有限发展,如果仅从虚拟经济自身来看,尽管也可能抽象出一些指标或者标准,但是,这种内部的指标或者标准总是缺乏外在尺度的客观性,事实上难以对虚拟经济是否实现了有限发展进行衡量。

(2)虚拟经济是否实现了有限发展,除了需要一些指标或者标准,更需要一个参照物。因为从根本上讲,虚拟经济是不能独立存在的,其必须依赖实体经济而存在,即虚拟经济具有寄生性。从这个角度看,一国的虚拟经济是否实现了有限发展,关键是看其与所依赖的实体经济的匹配程度。事实上,如果将虚拟经济和实体经济割裂开来看,我们很难说一国的虚拟经济是实现了有限发展还是过度发展。如果一个国家实体经济基础强大、规模巨大,那么,与之相适应的虚拟经济也难免规模巨大,如果实体经济在此时能够实现良好的发展,那么,我们一般就可以认为,该国的虚拟经济实现了有限发展。反过来,如果一国的虚拟经济规模尽管较为有限,但其相对于实体经济而言规模过大,那么,我们此时就会认为该国的虚拟经济没有实现有限发展。

(3)之所以强调虚拟经济和实体经济的规模匹配以衡量虚拟经济发展的有限性,是因为实体经济和虚拟经济其实并不存在不可逾越的鸿沟:实体经济在一定条件下也是可以虚化的。正因为如此,有学者就深刻地指出:"实体经济和虚拟经济是一个硬币的两面,二者往往相伴相生。虚拟经济建

立在实体经济的基础之上,是实体经济在一定阶段、环境和政策下的具体反映。"①

(一)虚拟经济有限发展要注重"向实而生"

提出虚拟经济有限发展需要注重"向实而生"的命题,可以说是"工夫在诗外"。那么,如何具体实现虚拟经济"向实而生"从而实现其有限发展的目标呢? 笔者认为,主要有以下三个方面。

1. 要发展高质量的实体经济

虚拟经济要真正实现"向实而生"的目标,首先需要保障的就是高质量的实体经济。没有高质量的实体经济,虚拟经济不仅不能"向实而生",也不会"向实而生"。就不能"向实而生"而言,是指如果没有高质量的实体经济,那么,其作为虚拟经济的基础就是不牢靠的,在这样一种实体经济中,要实现必要的社会平均利润就会变得非常困难。于是,在这种实体经济领域,投机主义、套利主义、短期行为、欺诈行为、假冒伪劣等,就会时时吞噬实体经济的生机与活力,整个实体经济就会产生一种黑洞效应,期待虚拟经济向这种实体经济而生,自然是误入歧途、苦海无边。就不会"向实而生"而言,是指如果没有高质量的实体经济,那么,这种实体经济势必难以保障资本所追逐的社会利润:一方面不能实现有限资源的优化配置;另一方面,无法保障现有资产的保值增值,从而成为一个资本谈之色变的场域。在这种情况下,指望虚拟经济"向实而生"无异于缘木求鱼。那么,什么是高质量的实体经济呢? 学术界对这个问题有很多见解,但是,从宏观的角度看,所谓高质量的实体经济无非是注重经济结构优化和产业升级、经济效益较高、技术创新持续、实体经济与生态环境协调发展的经济。②

---

① 王青:《"脱实向虚"风险防范与推进市场化改革》,《改革》2017 年第 10 期,第 36-38 页。
② 何余长、潘超:《经济发展高质量重在实体经济高质量》,《学术月刊》2019 年第 9 期,第 57-69 页。

2.要发挥好虚拟经济对实体经济的促进作用

为什么强调要发挥好虚拟经济对实体经济的促进作用,其原因在于虚拟经济自身具有不稳定性。正如有学者所指出的,"在自发的市场机制作用下,虚拟经济的发展常常要么'过头',出现所谓的'脱实向虚',要么'不足',难以发挥其在提高资源配置效率和降低风险方面的作用"①。因此,要真正实现虚拟经济对实体经济的促进作用,完全依赖所谓市场自生自发秩序的作用显然是不够的。我们知道,实体经济要发展,需要土地、人力资源、资本等核心要素的推动。但是,这三个方面恰恰都是和虚拟经济密切相关的:

(1)就土地而言,虽然土地是财富之母,但是,土地要发挥其经济价值,还需要实现其抵押融资功能,而这恰恰是与虚拟经济密切相关的。

(2)就人力资源而言,实体经济持续发展的重要动力就是合适的劳动力的供给,但是,劳动力的供给数量和质量主要是由就业水平决定的。可以想象,一个社会实现了充分的就业,那么,这个社会就能有实体经济发展需要的较好的劳动力资源库。反过来,如果一个社会就业不充分,那么,这个社会要实现实体经济的持续发展,就会变得异常艰难。值得注意的是,虚拟经济的发展水平恰恰又是与一个社会的就业水平呈正相关关系的。以金融系统为例,根据学者的研究,不仅金融发展水平会显著提升就业水平,不同地区之间较为协同的金融发展进程还有利于就业状况的好转。②

(3)就资本而言,其对实体经济发展的意义和价值可以说不言而喻。需要强调的是,虚拟经济的结构也会深刻影响实体经济的发展。事实上,如果把实体经济和虚拟经济比作两个资本的蓄水池的话,那么,在一定时期内,

---

① 冯金华:《正确处理虚实关系 推动经济高质量发展》,《学术研究》2019 年第 12 期,第 81-88 页。

② 李巍、蔡纯:《地区金融发展协同性与国内就业状况的改善——中西部金融发展优先次序的再思考》,《世界经济研究》2013 年第 12 期,第 67-71 页。

一个国家或社会的资本总是有限的,这样一来,实体经济系统和虚拟经济系统就会在资源的稀缺性方面进行竞争,并基于利润率的考虑而实现市场化的配置。而进一步的问题是,我们知道实体经济和虚拟经济在一定条件下是可以实现转换的。在这种现实条件下,我们需要考虑的是:虚拟经济结构是否有利于实现向实体经济转化。显然,这里蕴含的一个前提性条件是:某种虚拟经济结构是有利于实体经济发展的,因为这种虚拟经济结构容易实现向实体经济转化;反过来,某种虚拟经济结构可能是不利于实体经济发展的,因为这种虚拟经济结构难以实现向实体经济转化,变成一种纯粹的市场价值的流动。关于虚拟经济结构的这种可转化特性,或者说虚拟经济结构与实体经济之间的这种复杂关系,有学者对此进行了较为深入的研究,并以金融资产结构为例,认为其和实体经济发展之间具有正向的脉冲效果,并特别强调在短期之内,实体经济对投资性金融资产的变动的高度敏感性。[1]

3. 不能为了发展虚拟经济而发展虚拟经济

之所以强调不能为了发展虚拟经济而发展虚拟经济,是因为虚拟经济具有相对独立性,也就是说,为了发展虚拟经济而发展虚拟经济,这种情况是可能存在的。

(1)虚拟经济的供给弹性极大,理论上没有上限。理解虚拟经济的供给弹性,首先需要理解与之相对的实体经济的供给弹性。一般认为,"一种商品的市场供给(market supply)不过就是在给定价格下,该商品的各个厂商愿意提供的总数量"[2]。虽然商品(服务)的供给会随着价格的上涨而增加,但是,从理论上看,这种增加毕竟是有限度的,因为实体经济赖以维持的生产资料在一定时期内是有限的。同时,实体经济的服务只能是即时性的,其产

---

① 刘超、马玉洁、史同飞:《我国实体经济发展困境与新动能探索研究——基于金融创新和技术创新视角》,《现代财经(天津财经大学学报)》2019 年第 12 期,第 3-19 页。

② 斯蒂格利茨:《经济学(第二版)》,梁小民、黄险峰译,中国人民大学出版社,2000,第 75 页。

品往往都有保质期的限制,因此,虽然供给曲线会往外移动,但是,这种弹性毕竟是有限的。与此相对,虚拟经济不生产自然价值,其交易的都是社会价值,因此,只要有需求,虚拟经济的供给就可以说是无限的。

(2)虚拟经济的需求弹性极大,理论上没有上限。与实体经济的需求往往建立在消费的基础上不同,虚拟经济的需求往往建立在市场主体的信心的基础上、建立在市场主体能够从这种虚拟经济产品中获取多少社会价值的预期基础上。因此,与实体经济提供的商品不同,虚拟经济提供的"产品"几乎没有边际效应。在这种情况下,虚拟经济的产品需求可以说是没有限制的。正因为如此,有学者就认为,"与实体产品不同,人们购买虚拟产品不是因为它们的自然属性的使用价值,而是因为它们的社会属性的价值,而社会属性的价值不存在'保值期'和'库存'的问题,故在虚拟经济中,'价格变动—预期—需求变动'的影响通常较大,也可以持续较长时间,从而会导致如上所说的虚拟行业的利润率常常偏离平均水平,并出现周期性的波动"[1]。

(3)虚拟经济创新的利润额度极大,会产生一些不可逆的发展趋势。与实体经济领域的技术创新不同,虚拟经济领域的创新往往是为了追逐更高的社会利润,这也是虚拟经济可以离开实体经济一路狂奔的原因之一。以美国为例,其在经历工业化、产业化的利润率下降,无法满足资本逐利欲望的前提下,资本就放弃介入实际生产,加之实体经济对前期沉没资本的需求,于是,发展产业的金融资本就变为纯粹追逐利润的金融资本,最终导致金融资本大幅度撤离实体经济并形成虚拟经济领域中的泡沫经济。这种困境是积重难返的,正如有学者所指出的,"金融化的美国资本已经习惯坐享其成,难以再适应并满足工业制造的利润率;即使金融资本迫于无奈而寻嫁实体经济,也会通过全球配置选择低成本、高利润的发展中国家"[2]。进一步

---

① 冯金华:《正确处理虚实关系推动经济高质量发展》,《学术研究》2019 年第 12 期,第 81-88 页。
② 伍聪:《英美金融道路的历史经验与中国启示》,中国社会科学出版社,2016,第 112 页。

的问题在于,虚拟经济创新本身又是不可或缺的,以金融系统为例,根据相关学者的研究,金融创新与技术创新就是推动实体经济走出困境的重要动力。[①] 因此,虚拟经济如果不考虑其"向实而生"的底色,就会脱离实体经济而进入一种内循环状态,就会出现为了发展虚拟经济而发展虚拟经济的情况,在这种情况下,实现虚拟经济的有限发展自然就会沦为一句空话。

(二)虚拟经济有限发展要克服"脱实向虚"

虚拟经济要实现有限发展,除了要"向实而生",也就是虚拟经济的发展必须植根于实体经济的发展,不能一骑绝尘,另一个重要的要求就是要克服虚拟经济发展过程中的"脱实向虚"的弊端。那么,如何避免虚拟经济发展过程中"脱实向虚"的弊端呢? 笔者认为可以从以下三个重要方面努力:

(1)要认识到虚拟经济的有限发展是保障实体经济发展的重要条件,不能将虚拟经济的发展和实体经济的发展完全对立起来。事实上,虚拟经济是实体经济发展到一定阶段的产物,既是实体经济发展和进一步发展的重要保障,也是实体经济持续发展的必然结果。虽然我们要明确反对"脱实向虚"的问题,但是,我们并不是要整体反对虚拟经济。可以说,没有基于虚拟经济的社会价值流动,要想实现实体经济的最佳资源配置就会变得非常困难。以现代金融体系为例,可以想象,如果没有这样一种价值流动系统,那么,一个企业(公司)要成长为世界级的企业(公司)几乎是不可能的。因为从根本上讲,一个企业(公司)的资金筹集能力毕竟是有限的,但是,如果将实体经济的这种资金诉求变为虚拟经济系统的价值流动,那么,这个企业(公司)就能实现源源不绝的资金流动。正是在这个意义上,有学者在分析"脱实向虚"的问题时,就特别指出要消除认识上的一些偏差,要避免将虚拟

---

① 刘超、马玉洁、史同飞:《我国实体经济发展困境与新动能探索研究——基于金融创新和技术创新视角》,《现代财经(天津财经大学学报)》2019 年第 2 期,第 3-19 页。

经济泛化,并出现"以虚为虎""就实谈实"和"避实就虚"等错误的倾向。①
事实上,在现代市场经济谱系中,虚拟经济的适度发展不仅不会影响实体经济的发展和生命力,反而会在很大程度上促进实体经济的发展。只有虚拟经济过分膨胀、过度发展才会导致实体经济泡沫②,从而影响实体经济的健康发展。

因此,在重视"脱实向虚"的背景下,我们既要警惕实体经济的不当虚化,也要反对将虚拟经济和实体经济对立起来,以为避免"脱实向虚"就是要反对虚拟经济,认为虚拟经济就是一无是处的,应当说,这种认知是不科学的,也是错误的。

(2)要大力发展实体经济,避免实体经济的利润过低。从根本上讲,之所以会出现"脱实向虚"的情况,根本的原因在于实体经济发展不好,或者发展得不够好。可以想象,如果一个国家的实体经济发展势头强劲,整个行业生机勃勃,其产生的利润远远地超过社会平均利润水平,那么,所谓"脱实向虚"的危机就根本不会存在。道理很简单,在市场经济条件下,资本是逐利的,哪里利润丰厚,在同等风险条件下,资本就会流向哪个领域,这个是不可阻挡的趋势。如果"脱实向虚"的问题客观存在,只能说明这个国家的实体经济可能出了问题,长此以往,就会导致实体经济利润过低,于是这个行业的职工收入也会偏低③,进而,在市场机制的放大性作用下,实体经济的人力资源及其他生产资源就会萎缩,而这种萎缩又可能进一步导致实体经济领域的利润降低,并形成一种恶性循环,最终滑入金融资源"脱实向虚"的陷阱。因此,如果要衡量虚拟经济是不是有限发展,实体经济是不是存在我们普遍比较担心的"脱实向虚"的情况,一个重要的观测点就是要看实体经济的利润水平,特别是这种利润水平和虚拟经济相比是一个什么样的水平。

① 王青:《"脱实向虚"风险防范与推进市场化改革》,《改革》2017 年第 10 期,第 36-38 页。
② 冯金华:《正确处理虚实关系推动经济高质量发展》,《学术研究》2019 年第 12 期,第 81-88 页。
③ 何余长、潘超:《经济发展高质量重在实体经济高质量》,《学术月刊》2019 年第 9 期,第 57-69 页。

显然,如果一个国家实体经济的利润水平和虚拟经济的利润水平基本相当,那么,基本就可以认定这个国家的经济不存在"脱实向虚"的情况,至少表面上不存在"脱实向虚"的情况。反过来,如果一个国家实体经济的利润水平远远低于虚拟经济的利润水平,那么,就可以基本认定这个国家可能存在比较严重的"脱实向虚"的情况,虚拟经济自然也没有实现有限发展的良好状态。

需要注意的是,以上主要是一种理论层面的分析,在实践层面,我们可能更加需要强调的是实体经济利润水平和虚拟经济利润水平的"相当"而不是相同。事实上,正如有学者所指出的,"在自发的市场机制作用下,虚拟经济和实体经济之间利润率的一致总是'偶然'的和'暂时'的,不一致才是'常态'"①。换言之,只要实体经济和虚拟经济的利润水平大体相当,那么,我们就可以认为实体经济和虚拟经济的发展是相当的,进而,一般也就可以认为这个国家的经济不存在"脱实向虚"的问题,其虚拟经济也可以说实现了有限发展。

(3)要适当控制虚拟经济的发展规模,使其与实体经济的发展在宏观上相对比较匹配。实体经济发展有多重要,我们从中小企业的"五六七八九"特征方面可见一斑:占全国企业数量90%以上的中小企业贡献了我国50%的税收、60%的GDP、70%的专利、80%的就业。② 因此,实体经济不仅事关国家的税收,也关系到个人的生存和发展,并且决定着一个国家未来的发展深度和广度。但是,由于实体经济受资源禀赋的制约,加之实体经济对资本进入具有某种固化作用③,因此,当一个国家的经济发展到一定程度时,实体经济的利润水平可能呈现出一种下降的趋势,这与资本利润最大化的旨趣是存在很大张力的。正是在这种情况下,我们主张虚拟经济的发展必须同

---

① 冯金华:《正确处理虚实关系推动经济高质量发展》,《学术研究》2019年第12期,第81-88页。
② 肖顺武:《刍议中小企业融资难的原因及法律对策》,《西南政法大学学报》2010年第3期,第71-80页。
③ 虚拟经济则不存在这种风险,因为虚拟经济是一种纯粹的社会价值的流动,资本抽离的速度是非常迅速的。

实体经济的发展相匹配。从制度规制的角度看,鉴于经济规模的数字化特征,因此,我们在实现虚拟经济与实体经济规模的匹配过程中,在宏观层面上,往往根据一些实体经济指标,如 GDP 和国债规模等方面进行考察。以美国为例[①],美国虚拟经济自循环规模从 2001 年的 5 500 多亿元增长至 2016年的 9 600 多亿元,将近翻了一倍。同时,2019 年,美国虚拟经济占 GDP 比重达到 19.1%,在主要资本主义国家中仅次于英国。一般认为此种情况下该国的虚拟经济属于过分膨胀,也就谈不上实现了有限发展。美国每年的GDP 增长为 3% 左右,但是虚拟经济的增长往往能够超过 20%。这种虚拟经济增长速度过分超过 GDP(实体经济重要的衡量标准之一)的增长速度,一般被认为是虚拟经济的过分膨胀,当然谈不上实现了有限发展。鉴于我国在强调克服"脱实向虚"的风险,美国在倡导"再工业化"战略[②],因此,考察美国、中国的 GDP 和国债发行总量及国债占 GDP 比率会是一个很有意义的比较点。基于统计的需要及数据的更新情况,笔者选取了美国和中国2013—2019 年的数据比对分析,具体见表 5.1 和表 5.2。

表 5.1 美国 2013—2019 年 GDP 和国债对比表[③]

年份	GDP 总量/十亿美元	国债发行总量/十亿美元	国债占 GDP 比率/%
2013	16 495.4	16 738.2	101.47
2014	16 912.0	17 824.1	105.39

① 刘晓欣、田恒:《虚拟经济与实体经济的关联性——主要资本主义国家比较研究》,《中国社会科学》2021 年第 10 期,第 61-82 页;刘晓欣、熊丽:《从虚拟经济视角看 GDP 创造的逻辑、路径及隐患》,《经济学家》2021 年第 9 期,第 31-40 页。《中国经济"脱实向虚"严重 金融改革须提防国外插手》,《中国产经新闻报》,2012 年 2 月 24 日第 2 版。
② 伍聪:《英美金融道路的历史经验与中国启示》,中国社会科学出版社,2016,第 112 页。
③ 美国 GDP 的数据根据美国国家统计局公布的数据整理,https://www.bea.gov/resources/learning-center/what-to-know-gdp,访问日期:2022 年 4 月 10 日;美国国债发行总量根据美国财政部公布的数据整理,https://www.treasurydirect.gov/govt/reports/pd/histdebt/histdebt_histo5.htm,访问日期:2022 年 4月 10 日。

续表

年份	GDP 总量/十亿美元	国债发行总量/十亿美元	国债占 GDP 比率/%
2015	17 403.8	18 150.6	104.29
2016	17 688.9	19 573.4	110.65
2017	18 108.1	20 244.9	111.80
2018	18 638.2	21 516.0	115.44
2019	19 073.1	22 719.4	119.12

表 5.2 中国 2013—2019 年 GDP 和国债对比表①

年份	GDP 总量/亿元）	国债发行总量/亿元	国债占 GDP 比率/%
2013	592 963.2	20 230.0	3.42
2014	643 563.1	20 247.0	3.15
2015	688 858.2	58 226.0	8.45
2016	746 395.1	89 886.0	12.04
2017	832 035.9	82 243.0	9.88
2018	919 281.1	77 063.0	8.38
2019	990 865.0	—	—

从表 5.1 和表 5.2 可以看出,美国的 GDP 总量是低于国债发行总量的,国债占 GDP 的比率一般都在 100% 以上,也就是说,美国的国债发行总量很多,比它的 GDP 总量还多。与此相对,中国的国债发行规模是远远低于 GDP 的规模的,一般仅为 GDP 总量的 10% 左右。如果美国要"再工业化"

---

① 中国 GDP 和国债发行总量的数据均来自国家统计局数据的整理,其中 GDP 数据来源为:http://data. stats. gov. cn/easyquery. htm? cn=C01&zb=A0201&sj=2019,国债发行总量数据来源为:http://data. stats. gov. cn/easyquery. htm? cn=C01&zb=A0L09&sj=2019,访问日期:2022 年 4 月 10 日。

为真,中国要防范"脱实向虚"也为真,那么,我们就可以认为,尽管美元是世界货币,但是美国的虚拟经济属于过度发展,而中国的虚拟经济发展是比较适度的。换言之,美国的虚拟经济没有实现有限发展,中国的虚拟经济发展虽然也存在这样那样的问题,且实体经济也有"脱实向虚"的风险,但是,从基本面上看,我们可以认为中国的虚拟经济实现了有限发展。事实上,这也部分解释了为什么自2013年以来中国的GDP增长速度相对比较快,而美国的GDP增长速度相对比较慢。

三、维持以银行为中心的虚拟经济资源配置体制

正如有学者所指出的,依据金融中介机构(银行)和金融市场在各国金融体系中作用的不同,金融体系可以分为以德国、日本为代表的"银行主导型金融体系"和以美国、英国为代表的"市场主导型金融体系"两类。① 因此,一般认为,虚拟经济资源配置的方式有两种典型类型:①以银行为中心的虚拟经济资源配置体制;②以证券市场为中心的虚拟经济资源配置体制。客观地讲,两种体制各有利弊,很难孤立地讲哪一种虚拟经济资源配置体制更加优越。这就引出一个命题:对一个国家而言,没有最好的虚拟经济资源配置体制,只有最适合自己国情的虚拟经济资源配置体制。如果说2008年美国次贷危机爆发之前,学术界和实务界可能都有(或者某种程度上存在)一种美英的虚拟经济资源配置体制属于理想主义的"彼岸花"的念想②,那么,美国次贷危机爆发后,学术界和实务界蓦然发现美英的虚拟经济资源配置体制可能并不像我们以往想的那样完美无缺,至少不像我们想的那样好。

---

① 吴晓求、汪勇祥、应展宇:《市场主导与银行主导:金融体系变迁的金融契约理论考察》,《财贸经济》2005年第6期,第3-9页。

② 一种代表性的观点就是,认为金融体制改革是整个经济体制改革的"关键棋"或"险棋",虽然我国进行了几次重大改革,但认为我国"仍未完全达到目标,离中国所要达到的最优金融体系还有很大的差距"。参见江世银:《论中国的最优金融体系》,《财贸经济》2006年第9期,第81-85页。

事实上,如果考察我国虚拟经济资源配置体制的变迁历史,其展示出的对本国金融制度的不自信是比较清晰的——至少在某种程度上如此。道理很简单,如果我们对以往的虚拟经济资源配置体制足够自信,那么在某种程度上就无法解释改革开放 40 多年来金融体制的变迁。[1] 客观而论,这种变迁是多种因素综合作用的结果,但是,其"赶超"的制度学习心态也是不可否认的。如果进一步分析这种"赶超"战略的政策环境,我们就会发现,关于"赶超"的四个政策环境——低利率政策,低汇率政策,低工资和能源、原材料低价政策及低农产品和其他生活必需品及服务价格政策[2],至少有两个因素是与虚拟经济资源配置体制密切相关的。

我们进一步分析又会发现,要真正实现对利率、汇率的控制,甚至包括实现低工资和能源、原材料低价政策及低农产品和其他生活必需品及服务价格政策,就必须有一个"大一统"的虚拟经济资源配置体制。此时,以银行为中心的虚拟经济资源配置体制就会较为清晰地展现在我们面前,有学者称之为"大银行金融体制"[3]。事实上,正是有这种大银行金融体制,我们才能真正实现对利率、汇率及生产资料和生活资料的价格控制。因此,如果要总结改革开放 40 多年来我国虚拟经济资源配置体制的成功经验,大银行金融体制就是其中最为闪光的点。也正是在这个意义上,笔者认为,要实现我

---

[1] 根据学者的梳理,我国的金融宏观调控体系至少可以被划分为四个阶段:第一阶段——"大一统"时期(1949—1984 年),中国人民银行集中央银行与商业银行功能于一身,实行"统存统贷"式的计划指标管理;第二阶段——数量管理时期(1985—1997 年),中央银行与商业银行分离,本质上仍实行信贷计划管理;第三阶段——1998 年之后进入间接调控时期,实行价格与数量型货币政策的综合间接调控;第四阶段——2008 年金融危机之后,面对传统货币政策失效的窘境,政策创新成为新常态下的主旋律。参见王曦、金钊:《新中国金融宏观调控体系的演变与改革方向:1949—2019》,《中山大学学报(社会科学版)》2019 年第 5 期,第 13-25 页。

[2] 林毅夫、蔡昉、李周:《中国的奇迹:发展战略与经济改革(增订版)》,格致出版社、上海三联书店、上海人民出版社,2014,第 29-32 页。

[3] 王卫国:《论大银行金融体制》,载王卫国主编:《金融法学家(第九辑)》,中国政法大学出版社,2018,第 59 页。

国虚拟经济的有限发展,就要维持以银行为中心的虚拟经济资源配置体制。因为这样一个大银行金融体制可以说是被改革开放的实践证明了的有效的虚拟经济资源配置体制。如果说 2008 年美国次贷危机爆发之前,对这样一种大银行金融体制我们还有点不那么理直气壮的话[①],那么,经过 2008 年美国次贷危机引爆的世界金融危机的洗礼,我们完全可以说"拥抱"这样一种大银行金融体制就是我国虚拟经济实现有限发展的终南捷径。

当然,倡导继续坚持这样一种虚拟经济资源配置体制,并不是意味着这种体制就是完美无缺的,笔者只是认为:

(1)这种体制是契合我国国情的,因为改革开放 40 多年的实践已经证明这是一种好的金融体制,是一种能够保持经济持续增长、为中国经济奇迹提供资金供给的好体制。事实上,2020 年中国人民银行金融稳定分析小组发布的《中国金融稳定报告(2020)》就指出:"对于 30 家大中型银行,在整体信贷资产风险压力测试中,整体资本充足率均满足 10.5% 的监管要求,有较强的信贷风险抵御能力。对于 1 520 家中小银行,若不良贷款率分别上升 100% 、200% 、400% ,则整体资本充足率分别降至 11. 54% 、9. 51% 、5. 16%⋯⋯"[②]

(2)这种虚拟经济资源配置体制与国外的虚拟经济资源配置体制一样,会存在这样那样的优点或者缺点,我们既不能因为这种体制适合我国就否定它有不完善的地方,更不能因为这种体制有不适合我们的一些方面就认为我们的金融体制——大银行金融体制是一种落后的金融体制,是一种从根本上需要被改变的体制。现在看来,民族的就是世界的,契合自己国情的就是最好的,能够为实体经济持续发展提供高效的金融资源配置就是值得

---

① 早在 2005 年,就有著名金融学家认为市场主导型而非银行主导型金融体系应当成为我国的战略选择,应当说,其潜在的价值判断是比较清晰的。参见吴晓求、汪勇祥、应展宇:《市场主导与银行主导: 金融体系变迁的金融契约理论考察》,《财贸经济》2005 年第 6 期,第 3-9 页。

② 中国人民银行金融稳定分析小组:《中国金融稳定报告(2020)》,中国金融出版社,2020,第 52 页。

肯定的。那么,如何来继续维持这种以银行为中心的虚拟经济资源配置体制——大银行金融体制?笔者认为,主要措施包括两个方面。

(一)发挥银行业在资金融通中的主导作用

发挥银行业在资金融通中的主导作用是维持大银行金融体制的具体体现,也是从面上实现我国虚拟经济有限发展的重要路径。鉴于直接融资市场的低可控性,基于银行的间接融资体制是防止虚拟经济过度膨胀的天然防火墙。如果直观地看世界上实体经济和虚拟经济发展匹配比较好的国家,如德国和日本等,其虚拟经济主要是基于银行的间接融资体制,这些国家也是实体经济发展得比较好的国家,反之,世界上实体经济和虚拟经济发展失衡的国家,如美国和英国,其虚拟经济主要是基于资本市场的运作,这些国家恰恰也是"脱实向虚"问题比较严重的国家。因此,如果改革开放40多年在虚拟经济资源配置体制方面有什么经验总结的话,那就是要坚持发挥银行业在资金融通中的主导作用。那么,该如何实现这一点呢?

1.要传承银行业在资金融通中的历史地位

之所以倡导传承银行业在资金融通中的历史地位,主要是因为:

(1)银行业在历史上是有地位的,注重银行业的历史地位只不过在历史与现实之间保持一致。从金融契约的角度来看,如果一个市场主体将资金投入证券市场,那么,这种金融契约关系其实是非常松散的,其执行的效果主要取决于该国的法律环境、社会治理水平、信息披露程度等。但是,如果一个市场主体将资金投入银行,比如,以存款的方式存到银行,那么,这种金融契约关系是十分紧密的,因为双方的权利义务非常明确,而作为投资者也不需要关注其他太多的事情,它唯一需要关注的对象就是银行。因此,几乎在任何一个国家,无论是近代国家还是现代国家,银行总是最先发展起来的金融机构。①

（2）银行业在我国一直是一个强势的存在，传承银行业在资金融通中的历史地位也是顺理成章的事情。以我国的货币政策为例，作为中央银行为实现特定的经济目标所采取的各种控制和调节货币供应量或信用量，进而影响宏观经济的方针、政策和措施的总称②，正如有学者所指出的，"我国货币政策长期依赖数量调控，银行信贷渠道一直是我国货币供给的主要渠道，完善银行体系就成为金融体系建设的第一要务"③。事实上，货币政策这种对银行的"高度重视"，也可以从《中华人民共和国中国人民银行法》（2003年修正）第二十三条的规定可以看出来。根据该条的规定，我们发现，在法定的 5 个货币政策工具（外加一个兜底条款）中④，直接涉及银行的货币政策工具为 4 个。因此，在我国，发挥银行业在资金融通中的主导作用、传承银行业的历史地位就显得非常重要。

2. 要坚持银行在金融资产结构中的重要地位

虽然有学者认为，"不同的金融制度安排在动员储蓄、分散风险和配置资金方面的机制与方式各有优势和劣势，单方面讨论金融体系的特性往往难以确定何种金融结构更有利于经济发展"⑤。但是，这主要是从理论上而言的，如果具体到特定的国家，则情况会非常不一样。总体上，在我国需要坚持并维持银行在金融资产结构中重要地位。其根据在于：

（1）这种坚持有助于推进我国的工业化进程。作为一个后发国家，资金

① 吴晓求、汪勇祥、应展宇：《市场主导与银行主导：金融体系变迁的金融契约理论考察》，《财贸经济》2005 年第 6 期，第 3-9 页。

② 张守文：《经济法学（第二版）》，高等教育出版社，2019，第 181 页。

③ 王曦、金钊：《新中国金融宏观调控体系的演变与改革方向：1949—2019》，《中山大学学报（社会科学版）》2019 年第 5 期，第 13-25 页。

④ 我国的货币政策工具包括：存款准备金；基准利率；再贴现；向商业银行提供贷款；在公开市场上买卖国债、其他政府债券和金融债券及外汇；国务院确定的其他货币政策工具。

⑤ 林毅夫、孙希芳、姜烨：《经济发展中的最优金融结构理论初探》，《经济研究》2009 年第 8 期，第 4-17 页。

短缺、社会信用体系建设落后是我国面临的最大约束条件。在这种情况下,指望通过直接融资来解决企业发展的初始基金是不太现实的。以美国的纳斯达克上市标准为例,虽然其上市标准处于不断变动之中,但是,自2007年以来,纳斯达克形成了以股东权益为基础的上市标准多元化阶段:"市值"标准为5 000万美元、股东权益达到400万美元或者"净利润"达到75万美元。① 这个标准对一个有一定基础的企业来说不难,但是,对一个发展中国家的新创企业而言就是难度很高的标准。因此,我国坚持银行主导的融资结构是非常必要的,也正是在这个意义上,有学者认为,虽然银行主导型金融体系和市场主导型金融体系在促进经济增长上不分优劣,但是,银行主导型金融体系更加有利于企业提高人均GDP、现代部门的规模也更大和更加适合一国的工业化。②

（2）这种坚持有助于改善公司治理结构。对中国这样的转轨制国家而言,公司治理结构有许多传统公司法看不到的制度建构,在这种情况下,期待中小股东在公司治理结构中发挥英美国家那样的重要作用——如通过派生诉讼、累积投票机制等特殊的制度安排——是不太现实的。反过来,如果这些公司的资金来源主要是商业银行的贷款,那么,银行就会成为事实上的公司外部独立董事,并且,由于银行的信息广泛、应对能力较强,因此,其发挥的重要作用是中小股东无法比拟的,这在客观上提升了公司的治理水平。事实上,这也是有学者认为转轨制国家基于银行来实现"集中控制导向",进而确保公司实现良好治理的重要理由之一。③

（3）坚持银行在融资结构中的重要地位有助于防范和化解系统性风险。从某种程度上讲,金融风险是时刻存在的,因此,如果完全依赖市场来调节

---

① 化定奇:《纳斯达克市场内部分层与上市标准演变分析及启示》,《证券市场导报》2015年第3期,第4-11页。
② 汪办兴、汪兴隆:《中国需要选择市场主导型金融体系吗》,《财经科学》2006年第1期,第20-28页。
③ 缪因知:《论中国的银行主导公司治理模式》,《政治与法律》2009年第1期,第120-127页。

系统性风险以实现金融市场的出清,其必将给社会带来巨大的经济损失。因此,比较理性的抉择就是依赖政府的监管来应对系统性风险。显然,从监管便利的角度看,监管机构要求监管诸多的、多层次的直接融资市场,会很快陷入现实的纷扰之中而不知所措。反过来,如果一个社会的融资结构主要是依靠银行这种中介机构完成的,那么,应对系统性风险的最佳方式就是抓住银行这个"牛鼻子",这显然比监管机构企图去抓住千万个直接融资的交易双方要简单得多,也相对更加具有可操作性。也正是在这个意义上,有学者认为"分业经营的银行主导型金融体系对我国现阶段国民经济发展水平及产业结构更具有防范系统风险的作用,而市场主导型金融体系在监管缺失下更容易发生危机"[1]。

(二)坚持大银行在资金融通中的主力角色

银行业在我国经济生活中具有举足轻重的地位,大银行又在这种举足轻重的地位中发挥了主力军的作用。对此,有学者甚至认为我国这种以银行为主的金融体系既是我国经济高速增长的重要原因,也是导致间接融资在我国经济生活中占据主体地位的直接原因。[2]笔者认为,坚持大银行在资金融通中的主力角色,既是由我国的融资结构本身决定的,也是基于历史因素、金融稳定、现实国情和金融安全考虑的结果。在很长一段时间内,鉴于我国间接融资所占的比重较大、直接融资比重相对较小,学术界一度认为这是我国融资结构的重大缺陷,并且,有意无意地将金融系统的市场化改革归结为大力发展资本市场,从而在政策和措施出发点上有意无意地忽视了银行系统的改革。事实上,如果纯粹从改革外观看,我国将银监会和保监会合

---

① 王晓青、李涛:《后危机时代金融体系的完善与创新——银行主导型和市场主导型金融体系的比较研究》,《审计与经济研究》2011 年第 4 期,第 94-101 页。

② 何宗樾、宋旭光:《直接融资、间接融资与经济增长——基于中国季度数据的实证研究》,《云南财经大学学报》2019 年第 11 期,第 40-48 页。

并为银保监会,而原来的证监会还是予以保留和存续,可能也是这种思维的结果之一。现在看来,虚拟经济系统,特别是金融系统的改革,并不是只有发展资本市场、发展直接融资两个着力点,银行系统也是市场化改革大有作为的地方。那么,如何坚持大银行在资金融通中的主力角色呢? 择要言之,有以下三个方面是值得注意的。

1.要注重融资结构的路径依赖作用

考察融资结构,一般可以从两个角度进行分析:①一个社会的融资规模存量构成如何。① ②一个社会中各类金融机构的资金供给情况如何。就一个社会的融资规模存量构成而言,我们可以从中国人民银行提供的数据得到一些印证。以中国人民银行货币政策小组提供的数据为例②,2019 年上半年及全年社会融资规模存量构成情况见表5.3。

表5.3 2019 年上半年及全年社会融资规模存量构成情况

2019 年上半年社会融资规模存量:213.26 万亿元		2019 年全年社会融资规模存量:251.31 万亿元
人民币贷款存量	144.71 亿元	151.57 亿元
外币贷款(折合人民币)存量	2.21 亿元	2.11 亿元
委托贷款存量	11.89 亿元	11.44 亿元
信托贷款存量	7.88 亿元	7.45 亿元
未贴现的银行承兑汇票存量	3.77 亿元	3.33 亿元
企业债券存量	21.28 亿元	23.47 亿元
地方政府专项债券存量	8.45 亿元	37.73 亿元

---

① 社会融资规模存量是指一定时期末实体经济从金融体系获得的资金余额。具体请参见中国人民银行货币政策分析小组:《中国货币政策执行报告(二〇一九年第一季度)》,2019 年 5 月 17 日,第 8 页。

② 2019 年 3 月末社会融资规模情况的数据参见中国人民银行货币政策分析小组:《中国货币政策执行报告(二〇一九年第二季度)》,2019 年 8 月 9 日,第 8 页。整个 2019 年度的融资规模情况数据参见中国人民银行货币政策分析小组:《中国货币政策执行报告(二〇一九年第四季度)》,2020 年 2 月 19 日,第 4 页。

续表

2019 年上半年社会融资规模存量:213.26 万亿元		2019 年全年社会融资规模存量:251.31 万亿元
非金融企业境内股票融资存量	7.13 亿元	7.36 亿元
其他融资存量	5.74 亿元	6.66 亿元

从表 5.3 可以看出,2019 年上半年社会融资规模存量为 213.26 万亿元,而 2019 全年的社会融资规模存量为 251.31 万亿元,应当说,下半年的增长是相对比较缓慢的。从社会融资规模存量的构成来看,我们可以看到,在 2019 年上半年,基于银行的资金供给达到 170.66 万亿元,占整个上半年社会融资规模存量的约 79.93%,也就是说,其他融资渠道提供的资金仅为 42.6 万亿元,还不到 21%。而在整个 2019 年度,在 251.31 万亿元的社会融资规模存量中,基于银行的资金供给达到 175.9 万亿元,占整个上半年社会融资规模存量的约 70%,而其他融资渠道提供的资金仅为 75.41 万亿元,占比仅为约 30%。从这个数据我们可以看出,基于银行的资金供给在我国属于绝对的主力。在这种意义上,我们也可以认为我国的金融结构是以银行为主的。[①] 就一个社会中各类金融机构的资金供给情况而言,从中国人民银行货币政策分析小组提供的数据看,以 2019 年为例,在各类银行提供的贷款中[②],大银行的主力角色体现得更加清晰,具体见表 5.4。[③]

[①] 一般认为,金融结构是指"金融体系中银行资产与金融市场总市值之间的相对比率"。周莉萍:《金融结构理论:演变与述评》,《经济学家》2017 年第 3 期,第 79-89 页。

[②] 银行分为中资大型银行、中资中小型银行、小型农村金融机构三种类型。中资大型银行是指本外币资产总量大于或等于 2 万亿元的银行(以 2008 年末各金融机构本外币资产总额为参考标准),中资中小型银行是指本外币资产总量小于 2 万亿元的银行(以 2008 年末各金融机构本外币资产总额为参考标准),小型农村金融机构包括农村商业银行、农村合作银行、农村信用社。参见中国人民银行货币政策分析小组:《中国货币政策执行报告(二○一九年第二季度)》,2019 年 8 月 9 日,第 3 页。

[③] 2019 年第一季度银行新增人民币贷款情况的数据参见中国人民银行货币政策分析小组:《中国货币政策执行报告(二○一九年第二季度)》,2019 年 8 月 9 日,第 3 页。而 2019 年度的数据参见中国人民银行货币政策分析小组:《中国货币政策执行报告(二○一九年第四季度)》,2020 年 2 月 19 日,第 2 页。

表 5.4　2019 年上半年及全年各类银行新增人民币贷款情况

2019 年上半年银行新增人民币贷款情况			2019 年全年银行新增人民币贷款情况	
银行类型	新增额	同比增加	新增额	同比增加
中资大型银行	40 583 亿元	5 061 亿元	67 720 亿元	4 332 亿元
中资中小型银行	55 302 亿元	2 688 亿元	100 471 亿元	2 556 亿元
小型农村金融机构	13 530 亿元	1 321 亿元	20 866 亿元	864 亿元
外资金融机构	808 亿元	−226 亿元	1 030 亿元	122 亿元

从表 5.4 可知,2019 年上半年我国银行新增人民币贷款总额为 110 223 亿元,同比多增贷款总额为 8 844 亿元。从银行新增人民币贷款情况看,中资大型银行新增贷款额为 40 583 亿元,同比增加额更是遥遥领先:比其他非大型银行加起来的总和还多,如果再考虑到中资大型银行的数量特别少而其他非大型银行数量众多的情况,那么,从 2019 年上半年中国人民银行货币政策分析小组提供的数据看,大银行显然牢牢占据主导地位。事实上,如果我们将数据统计再拉长一点,我们就会发现,整个 2019 年度,中资大型银行新增人民币贷款为 67 720 亿元,同比增加 4 322 亿元,同比增加的额度比所有非大型银行的总和还多,由此,可以认为,我国的金融结构是以银行为主的。并且,这种局面是历史形成的、现实固化的,因此,考虑到路径依赖有助于降低融资成本和减少社会非生产性损耗,笔者认为这种金融结构是必须坚持的,也是值得坚持的,这是我国经济持续发展的金融动力。

2. 要坚持大银行在融资结构中的主力军作用契合我国国情

我国属于后发国家、发展中国家,目前还是一个征信体系正在建设中的国家。在这样一个国家,基于银行的融资不仅是历史的选择、市场的选择,也是经济上最优的选择。事实上,正是依赖银行的这种中介性功能,我们的社会融资实现了最大限度的保值和增值:一方面,对存款人而言,在一个信用制度正在建设中、法律制度建设有待进一步完善的国度里,银行的角色决定了市场主体将资金存放银行是最放心的选择——也许不是回报率最高的选择,但是这种资金安全的保证作用无疑是首位的;另一方面,对融资者而言,基于银行的资金获取避免了直接面对被融资主体的不确定性,其与银行之间的融资契约能够为其发展提供最为稳定的预期。同时,正如有学者指出的,在我国,股票的权益在可验证性方面是存在缺陷的,并且如果缺乏适当的经济和法律环境,股东权益的保障会受到很大的挑战。[①] 也正是在这种意义上,有学者就认为,“中国目前并不适宜发展直接金融主导的金融体系,而是应该结合本国的特殊国情,在以间接金融主导的金融体系中引入以功能发挥为基础的‘市场型间接融资’新模式”[②]。应当说,这个判断在基本面上是非常准确的。

3. 坚持大银行在融资结构中的主力军作用有利于保障金融安全

与实体经济不同,虚拟经济交易流动的是社会价值,因此,市场主体对虚拟经济的信心就显得非常重要。如果直观地感受一下,比如,一个投资者,假设他拥有 1 000 万元,你觉得他是将这 1 000 万元存入一家大型商业银行更加安全,还是将这 1 000 万元投入直接融资市场,如股票市场,整天盯着变幻不定的 K 线图更加安全? 如前文所述,以我国为例,大型银行是本外币资产总量大于或等于 2 万亿元的银行,那么,2 万亿元是一个什么概念呢? 我国 2019 年的 GDP 大约 100 万亿元,而世界上 GDP 排名第 28 位的国家伊朗为 29 930 亿元。这样一对比,我们就会发现,将资金存入这样一个银行可以说是非常安全的,因为这样的银行确实是富可敌国,虽然这种“大而不能

[①] 吴晓求、汪勇祥、应展宇:《市场主导与银行主导:金融体系变迁的金融契约理论考察》,《财贸经济》2005 年第 6 期,第 3-9 页。

[②] 孙立行:《“市场型间接融资”体系与中国融资体制改革取向》,《金融论坛》2019 年第 1 期,第 12-19 页。

倒"可能会引发市场一些过度的国家隐性担保预期①,但是,这种稳定预期可以说对整个虚拟经济系统都是至为关键的。同时,坚持大银行在融资结构中的主力军作用对于保障我国整个金融系统的稳健"市场型间接融资"体系与中国融资体制改革取向也是非常重要的。事实上,这种优势已经为一些经济学家所证明,在某些学者看来②,特别是对于那些中等收入国家,大型银行的出现不仅有利于发挥其社会资金的归集能力,从而形成海纳百川之势,而且有利于政府宏观调控目标的实现——这种宏观调控目标的实现往往是借助银行(如货币政策)来实现的。此外,银行业务的集中度提高,对于提升整个金融系统的抗风险能力、提升中等收入国家银行的稳健性,都是非常有助益的。这一点其实已经在我国应对 1997 年亚洲金融危机、2008 年的世界金融危机中得到了一定程度的体现。总之,基于银行特别是大型银行的融资结构,其优势至少可以总结为以下三个方面③:①提升公司的治理效率;②聚集资金,让外部融资变得更加便捷有效;③在一定程度上克服了企业委托代理的监管困难问题,降低了外部监管成本。因此,我国坚持大银行在融资结构中的主力军作用不仅是金融安全的选择,也是经济持续发展的理性抉择。

四、坚持以审慎监管为特色的虚拟经济监管体制

与实体经济不同,虚拟经济是社会价值的流动,是不真正创造社会产品但是可以转移社会财富配置的交易体系,其不仅依赖和植根于实体经济,具有脱离实体经济独立运行的趋势,其过度的膨胀还会破坏实体经济的发展

---

① 王晓晗、杨朝军:《我国银行业市场约束有效性的实证分析——基于银行融资来源的比较研究》,《上海交通大学学报(哲学社会科学版)》2014 年第 4 期,第 105-112 页。
② 钱雪松、袁梦婷:《银行业集中度、间接融资比例和银行脆弱性——基于 1990~2008 年跨国数据的实证研究》,《中南财经政法大学学报》2012 年第 4 期,第 48-53 页。
③ 周莉萍:《金融结构理论:演变与述评》,《经济学家》2017 年第 3 期,第 79-89 页。

乃至引发金融危机。① 良好的实体经济和虚拟经济架构有助于整个社会经济的发展和社会福利水平的提高,并尽可能地减少非生产性损耗。因此,正常的状态是:实体经济需要良性发展,虚拟经济也需要良性发展。但是,虚拟经济毕竟不直接创造社会财富,因此,我们需要的是虚拟经济的有限发展——既要发展也不要过度,于是,在对虚拟经济的监管方面,我们倡导审慎监管。什么是审慎监管呢? 一般认为,审慎监管包括两个层面:①宏观层面的审慎监管;②微观层面的审慎监管。显然,对虚拟经济的审慎监管,必然是宏观审慎监管和微观审慎监管的有机结合。鉴于微观审慎监管属于监管部门的经常性做法,但仅仅注重微观审慎监管的虚拟经济监管方式引发了一些问题,因此,监管理论界和实务界开始普遍强调宏观审慎监管。以我国为例,早在2010年,针对我国注重微观审慎监管有余而宏观审慎监管几乎缺位的情况,实务界就明确提出了"构建逆周期的金融宏观审慎管理制度框架"②。事实上,作为一种监管方法,宏观审慎监管是以整体主义为方法论,运用审慎监管工具对金融系统的整体风险进行识别,并以维护整个金融系统的稳定和防范系统性金融风险为目标的监管。③ 因此,宏观审慎监管并非一种全新的理论与方法,其核心在于防范系统性金融风险,其宗旨在于为社会提供稳定的金融环境,并降低系统性金融风险所造成的损失。④ 但是,系统性金融风险的识别与防范、整体金融系统的稳定、社会整体利益损害的减少等,都是一种结果式的目标追求,要实现这些目标,还是不能离开微观审慎监管的推进和发展。当然,反过来,微观审慎监管也不能忽视宏观审慎

---

① 刘晓欣、田恒:《虚拟经济与实体经济的关联性——主要资本主义国家比较研究》,《中国社会科学》2021年第10期,第61—82页。

② 周小川:《金融政策对金融危机的响应——宏观审慎政策框架的形成背景、内在逻辑和主要内容》,《金融研究》2011年第1期,第1-14页。

③ 李玥、李仁真:《宏观审慎监管的政策框架与国际标准》,《湖北社会科学》2012年第4期,第76-78页。

④ 苗文龙、闫娟娟:《系统性金融风险研究述评——基于宏观审慎监管视角》,《金融监管研究》2020年第2期,第85-101页。

监管的目标性追求,否则,所谓的微观审慎监管就会陷入"只见树木,不见森林"的方法论错误。

正是在这种意义上,有学者特别强调了微观审慎监管和宏观审慎监管的交互性作用,认为"微观审慎监管为宏观审慎监管提供了坚实的基础,宏观审慎监管则为微观审慎监管提供系统性、全局性和前瞻性视野;宏观审慎监管必须依靠微观监管得到的数据和资料,保证信息的共享才能保证对系统性风险的及时监测和评估"①。应当说,这种见解既是基于理论层面的概括,更是基于实践经验的总结和反思。那么,如何具体来坚持针对虚拟经济的审慎监管呢? 笔者认为,以下两个方面的问题可能是最为重要的,是落实审慎监管的行动路线。

(一)审慎监管需要将监管技术化

作为一种整体性的监管方法论,审慎监管如何具体落实,什么样的监管才是真正的审慎监管,虽然监管实践有众多的措施和手段,但是,从根本上来讲,实现监管技术化才是实现审慎监管的可行路径。监管技术化一方面是实现了"审慎"的制度性含义:只有技术化的才是真正审慎的,反之,如果基于监管主体的偏好或者政治因素的考虑实施监管,可能就会和真正的审慎监管存在张力。另一方面,审慎监管需要监管的市场化导向,也就是说,如果监管是一种对市场的不当替代,则很难说这种监管是可欲的,是审慎监管的表现。显然,要坚持监管的市场化导向,就是要基于规则,或者更进一步地讲,基于技术来进行监管。事实上,只有坚持监管技术化,才能为市场提供最稳定的预期,这种监管才谈得上真正的审慎监管。也正是在这个意义上,有学者就深刻地指出:"把金融监管规则真正还原为市场和技术规则,

---

① 刘迎霜:《论我国中央银行金融监管职能的法制化——以宏观审慎监管为视角》,《当代法学》2014 年第 3 期,第 120-128 页。

而不是人际和政治之术,才是对金融市场实施有效监管之正道。"①那么,如何具体实现审慎监管所需要的监管技术化呢? 笔者认为,需要注重以下三种类型监管的技术化。

1. 功能监管的技术化

任何一种监管方式的出现,都是现实推动的结果。功能监管被提上日程的主要背景有三个:①传统的监管方式正在逐渐失灵;②金融行业混业经营已经成为世界性的金融经营潮流;③金融控股公司业务范围越来越大和复杂化,传统的分业监管基础正在消失。正是在这个意义上,有学者将功能监管定义为:"功能监管是一种'横向'的监管,是在混业经营环境中,对不同类型金融机构开展的相同或类似业务进行的标准统一或相对统一的监管。"②鉴于学术界对功能监管的研究已经较为成熟,笔者这里重点谈谈能与审慎监管对接的功能监管的技术化问题,或者说操作性问题。

从我国现有规则所型构的监管切入点来看,我国事实上践行的就是"牌照监管"或者说"资格监管"。我国《商业银行法》第八十一条规定:"未经国务院银行业监督管理机构批准,擅自设立商业银行,或者非法吸收公众存款、变相吸收公众存款,构成犯罪的,依法追究刑事责任;并由国务院银行业监督管理机构予以取缔。伪造、变造、转让商业银行经营许可证,构成犯罪的,依法追究刑事责任。"这一规定的含义之一就是任何商业银行都必须是依法依规成立的合法的金融机构,如果不是这样,就是违法违规的,并且可能受到刑事处罚。但是,这个规定事实上也指出了另外一种情况,就是现实中未经国务院银行业监督管理机构批准擅自设立商业银行,或者非法吸收公众存款、变相吸收公众存款等情况是存在的——否则就没有必要这样规

---

① 罗培新:《美国金融监管的法律与政策困局之反思——兼及对我国金融监管之启示》,《中国法学》2009 年第 3 期,第 91-105 页。

② 王兆星:《机构监管与功能监管的变革——银行监管改革探索之七》,《中国金融》2015 年第 3 期,第 14-18 页。

定,那么,这就带来一个非常尴尬的问题:这些行为——特别是非法吸收公众存款、变相吸收公众存款,一方面具有与普通的金融机构行为相同的功能,另一方面,由于这些行为是"毒树之果",因此,无法对他们的行为进行相应的监管,而只能被动等他们"出事",然后对他们采取事后的追究责任。但问题的关键是,我们强调监管,就是为了防范系统性风险,吊诡的是,这些无牌照的金融机构的行为与有牌照的金融机构的行为一样会引发系统性风险。

由此看来,如果不是针对这种行为的功能来进行监管,那么,就少了一道预防措施,关了一道监管的闸门,自然就会多一分系统性风险。正是在这个意义上,有学者认为金融监管应该是像高速公路上设置限速指示一样的事前监管,而不能仅仅依赖类似于超速事故发生后基于民事赔偿震慑力的事后监管[1],这种监管可能是有力的,但可能不是有效的。这种"牌照监管"最为致命的缺陷就是对无牌照者如何监管、只能事后监管、相同的行为无法得到相同的监管。解决这一问题的关键在于实现功能监管的技术化,必须注重如下几点:

(1)要克服监管的路径依赖问题,特别是传统监管方式的分割问题,基于对金融活动、金融工具的实质性功能来推进金融监管。这样一来,"在分业的基础上对于同一金融行为的同等监管标准既是功能监管的要求,也是功能监管的应有之义"[2]。

(2)要坚持监管的行为主义导向,特别是"相同的行为得到相似的监管、类似的行为得到类似的监管"。这样一来,功能监管就不再囿于是否有牌照、资格这种商事外观,而是基于行为的实质功能和影响来决定监管的措施

---

① 理查德·波斯纳:《资本主义的失败:〇八危机与经济萧条的降临》,沈明译,北京大学出版社,2009,第 29 页。

② 郑彧:《论金融法下功能监管的分业基础》,《清华法学》2020 年第 2 期,第 113-128 页。

和手段,于是,那些未持有牌照但是实施了监管行为表中行为的非牌照金融机构,也将被纳入监管的范围,而不再将其交给司法机构进行纯粹的事后规制。

(3)要发挥对监管规则的解释作用,将那些模糊和灰色地带逐步纳入监管的范围。金融机构要发展,要追逐市场利润,要适应实体经济的进一步发展,必要的金融创新就是不可避免的。但是,金融创新之所以被称为金融创新,是因为其创新的一些金融工具往往具有复杂性。鉴于我国金融监管体制的传统安排,这些被创新出来的金融工具可能又不得不被"嵌入"现有的以机构监管为主导的体制中去,但问题是,这些被创新出来的金融工具是很难从传统的银行、证券、保险等行业区分中对号入座的,例如,一些理财产品就是这个方面的例子。[①] 在这种情况下,我们就应对一些监管规则或者概念进行解释,以将这些被创新出来的金融工具纳入监管列表。例如,有学者就认为,可以依靠对"证券"的扩大解释,从而实现证监会逐步将证券投资基金、股指期货及相应的金融组织纳入监管范围的构想。[②]

2. 协同监管的技术化

协同监管的技术化事实上有两个前提:①机构监管留下的监管架构注定了协同监管存在的必要性。机构监管的实践留下的是多元化的监管机构体系,在很长一段时间内,如果没有根本性的监管机构改革,那么,倡导协同监管就不是一种口号,而是一种实实在在的监管需求。②金融系统自身具有复杂性,基于规则的金融监管总是不能避免无法可依的尴尬处境、价值金融工具创新的繁杂性,因此,强调协同监管也是集聚监管知识和智慧的必要之举。那么,如何具体实现协同监管的技术化呢?

---

① 黄韬:《我国金融市场从"机构监管"到"功能监管"的法律路径——以金融理财产品监管规则的改进为中心》,《法学》2011 年第 7 期,第 105-119 页。

② 姚海放:《论证券概念的扩大及对金融监管的意义》,《政治与法律》2012 年第 8 期,第 22-29 页。

(1)要实现由权威监管向服务监管的转变。什么是权威监管,直白地讲就是监管就是管,就是法无允许就禁止。这种监管方式将监管对象作为客体、当作手段,认为监管机构才是主体,监管主体的目标就是监管的目标。显然,在市场经济条件下,这样一种监管方式不能说没有效果,但是,其效果必然是有限的。与此相对,所谓服务监管就是将监管作为一种服务,作为一种被监管对象客观需要的公共产品来推进。这样一种监管方式可以说发挥的是亚当·斯密所谓的"夜警"作用:虽然它也有管理的一面,但是它提供的服务同样是你需要和不可忽视的。正因为如此,有学者就认为,"在混业经营与分业监管的大背景下,合理的法律治理进路应是激励监管机构从监管权威导向的竞争转向公共产品供给导向的竞争"①。

(2)要大力推进协同监管的制度化。虽然目前混业经营是一种常态,监管也需要改变以往那种纯粹的甚至有点画地为牢的机构监管方式,但是,我们也不得不承认,除了那些模糊不清的混业经营、金融工具创新,也有一些相对比较清晰的分业经营。因此,在现实的层面,至少在很长一段时间内,机构监管还不至于一无是处,从而可以寿终正寝,相反,机构监管可能还需要继续深入推进。特别是在金融危机爆发之后,金融监管机构基于对危机的不同解读,其权力会空前增加和加强。② 与此同时,我们也不得不承认,协同监管比以往在客观上更加需要,监管机构之间在协同监管的频率方面也大大提升了。正因为如此,有学者就认为:"分业监管对应的主要是机构监管,但金融产品和交易往往会打破这种原则性的划分而出现交叉领域,从而引起监管竞争。"③显然,监管机构之间的竞争不可能通过市场那种优胜劣汰的方式来解决,在这种情况下,寻求协同监管的技术化,在制度层面上对监

---

① 冯辉:《论金融监管竞争及其法律治理》,《法学家》2019 年第 3 期,第 110-123 页。

② 苏洁澈:《金融危机干预措施的合宪性审查——英美处置破产银行及启示》,《政法论坛》2021 年第 4 期,第 97-115 页。

③ 同①。

管机构之间的协同方式、协同程序、协同责任分配等进行固化,无疑是非常重要和必要的。当然,实质性的协同监管是否还需要协同组织的实体化、监管规则的合理性和合法性等,并且在信息交换、争议解决、绩效评价等监管基础设施层面予以强化[①],都是值得进一步考虑的协同监管的技术化的具体进路。

3."穿透式"监管的技术化

所谓"穿透式"监管主要是对监管方法的强调。2016 年 10 月 13 日,国务院办公厅的文件《互联网金融风险专项整治工作实施方案》(国办发〔2016〕21 号)中正式提出"穿透式"监管这一概念,指出要"立足实践,研究解决互联网金融领域暴露出的金融监管体制不适应等问题,强化功能监管和综合监管,抓紧明确跨界、交叉型互联网金融产品的'穿透式'监管规则"[②]。也就是说,我国正式提出"穿透式"监管这个概念,首先是针对跨界、交叉型互联网金融产品而言的。随着金融监管面临的各种新挑战,特别是监管对象、监管客体的监管规避行为的频发,因此,"穿透式"监管逐渐成为我国金融监管的一条重要原则。这里,笔者着重想讨论的是如何实现"穿透式"监管的技术化,从而实现审慎监管的技术化。笔者认为,实现"穿透式"监管的技术化主要应注意以下四个方面:

(1)要注意"穿透式"监管程度的把握。"穿透式"监管是一种基于实质而非形式的监管方式,因此,其可能是一种更加接近正义的监管方式。但是,"穿透式"监管可能需要面临的一个巨大的挑战就是成本的制约,因为,刺破金融外观的"穿透式"监管不是无成本甚至低成本的监管运作,其往往是监管资源的大量消耗。因此,从实际操作的角度看,"穿透式"监管只能是选择性地"穿透"。也正是在这个意义上,有学者就认为,现代金融市场不仅

---

① 冯辉:《论金融监管竞争及其法律治理》,《法学家》2019 年第 3 期,第 110-123 页。
② 《国务院办公厅关于印发互联网金融风险专项整治工作实施方案的通知》(国办发〔2016〕21 号)。

客观上不需要全"穿透",也无法进行全"穿透"。①

（2）"穿透式"监管需要对监管主体进行"穿透"。作为虚拟经济系统的重要组成部分,金融系统就是市场主体参与的社会价值交换体系。因此,在商事外观的包装下,市场主体可能是一个"装在套子里的人",这既会让交易对象看不清这种商事外观包装下的市场主体的真面目,也会让交易对象产生误判。正因为如此,有学者就认为,"穿透式"监管的含义之一就是"穿透识别最终投资者是否为'合格投资者'"②。因此,此时监管层面推进"穿透式"监管,就可以对投资主体进行识别和筛选,遴选出真正合格的投资者,从而保障金融市场的交易安全。

（3）"穿透式"监管需要对监管的客体进行"穿透"。随着金融市场的深入发展,各种新的金融工具、衍生品、交易模式、资产业务方式等层出不穷。如何从风险防控的角度,将投资资产进行风险识别和分类,对于指导金融市场交易、保障金融市场的健康发展,都具有非常重要的意义和价值。

（4）"穿透式"监管需要对监管规则进行最低限度的规范。虽然"穿透式"监管更加注重实质层面的东西,但是,基于形式理性的规则系统依然是"穿透式"监管中必须坚持的基本遵循。事实上,在现实中,如果"穿透式"监管标准不统一、方式不规范,不仅会徒增"穿透式"监管持续推进的成本,也会减损这种监管的价值和可信度。

总之,"穿透式"监管涉及监管方式特别是方法的重大改变,因此,如何具体来推进,在没有制度自然演进的情况下,注重"穿透式"监管的技术化就是比较可行的路子,因为将价值判断变为技术操作将减少诸多不必要的监管阻力,这也是迈出成功"穿透"的重要一步。正如有学者指出的,"'穿透

---

① 常健:《论"穿透式"监管与我国金融监管的制度变革》,《华中科技大学学报(社会科学版)》2019 年第 1 期,第 111-117 页。

② 宋琳、唐芳:《中美"穿透式监管"与"罗斯福金融监管"之比较研究》,《山东社会科学》2019 年第 3 期,第 100-108 页。

式'监管的理论基础在于'实质重于形式'的核心原则以及'提升市场透明度'的理念"①。对"穿透式"监管而言,注重实质和提升市场的透明度,都是同等重要的。

(二)审慎监管需要基于大银行金融体制的局限性有针对性地推进

监管体制与监管对象是高度契合的,或者说,是需要高度契合的,否则,这种监管体制就面临调整、变革乃至淘汰。坚持以审慎监管为特色的虚拟经济监管体制,自然就得考虑我国的投融资体制的特殊性。在笔者看来,我国投融资体制最大的特殊性就是大银行金融体制。沿着这种思考进路可见,要完善这种大银行金融体制,在监管方面就是要针对大银行金融体制的局限性来设计监管规则、措施和机构。其具体根据如下所述。

1. 大银行金融体制与实体经济之间的发展风险存在正相关关系

大银行和我国实体经济关系的密切程度,我们可以从其在整个银行体系中总资产所占的比率得到一些印证。根据银监会提供的数据②,我国银行业金融机构总资产情况、大型商业银行总资产情况、大型商业银行总资产占银行业金融机构总资产的比率见表5.5。

---

① 叶林、吴烨:《金融市场的"穿透式"监管论纲》,《法学》2017年第12期,第12-21页。

② 表中数据根据中国银行保险监督管理委员会提供的数据整理。其中,2019年的数据请参见中国银行保险监督管理委员会:《银行业监管统计指标月度情况表(2019年)(一)银行业金融机构资产负债情况表(境内)》,http://www.cbirc.gov.cn/cn/view/pages/ItemDetail.html?docId=888001&itemId=954&generaltype=0,访问日期:2022年4月10日。2018年的数据请参见中国银行保险监督管理委员会:《银行业监管统计指标月度情况表(2018年)(一)银行业金融机构资产负债情况表(境内)》,http://www.cbirc.gov.cn/cn/view/pages/ItemDetail.html?docId=172748&itemId=954&generaltype=0,访问日期:2022年4月10日。2017年的数据请参见中国银行保险监督管理委员会:《银行业监管统计指标季度情况表(2017年)(一)银行业金融机构资产负债情况表(法人)》,http://www.cbirc.gov.cn/cn/view/pages/ItemDetail.html?docId=142468&itemId=954&generaltype=0,访问日期:2022年4月10日。同时,鉴于2019和2018年的数据是按月份统计的,因此,笔者仅统计了最后一个月的数据,而2017年的数据是按照季度统计的,因此,统计了四个季度的数据。

表5.5　银行业金融机构总资产情况、大型商业银行总资产情况、

大型商业银行总资产占银行业金融机构总资产的比率

时间	2019 年 12 月	2018 年 12 月	2017 年			
			一季度	二季度	三季度	四季度
银行业金融机构总资产/亿元	2 825 146	2 614 061	2 384 626	2 431 661	2 471 442	2 524 040
大型商业银行总资产/亿元	1 105 731	926 922	895 918	910 480	920 708	928 145
大型商业银行总资产占银行业金融机构总资产的比率/%	39.1	35.5	37.57	37.44	37.25	36.77

从表5.5我们可以看出：

(1)我国银行业金融机构总资产规模巨大,从2017—2019年的数据看,其规模三年均达到250万亿元以上,增长速度可以说非常迅速:2017年到2018年增加约9万亿元人民币,2018年到2019年增加约20万亿元人民币,这个规模完全可以说是非常惊人的。根据国家统计局提供的数据,2017年GDP为832 035.9亿元,2018年GDP为919 281.1亿元,2019年GDP为986 515.2亿元,也就是这三年约为80万亿元、90万亿元、100万亿元。两相对照,我们发现,全国三年的GDP增加仅仅与银行业金融机构年资产总规模持平,每年的GDP增加也就是10万亿元左右,而银行业金融机构总资产规模2017年增加约为9万亿元,2018年更是高达20万亿元。

(2)2017—2019年,大型商业银行总资产几乎稳定在90万~100万亿元,在数据层面上几乎与全国GDP总量持平:如2017年第四季度数据为

928 145 亿元,当年 GDP 为 831 381.2 亿元,2018 年为 926 922 亿元,当年
GDP 为 915 887.3 亿元,2019 年为 1 105 731 亿元,当年 GDP 为 988 458 亿
元。应当说,这个数据非常直观地反映出了大型商业银行在我国经济生活
中举足轻重的地位。

(3)大型商业银行总资产占银行业金融机构总资产比率可以说非常惊
人。从 2017—2019 年的数据看,其比率基本维持在 35% 以上,最高年份达
到 39.1%,最低年份也达到 35.5%。同时,基本稳定的比率也说明,大型商
业银行总体发展是比较稳健的。综上所述,大型商业银行在我国银行业金
融机构体系中占据重要的地位,其随着经济的发展而平稳发展,与全国 GDP
的增长幅度几乎同步,具有某种正相关关系,这充分反映了我国大银行金融
体制的基本融资格局。值得注意的是,商业银行的发展与实体经济之间存
在着风险联动关系。如何洞悉我国商业银行的一些重要指标(被监管的指
标)和国家经济发展之间的关系,笔者统计了 2017—2019 年商业银行主要
监管指标,并结合国家统计局关于我国 GDP 的增长率进行比对分析,具体
见表 5.6[①]。

---

① 2019 年数据请参见中国银行保险监督管理委员会:《(二)商业银行主要监管指标情况表(法人)
(2019 年)》,http://www. cbirc. gov. cn/cn/view/pages/ItemDetail. html? docId = 890466&itemId =
954&generaltype=0,访问日期:2022 年 4 月 10 日。2018 年数据请参见中国银行保险监督管理委员
会:《(二)商业银行主要监管指标情况表(法人)(2018 年)》,http://www. cbirc. gov. cn/cn/view/
pages/ItemDetail. html? docId = 179202&itemId = 954&generaltype = 0,访问日期:2022 年 4 月 10 日。
2017 年数据请参见中国银行保险监督管理委员会:《(二)商业银行主要监管指标情况表(法人)
(2017 年)》,http://www. cbirc. gov. cn/cn/view/pages/ItemDetail. html? docId = 142472&itemId =
954&generaltype=0,访问日期:2022 年 4 月 10 日。

表 5.6　商业银行主要监管指标情况

年度	2017 年				2018 年				2019 年			
季度	一季度	二季度	三季度	四季度	一季度	二季度	三季度	四季度	一季度	二季度	三季度	四季度
不良贷款余额/亿元	15 795	16 358	16 704	17 057	17 742	19 571	20 322	20 254	21 571	22 352	23 672	24 135
不良贷款率/%	1.74	1.74	1.74	1.74	1.75	1.86	1.87	1.83	1.80	1.81	1.86	1.86
资产利润率/%	1.07	1.04	1.02	0.92	1.05	1.03	1.00	0.90	1.02	1.00	0.97	0.87
资本利润率/%	14.77	14.48	13.94	12.56	14.00	13.70	13.15	11.73	13.24	13.02	12.28	10.96
GDP 增长率/%	6.9				6.7				6.1			

从表 5.6 我们可以发现,以 2017—2019 年为例,我国实体经济和虚拟经济(金融)之间的联系是非常紧密的。①我国不良贷款余额是不断增长的,2017 年末为 17 057 亿元,2018 年末为 20 254 亿元,2019 年末为 24 135 亿元,年增长约 3 000 多亿元。②不良贷款率达到 1.7% 以上,其中最高达到 1.87%,最低也有 1.74%。虽然不良贷款率增幅好像不大,且还有回落的情况,但是,我们可以看到,2017—2019 年,总体上不断增加的趋势是非常明显的。③对资产利润率而言,其幅度基本上在 1% 左右,最高只有 1.07%,最低仅有 0.87%。值得注意的是,资产利润率的谷底都是各年度的第四季度创下的,如果再考虑通货膨胀因素,资产利润率可能就接近零,甚至为负数。④从资本利润率来看,其比资产利润率高出一大截,但是,其额度也是稳定在 12% 左右,最高为 14.77%,最低为 10.96%。值得注意的是,2017—2019 年,虽然资本利润变化都不是很大,但是,从趋势看,其不断降低则是非常清晰的。此外,我们看到,在不良贷款总额和不良贷款率不断攀升、资产利润率和资本利润率不断下降的同时,我国总体经济的增长速度也在不断放缓。

事实上,从 GDP 增长率看,我国 GDP 的增长率自 2017 年以来就呈现出缓慢下降的趋势。也就是说,在我国,实体经济和虚拟经济之间是一荣俱荣、一损俱损的关系。因此,要在审慎监管原则下实现对大银行金融体制的有效监管,就必须注意到大银行金融体制的这种特性和格局。这种根据事实上会放大监管不力的负面影响,甚至即使存在监管竞争也无法消除这种风险控制高于一切的监管实践①,监管层在进行规则制订时就会畏首畏尾,深恐为监管规则所束缚,于是,审慎监管往往变成过度监管,牵一发动全身,监管虚拟经济而波及实体经济等监管副产品。

2. 大银行金融体制对长期融资应对不力

大银行金融体制对长期融资应对不力是推进审慎监管时不得不面对的

---

① 冯辉:《论金融监管竞争及其法律治理》,《法学家》2019 年第 3 期,第 110-123 页。

又一个难题。从根本上讲,基于银行的融资体制是不利于企业长期融资的。道理很简单,尽管直接融资和间接融资都是基于金融契约的治理,但是,直接融资毕竟是交易双方的交易,属于"周瑜打黄盖",其交易是双方讨价还价的结果。同时,基于直接融资市场的企业融资,其双方实质上被融资金融企业或者票据等联结为一个利益共同体。特别是基于股票的融资,法人财产的独立性更是排斥了股东基于金融契约的追索。与此相对,在基于银行的间接融资市场中,融资金融契约实质上被切分为两段:一段是债权人与金融机构之间的契约;一段是债务人与金融机构之间的契约。尽管银行作为债权人时有抵押等保障措施,但是,银行签订融资契约的目的并不是实现抵押权,而是为了保障债务人能完整履行金融契约。与此同时,基于银行的金融契约因被分为两段而造成实质的债权人和债务人——企业——之间往往缺乏直接的利益联系。因此,在基于银行的融资结构中,债权人往往对企业治理等有利于金融契约履行的问题基本是漠然的。在这种情况下,基于银行的融资契约势必虑及时间的限制问题。这样一来,基于银行的融资行动无法满足企业的长期金融需求也就是顺理成章的事情。此时,如果要对这种基于大银行融资的金融契约行为进行审慎监管,可能就需要在某种程度上更加允许银行金融契约运作的市场化。但是,这种金融契约的市场化运作又可能存在较大的风险,如果在监管层面不能对这些融资契约进行必要的治理和规范,那么,美国那种次贷危机可能就会重演。反过来,如果对银行业务提出过高的要求,可能又会不当打击银行融资的积极性,甚至产生惜贷等不利于经济发展的行为。因此,如何把控银行针对长期融资动力不足的问题,可能还需要进一步探索,但市场化的方向应该是明确的。

3. 大银行金融体制对小微企业融资应对乏力

大银行金融体制对小微企业融资应对乏力甚至可以说是一个"先天性"

的顽疾①:银行融资体制的偏好、银行对信用的过度垄断、缺乏融资中介机构、小微企业自身的局限性等等,都是小微企业无法融资的重要原因。但是,进一步的问题在于,虽然小微企业融资难、融资贵是问题,但是,对银行而言,融资后的问题才是最关键的问题。我们知道,小微企业一般只有 3～5 年的生命周期,在如此短的时间内,银行对这些小微企业的信用判断基本上是一片空白的,但是,小微企业在整个国家经济发展中又很重要,因此,国家会出台一系列政策来解决小微企业融资难、融资贵的问题。其结果可能引发一些意想不到的问题:①国家推动针对小微企业的贷款,但是,一旦小微企业倒闭,如何收回这个贷款? 事实上,从我国商业银行不良贷款余额不断增长的趋势也可以看出,银行在这方面面临极大的风险。②一些小微企业会利用信用制度的漏洞及《公司法》关于公司成立时注册资本额的规定,尽可能地增加贷款,并且形成一种新债抵旧债的道德风险,甚至直接破罐子破摔,沦为失信市场主体,从而导致银行的贷款回收无望。③鉴于大银行对信用的垄断,在资金需求的推动下,高利贷、影子银行会在现实中大行其道。事实上,我们可以看到,在一些民营经济比较发达的地区,如温州等,往往也是民间融资比较活跃的地方。虽然最高人民法院关于打击高利贷的司法解释在明面上堵住了高利贷的问题,但是,根据有需求就有市场的铁律,现实中各种高利贷问题依然存在,这可以从中国裁判文书网上海量的民间金融纠纷案看出来。更为严峻的问题在于,一些小微企业可能会不当利用高利贷的规定,先欺骗性融资,如故意允诺较高的利率以融资,一旦融资完成,则以高利贷进行开脱,从而引发诸多负面社会后果。因此,有学者就认为,民间借贷风险的治理既是健全金融监管体系的重要内容,也是防范系统性风

---

① 肖顺武:《刍议中小企业融资难的原因及法律对策》,《西南政法大学学报》2010 年第 3 期,第 71-80 页。

险的重要保障。①

由此看来,大银行金融体制对小微企业的融资是较为不利的,但是,小微企业自身的重要性,加之其强烈的融资需求,就会引发银行融资体制以外的一些问题。如果不能对这些问题进行有效的管控和治理,其势必积少成多,最终可能会引发系统性风险。因此,对于小微企业的融资,在监管层面如何进行监管和引导以真正实现审慎监管的目标,可能还是需要调整金融监管制度②,包括放松资本市场的管制、简化资本市场的审批(《证券法》对此已经有了一些规定)等,并坚持金融资源的市场化配置,即要坚持大银行金融体制。但是,对这种体制之外的融资方式,在降低系统性风险的情况下,需要进一步放松管制,相机减少其他融资方式的制度障碍和进行必要的制度加厚,如此,才能真正实现审慎监管在大银行金融体制中的落地和推行。

五、注重直接融资市场的发展边界

直接融资市场在整个虚拟经济系统中具有重要的地位和价值,它是实现一国经济由高速发展转向高质量发展的关键节点。事实上,对一个国家而言,如果经济要高速发展,通过银行的间接融资是完全可以实现的,因为基于银行的融资本质就是"嫌贫爱富"的——融资主体要么有良好的资信,要么能够给银行提供保障债权实现的抵押物品,而这一切往往是成功或者较为成功的市场主体才能提供的。因此,如果一国经济仅仅是为了高速发展,坚持银行对融资的垄断地位几乎是没有问题的。事实上,学者的研究表

① 岳彩申:《民间借贷风险治理的转型及法律机制的创新》,《政法论丛》2018年第1期,第3-13页。
② 何宗樾、宋旭光:《直接融资、间接融资与经济增长——基于中国季度数据的实证研究》,《云南财经大学学报》2019年第11期,第40-48页。

明,对发展中国家而言,股票市场对经济的增长效应是很弱的。① 从现实来看,发展中国家的经济恰恰主要是一种外延的扩张、粗放式的增长,而发达国家的经济增长往往更加倾向于内涵式发展、集约化发展。因此,当一个国家的经济发展到一定阶段,我们就会发现,发展的速度很重要,发展的质量可能更重要,至少和发展的速度一样重要。

值得注意的是,基于资本市场的直接融资,恰恰更有利于经济发展质量的提升。其间的道理在于,对投资者而言,最好的投资不是当下发展得有多好,而是未来发展得有多好,而这恰恰是直接融资市场最为擅长的事情。当然,正如有学者所指出的,中国的资本市场是在监管机构的呵护和培育之下发展起来的,资本市场的健康成长也离不开监管机构的规制,我国的资本市场已经由重发展时代走向了重规范时代。② 但是,这种规范本身又是一个较为漫长的过程。也正是在这个意义上,笔者认为,注重融资市场发展很对,但是,注重融资市场的发展边界问题更加契合我国的实际情况。这不仅是实现我国虚拟经济有限发展的具体路径,也是直接融资市场真正发展起来的必由之路。

(一)直接融资市场的发展不能以替代间接融资市场为目标

如何树立直接融资市场的发展边界意识,一个很重要的宏观性目标就是直接融资市场的发展不能以替代间接融资市场为目标。之所以提出这么一个命题,既是"工夫在诗外"的体现,也是基于我国融资体制发展现状的一种判断。一方面,大银行金融体制是历史形成的,其发展、繁荣和相对衰落会是一个比较漫长的过程。因此,在很长一段时间内,直接融资市场的发展不能以冲击,更不能以替代间接融资市场为目标,我们应当走直接融资市场

---

① Harris R. D. F., "Stock Markets and Development: A Reassessment," *European Economic Review*, No. 1 (1997): 139-146.

② 彭冰:《规训资本市场:证券违法行为处罚研究(2017)》,法律出版社,2019,前言。

和间接融资市场协调发展之路。基于大银行金融体制的融资系统固然很重要,也具有某种合理性,然而,我们也应该清醒地认识到,大银行金融体制并非没有弊端,因此,从长期发展的角度看,大力发展资本市场可以说是必然的。另一方面,虽然我们不能以替代大银行金融体制为直接融资市场的发展目标,但这个目标的存在前提就是要发展直接融资市场。那么,如何具体来实现直接融资市场的发展呢? 笔者认为,以下三个方面是值得特别关注的。

(1)直接融资市场的发展有利于民营经济的融资,实现整个经济社会发展质量的提升。改革开放以来,虽然国家控股或者国有企业控制了国民经济发展的命脉,但是,"民营经济在中国的经济结构中是最活跃、最积极、最具竞争力的经济成分"①。然而,基于融资的路径依赖、大银行金融体制融资的偏好、民营企业较为脆弱的资信条件,大银行对民营企业往往不贷或者惜贷,从而造成民营企业事实上的融资难和融资贵。应当说,这个问题在间接融资体系中几乎是无解的,也是间接融资金融逻辑的必然体现。与此相对,直接融资方式恰恰可以避开间接融资的这些缺点。正如有学者所指出的,间接融资特别是银行贷款所暴露出来的短处,恰恰是直接融资,特别是股票融资的长处,它可以在经济改革和经济发展中发挥独特的作用。因为在一个成熟的资本市场,投资者最为看重的不是你的发展现状有多好,而是你的未来发展有多快、有多好,这才是真正的潜力股,才是投资者真正心仪的投资对象。同时,基于直接市场的融资,以股票为例,因为股权和债权是不同的——股权是只能享受公司剩余分红或者转手的,而债权是需要还本付息的,因此,对企业而言,特别是对众多民营企业而言,基于银行融资的债务会让企业套上沉重的利息负担和本金负担,但是,基于资本市场的股权融资是"赚到了大家分红、没赚到大家继续加油干",因此,其面临的压力相对会少

---

① 厉以宁:《厉以宁论民营经济》,北京大学出版社,2007,第 1 页。

很多——著名的"债转股"发生的一个很重要原因就是基于这种考虑。如果民营企业主要借助直接融资以满足资金需求,那么,该企业就会有更多的精力和机会去创新,并实现自己企业的增值。在这个方面,相关学者的研究表明,"民营企业对银行的依赖程度与创新能力之间呈负相关关系,当企业对银行的依赖程度越高,企业的创新能力越受到抑制。在高新技术行业,由于民营企业的风险性以及信息不对称性更大,所以,企业对银行的依赖程度对创新能力的抑制作用更强"[①]。

(2)直接融资市场的发展有利于分散金融风险,避免风险过分集中于银行系统。简单地讲,我国发展虚拟经济,就是要坚持银行系统的主心骨地位:①以银行业为主导;②以大银行为主力;③银行和资本市场应互补性发展。正因为以银行业为主导、以大银行为主力,所以,我国形成了独特的大银行金融体制。但是,这个体制的理想图景还包括第三个要求,即实现银行和资本市场的互补性发展。也就是说,大银行金融体制要大力发展,但不是银行垄断一切,一定要给直接融资留出必要的空间。事实上,基于银行的融资最大的问题就是风险会过度集中在银行。也就是说,基于银行的融资系统,一旦发生金融风险,则承担风险的只有银行,尽管有所谓的存款保险制度等,但是,如果集中在银行系统中的风险真的全部爆发,那么存款保险制度就只能起到杯水车薪的作用。同时,大银行因为其作为海量金融契约的连结点,考虑其巨大的风险,中央银行往往会给予很大的支持,因此,大银行出现"大而不倒"的情况,其实也是顺理成章的事情,就算是美国这样市场经济比较彻底的国家,在房地美和房利美要倒闭的时候,政府还是会出手相救,采取凯恩斯主义的对策。因此,如果一个国家的融资在银行系统分布过多,那么,银行系统势必不堪重负,而风险过度集中的结果就是一旦风险爆

---

① 张瑾华、何轩、李新春:《银行融资依赖与民营企业创新能力——基于中国企业家调查系统数据的实证研究》,《管理评论》2016 年第 4 期,第 98-108 页。

发,就会成为整个社会不可承受之重。也正是在这个意义上,有学者认为,要提升银行的稳健性,其对策之一就是促进、培育直接融资渠道,尽量避免经济过度依赖商业银行体系。① 因为融资渠道的分散化,将"有利于分散融资风险,有效地避免风险向银行系统集中,从而降低整个社会的风险"②。

(3)要注重直接金融和间接金融的协调发展。一方面,市场经济是一个异常复杂的系统,在市场这个大系统中,各类市场主体要生存和发展,鉴于其各自差异化的客观情况,其融资需求也是多元化的。与间接融资将风险集中在银行等金融机构不同,直接融资事实上将资金的融通和风险的分配有机结合起来,真正实现了资金作为资源的社会化配置。与间接融资青睐现实与注重担保的提供不同,直接融资主要看的是投资的潜力。概言之,在真实的市场里,直接融资和间接融资都是非常重要的,我国虽然是大银行金融体制——间接融资占据主导性的地位,但是,绝不可因此忽视直接融资的地位,因为市场的需求是如此多元,直接融资是不可或缺的存在。另一方面,之所以要强调直接融资和间接融资的协调发展,不仅是因为这两种融资方式的互补性、互动性,市场经济的持续健康发展需要这两种融资方式互补性发展,更是因为这两种融资方式在一国经济发展的不同时期有不同的特殊作用。在市场经济条件下,加之一个国家的社会、文化和经济等方面发展的差异性,这会形成一个国家的融资体制的独特个性,例如,同样是银行在社会融资体制中占据重要地位,德国的全能银行③和日本的主银行④也不尽

① 钱雪松、袁梦婷:《银行业集中度、间接融资比例和银行脆弱性——基于 1990～2008 年跨国数据的实证研究》,《中南财经政法大学学报》2012 年第 4 期,第48-53 页。

② 刘伟、王汝芳:《中国资本市场效率实证分析——直接融资与间接融资效率比较》,《金融研究》2006 年第 1 期,第 64-73 页。

③ 所谓全能银行(Universal banking)包括两个方面的含义:一方面是指能够提供多种业务的银行,这些业务的范围包括银行、证券、保险等;另一方面是指一种银行制度。参见王常柏、纪敏:《金融资产同质性:关于全能银行的一个理论分析》,《金融研究》2002 年第 6 期,第 56-62 页。

④ 所谓主银行是指和企业具有特殊的、持续的甚至是综合的交易关系的银行。参见 Aoki Masahiko & Patrick Hugh,*The Japanese Main Bank System*(Oxford: Oxford University Press, 1994),p.2.

相同,更遑论国情差异较大、社会制度差异也较大的我国。与此同时,更为关键的是,直接融资和间接融资在经济发展的不同时期发挥的作用是不同的。一般说来,在经济发展主要注重增长速度的时期,间接融资对经济发展的作用会更加强烈。因为与直接融资相比,间接融资不仅制度架构相对成熟,而且在中央银行货币政策的促动下,国家能够真正实现"集中金融资源办大事"的政策目标。但是,当经济发展到一定阶段,经济的外延式发展对整个社会发展的价值已经相对降低,社会的需求变得更加多元化,而关于直接融资的制度建构、监管体系也基本确立甚至比较成熟了,此时,发展直接融资,对于一国经济从高速发展到高质量发展的转变就具有非常重要的作用。正是在这样一种意义上,有学者就认为,"在金融发展的扩张期,相较于间接融资,直接融资对经济增长的作用更强"①。

(二)强化信息披露质量保障制度在直接融资市场中的中心地位

直接融资市场的发展会是一个比较长时间的历史过程,以老牌资本主义国家英国为例,建立在制度基础上的国家/公众信誉是英国金融市场(直接融资市场)发展的基础,这也是英国在对阵法国的百年战争中取得优势的一个重要原因。② 事实上,直接融资市场依赖的几个关键性的基础制度,就是优质的信息披露、高质量的中介机构、较为完善的法律制度、更加精明的投资者及更加完善的投资者保护制度等,这些都需要较长时间的市场选择。以信息披露制度为例,如果该制度失灵,直接融资市场就会爆发比较严重的违法违规行为,如果不能保证充分、真实、及时的信息披露,那么,其引发的后果是非常严重的。以我国证券市场为例,2020 年 5 月 9 日,中国证监会曝

---

① 何宗樾、宋旭光:《直接融资、间接融资与经济增长——基于中国季度数据的实证研究》,《云南财经大学学报》2019 年第 11 期,第 40-48 页。

② 聂庆平、蔡笑:《金融创新、金融力量与大国崛起——基于荷兰、英国和美国的分析》,《财贸经济》2008 年第 5 期,第 39-45 页。

光了 2019 年 20 起典型违法案例,经笔者整理之后,具体见表 5.7。

表 5.7　2019 年证监稽查 20 起典型违法案例①

案件名称	处罚书文号	基本情况	案发时间
中安消借壳欺诈及银信评估未勤勉尽责案	行政处罚决定书〔2019〕40 号,44—46 号	上市公司重大资产重组中并购欺诈和信息披露	2014 年 4 月 25 日
抚顺特钢财务造假案	行政处罚决定书〔2019〕147 号、33 号	国有上市企业长期系统性造假	自 2010 年以来
保千里信息披露违法违规案	行政处罚决定书〔2019〕141 号	上市公司屡次虚假陈述	2017 年以来
美丽生态信息披露违法违规及新时代证券未勤勉尽责案	行政处罚决定书〔2019〕69 号	以不实盈利预测信息实现"忽悠式"重组	2015 年
盈方微财务造假案	行政处罚决定书〔2019〕114 号	上市公司利用境外业务实施财务造假	2015 年
天翔环境信息披露违法违规案	四川证监局行政处罚决定书〔2019〕2 号	实际控制人违规占用上市公司巨额资金	2018 年
海印股份信息披露违法违规案	广东证监局行政处罚决定书〔2019〕9 号	上市公司信息披露存在误导性陈述	2019 年
新绿股份财务造假案	行政处罚决定书〔2019〕55 号	新三板公司为了兑现挂牌前的业绩对赌承诺连续造假	2013—2015 年
众华会计师事务所未勤勉尽责案	行政处罚决定书〔2019〕110 号	审计机构未充分关注重要事项受到处罚	2015 年
德邦证券未勤勉尽责案	行政处罚决定书〔2019〕121 号	主承销商未充分履行核查程序	2015 年 7 月

① 中国证券监督管理委员会:《2019 年证监稽查 20 起典型违法案例》,http://www.csrc.gov.cn/pub/newsite/jcj/aqfb/202005/t20200511_376138.html,访问日期:2022 年 4 月 10 日。

续表

案件名称	处罚书文号	基本情况	案发时间
罗山东等人操纵市场案	刑事判决书〔2019〕浙07刑初40号	操纵市场	2016—2018年
吴某某团伙操纵市场案	刑事判决书〔2017〕苏01刑初31号	股市"黑嘴"跨境实施操纵市场	2016—2019年
赵坚操纵市场案	行政处罚决定书〔2019〕128号	实际控制人滥用信息优势操纵上市公司股价	2015—2018年
吕乐等人操纵市场案	行政处罚决定书〔2019〕125号	私募基金管理人利用沪港通账户跨境操纵市场	2015年12月—2016年7月
林军操纵市场案	行政处罚决定书〔2019〕149号	新三板挂牌公司实际控制人为高价减持操纵本公司股价	2015—2016年
张郁达、张晓敏操纵市场案	行政处罚决定书〔2019〕97号	新三板挂牌公司实际控制人虚构利好信息操纵本公司股价	2016—2017年
孙洁晓等人内幕交易案	行政处罚决定书〔2019〕19号	并购重组过程中上市公司高管人员内幕交易	2016年6月—2017年2月
袁志敏等人内幕交易案	行政处罚决定书〔2019〕63号	上市公司实际控制人内幕交易	2016年
上海熙玥利用未公开信息交易案	行政处罚决定书〔2019〕93号	私募基金"老鼠仓"	2015年1—3月
丰利财富挪用基金财产案	行政处罚决定书〔2019〕43号	私募基金管理人违反信义义务	2015年9月

以2019年的这20起典型违法案为例,我们可以看到一些规律性的东西:

(1)证券市场违法行为的查处耗时较长。当年发生的违法行为,当年就进行查处的情况仅有1起案例,且该案例属于上市公司因为猪瘟防治蹭热点进行误导性信息披露,然后被证监会查处的情况——也就是说,属于弄巧成拙的情况,占比仅为 5% 。易言之,95% 以上的案件都是违法行为发生后 3 年以上才被查处的,耗时 3 ~ 5 年的案件为 13 起,占比为 65% ,其中耗时最长的一个案件长达 10 年。如此我们不难得出结论,证券市场的违法行为被查处的时间一般为 3 年以上。同时,从违法行为发生到被查处之日相隔如此之久,一方面说明此类案件查处难度很大,另一方面也说明此类违法行为隐蔽性很强、技术性很强。比如,在"新绿股份财务造假案"中,违法行为发生于 2013 年,而到 2015 年这种违法行为就停止了。此后,很长一段时间,执法机构都没有发现这种违法行为,直到 2019 年才被处罚。由此来看,既要加强我国证券市场的执法力度,也要加强我国的相关制度建设。如果具备必要的制度厚度,此种情况应该会得到很大的改观。

(2)信息披露方面的违法案件占比较大。在这 20 起典型案例中,信息披露违法行为案例达到 10 起,占比为 50% 。也就是说,证券市场一半以上的违法行为都与信息披露有关。这从一个侧面说明,与间接融资市场不同,基于抵押和信用的担保作用,直接融资市场更加依赖信息的准确与否。因为在直接融资市场,政府监管机构的介入是比较有限的,主要依赖投资者对融资者重要信息的分析和判断。正因为如此,直接融资市场中的信息披露就显得非常关键,而违法企业也往往会在信息披露方面"做手脚"。于是,反映到执法层面,就是关于信息披露方面的违法行为不断出现。从经济学的角度分析,之所以会集中出现这种信息披露的违法行为,是因为这种违法行为的成本较低,特别是在现代社会,信息传播的速度非常快,更容易触发此类违法行为。应当说,直接融资市场的这个"痼疾",就算是在英美这样的直接融资市场制度相对比较完善的国家都是一个很严峻的挑战。信息不披露、披露不完全、披露不真实等情况时刻笼罩在直接融资市场的表面繁荣之下。信息披露在直接融资市场中可以说居于中心地位,其不仅要求披露信息的内容要真实、准确、完整,而且要求披露信息的载体要集中、统一、友好,从而减少投资者寻找多个信息披露文件的负担,减少投资者阅读和理解不同类型信息的负担。① 此外,正如有学者在研究美国证券市场之后所指出的,作为虚拟经济的主要形式,美国证券市场的发展与实体经济的发展基本是同步的,但是,这主要是从长期来看的,从短期来看,实体经济和虚拟经济之间的这种关系可能呈现出相反的趋势。② 事实上,这个现象具有普遍性。这就为投资者带来一个现实的难题——你从长期可以分析出这个股票的走势,或者从实体经济的发展大致判断出虚拟经济的走势,但是,在短期之内,要分析出这个精确的走势几乎是很困难的。应当说,这种虚拟经济和实体经济的不一致性,也为证券市场形形色色的虚假信息流行提供了土壤和空间。

之所以信息披露在直接融资市场有意义和价值,是因为信息自身的真实性。事实上,如果信息不真实,甚至直接就是弄虚作假的信息,那么,这种信息披露本身就是没有意义的。信息到底应当如何披露,我国《证券法》第七十八条到第八十七条对此作了比较详细的规定,如第七十八条明确规定:"发行人及法律、行政法规和国务院证券监督管理机构规定的其他信息披露义务人,应当及时依法履行信息披露义务。信息披露义务人披露的信息,应当真实、准确、完整,简明清晰,通俗易懂,不得有虚假记载、误导性陈述或者重大遗漏。证券同时在境内境外公开发行、交易的,其信息披露义务人在境外披露的信息,应当在境内同时披露。"应当说,这些规定是很清楚的,但是问题在于以下三方面:

第一,董事、监事和高级管理人员的信息披露责任如何落实。《证券法》第八十二条规定:"……董事、监事和高级管理人员无法保证证券发行文件和定期报告内容的真实性、准确性、完整性或者有异议的,应当在书面确认

---

① 唐应茂:《证券法、科创板注册制和父爱监管》,《中国法律评论》2019 年第 4 期,第 130-140 页。
② 陈红:《美国证券市场发展的历史演进》,《经济经纬》2006 年第 1 期,第 133-136 页。

意见中发表意见并陈述理由,发行人应当披露。发行人不予披露的,董事、监事和高级管理人员可以直接申请披露。"《证券法》第八十五条规定:"信息披露义务人未按照规定披露信息,或者公告的证券发行文件、定期报告、临时报告及其他信息披露资料存在虚假记载、误导性陈述或者重大遗漏,致使投资者在证券交易中遭受损失的,信息披露义务人应当承担赔偿责任;发行人的控股股东、实际控制人、董事、监事、高级管理人员和其他直接责任人员以及保荐人、承销的证券公司及其直接责任人员,应当与发行人承担连带赔偿责任,但是能够证明自己没有过错的除外。"根据这个规定,以董事、监事和高级管理人员的信息披露责任为例,只要其能证明自己没有过错,就可以不承担责任。而有没有过错,其实第八十二条至少已经部分回答了这个问题,就是董事、监事和高级管理人员如果不签字,甚至有的直接签署"不保证信息的真实性"的特别说明,那么,此时董事、监事和高级管理人员就可以说基本没有过错。然而,因此就可以不承担责任,是否会助长董事、监事和高级管理人员的道德风险——不管什么情况,一概签署"不保证信息的真实性",或者说对这个信息披露持保留意见。

第二,谁来监督信息披露的问题。从表面上看,《证券法》第八十七条对信息披露的监督已经明确,"国务院证券监督管理机构""证券交易场所"为监督主体,但是,问题在于,这两个监督主体在实践中如何协调和操作?就证券交易场所而言,其可能还面临着其他交易场所的竞争问题——如上海证券交易所就面临深圳证券交易所的竞争问题,因此,其如何真正落实这个信息披露的监督,尚存在一些空间。同时,就国务院证券监督管理机构而言,其主要问题是在证券交易场所已经监督的情况下,如何既能不重复监督从而给直接融资市场带来一些不必要的干扰,又能切实落实好监督作用,如何在与证券交易场所沟通、未沟通的情况下进行监督,恐怕也是值得进一步思考的。此外,这里的国务院证券监督管理机构到底是指哪一个机构?正如有学者所指出的,"以'国务院证券监督管理机构'这样一个笼统的概念来指代证券监管机构,这种弹性规定使证券监管机构既可以是单数也可以是复数"①。此外,如果"国务院证券监督管理机构""证券交易场所"没有依法履行信息披露的监督义务,其法律责任到底如何承担? 从我国《证券法》来看,对从事违法行为的公司或者高级管理人员、中介机构等都有比较详细的法律责任的规定,但是,对于"国务院证券监督管理机构""证券交易场所"的法律责任是什么,从目前的《证券法》的规定看,仅有该法第二百一十六条规定了"对直接负责的主管人员和其他直接责任人员,依法给予处分",第二百一十七条规定了"依法追究法律责任",但问题在于,这个处分的威慑力是否足以促使监管机构去行使或者不行使这个监管权力? 至于"依法追究法律责任",更是非常模糊的,可以说仅仅归属于"宣示性的规定"。

第三,信息披露的法律责任力度是否足够的问题。就信息披露的法律责任而言,对于公司或者机构的法律责任,笔者认为《证券法》修订之后,其威慑力度是比较大的。但是,笔者认为,其对个人的法律责任,其实还是存在偏轻的情况。例如,根据《证券法》第一百九十七条的规定,对直接负责的主管人员和其他直接责任人员,其承担责任的范围为 20 万～200 万元,应当说,这个处罚力度,相对于信息披露违法行为的危害性而言,还是过轻的,不足以达到制止这些违法行为的目的。因此,要真正构建以信息披露质量为核心的直接融资制度体系,尚需进一步压实公司董事、监事和高级管理人员的责任,进一步明确监督者的职权职责问题,并加大对直接责任人员的处罚力度。

(三)从完善直接融资市场基础制度的角度来推进注册制

"证券发行管理模式的选择可以说是一国资本市场政府和市场关系本

---

① 李东方:《论股市危机后中国股票发行注册制改革的对策》,《中国政法大学学报》2017 年第 5 期,第 52-65 页。

质的集中体现。"①政府和市场的关系在资本市场中如何定位,管理模式的选择就是显示性的制度安排。也正因为如此,有学者就认为,"……全面推行注册制。这是中国资本市场发展过程中对于发行制度的第三次改革"②。事实上,证券发行从审核制走向注册制,既是中国资本市场进一步深化改革的必然结果,也是审核制遇到了不可克服的一些困难和挑战的结果。

(1)注册制的推行避免了排队上市和借壳上市的不合理现象。在审核制下,监管机构出于实质性审批的考虑,加之需要上市的公司众多,因此,排队上市就成为中国直接融资市场独一无二的现象。由于上市的地点不是深圳就是上海,而这两个证券交易所的基础设施又是相对比较有限的,因此,众多的上市公司就只能排队上市。排队上市还会带来一个意想不到的副产品:如果排队时间过长,那么,上市条件中的持续盈利就有可能被打破,或者在排队的时候是符合这个条件的,但是,排队之后这个条件就不再符合了。就借壳上市而言,主要是由于上市很难,因此,出现一种具有中国特色的现象:就是公司本身可能已经没有存在的商业价值了,但是,由于公司上市很难,因此,这个上了市但已经没有实质商业价值的公司,其留下的这个"壳"还是很有价值的——如果其他公司购买了这个壳,就可以上市了,这在我国被形象地称为"借壳上市"。在IPO审核制下,上市公司凭借稀缺的上市资源获得真实价值以外的壳价值——壳溢价不是错误定价,而是与管制风险相关。③ 进言之,"证券监管部门对IPO的管制导致了壳价值,这种管制政策的不断变化导致了上市公司期望壳价值的不断变化,进而导致了股价的波动"④。概言之,一个本来已经被市场淘汰的公司,之所以死而不僵,就是因

---

① 陈洁:《科创板注册制的实施机制与风险防范》,《法学》2019年第1期,第148-161页。
② 曹凤岐:《从审核制到注册制:新〈证券法〉的核心与进步》,《金融论坛》2020年第4期,第3-6页。
③ 屈源育、沈涛、吴卫星:《壳溢价:错误定价还是管制风险?》,《金融研究》2018年第3期,第155-171页。
④ 同上。

为监管部门的深度介入产生了异化作用。显然,注册制的推行,将让这种上市公司的壳变得不再稀缺,自然,所谓的"借壳上市"也就成了无源之水。反过来,对监管者而言,其也不再需要"穿过"上市公司的这个壳进行监管,事实上也会降低监管的复杂性并提升监管的效率。

(2)注册制的推行从根本上解决了饱受诟病的明股实债及其处理问题。一般认为,所谓明股实债是指"在项目资本金融资过程中,社会资本方引入金融机构,金融机构名义上以股权形式投资于大部分项目资本金,但是投资回报不与项目公司的经营业绩挂钩,而是与资金需求方签署回购协议并获取固定回报,实质是一种结构性的股权融资安排"[1]。出现这种"挂羊头卖狗肉"的尴尬情况,原因有很多种,但是,公司在融资过程中面临差异化的融资制度安排从而造成公司之间不能公平融资竞争则是其中最重要和最根本的原因。概言之,为什么会有明股实债这个问题?其根源还是一个融资"名不正"的问题,而融资名不正,关键又在于一些集团拥有所谓的"全牌照"——证券、银行、保险的全部金融牌照,这就是所谓的金融混业经营。[2] 于是,在市场竞争中,我们可以看到,对某些企业集团而言,它们无论以什么方式融资都是合法的——因为它们拥有各种融资方式的牌照。但是,对其他企业或者企业集团而言,其融资的方式、渠道非常有限,因为没有相关牌照的许可,所以他们从事的这些融资行为就很容易陷入违法的境地。可以想象,对一个"全牌照"的企业集团而言,所谓的明股实债是不存在的,因为各种融资方式在这些企业都可以实现无缝对接和转化。

---

[1] 黎毅、邢伟健、魏成富:《规范运作背景下 PPP 项目资本金融资的反思与重构》,《经济问题》2018 年第 8 期,第 32-39 页。

[2] 一般认为,金融混业经营有两层含义:一是金融业务的混合、交叉经营,即"一个法人、多块牌照、多种业务",也叫一级法人制;二是金融控股权的混业,即在控股公司下有多种金融控股权的混合,具体讲就是"多个法人、多块牌照、多种业务"。参见黄鑫、彭雪梅:《混业经营、金融牌照与保险公司经营效率》,《保险研究》2017 年第 7 期,第 22-37 页。

（3）注册制的推行在一定程度上消解了审核制下的静态监管问题。从现实的角度看,我们知道,一个公司是不断发展的,如果仅仅注重或者过分注重所谓的上市时的条件,就会看不到将上市的公司本身就是一个不断变化发展的法人的实际情况。事实上,一个公司的上市条件是动态的,正因为如此,我国《证券法》对证券发行条件的规定发生了一个很大的变化,这就是针对公开发行股票的要求由"具有持续盈利能力"修改为"具有持续经营能力"。从"持续盈利能力"变为"持续经营能力",看上去虽只有两个字的差异,但真正是"差之毫厘,谬以千里"。正如有学者所指出的,这一修改是把对证券市场的监管由"'往后看'改成了'向前看',也就是说不看公司过去是不是盈利,而是看公司未来能否盈利,能不能持续经营,投资者是购买未来,不是购买过去。尤其是科创板,科技企业创立初期没有足够的业绩,如果完全按照过去的发行办法是上不了市的,而新兴的科技企业又急需要筹资,所以这个变化对科技企业的发展非常有利"①。

综上所述,注册制的推行可以说在一定程度上扫除了我国直接融资市场的诸多弊端,是我们充分发挥市场在资源配置中的决定性作用的具体体现。也正是在这个意义上,我们需要从完善直接融资市场基础制度的角度来推进注册制在我国的生根发芽,具体做法如下所述。

第一,要把控注册制推进的节奏。注册制不是一个简单的证券上市方式的转变（虽然转变也是题中的应有之义）,而是直接融资市场基础制度架构的具体体现,是直接融资市场中政府和市场之间边界的重新划分。如果说传统的审核制更多地依赖政府的干预,那么,注册制就更多地依赖市场的调节。但是,任何一种制度安排都是有路径依赖的,同时,市场主体,包括监管机构、证券交易所等,对旧规则的接纳可以说是根深蒂固的,对新规则的吸纳存在一个过程也是自然而然的。我们还要看到,注册制的推行,并不是

---

① 曹凤岐:《从审核制到注册制:新〈证券法〉的核心与进步》,《金融论坛》2020 年第 4 期,第 3-6 页。

市场自然演化的结果,而主要是政府推进的结果。作为一种"人造之物",其所调节的利益主体并没有经过一个充分的利益博弈过程,因此,这个制度的执行注定会有一些阻力和困难。如果从这样一个视角来审视我们的注册制,那么,以一种循序渐进的方式来推进这一制度安排就显得合情合理且契合实践。也正是在这个意义上,有学者就深刻地指出,在技术层面证券交易所不能马上实现完全独立,在发展层面中国目前处于向市场经济的过渡阶段,资本市场也处于过渡阶段。[①] 因此,改革是一个逐步的过程,注册制不能马上全部实现就是意料之中的事情。

第二,要强调信息披露在注册制中的核心地位。注册制与审核制最大的不同就是转换了证券发行的担保依据。在审核制下,证券发行的担保主要是由政府的严格审查来实现的。事实上,正因为政府监管机构要对上市公司进行严格的审查,其不可避免要耗费大量的时间、物力,因此出现排队上市的现象其实也是必然的结果。之所以这样,是因为直接融资市场少了银行这样的缓冲机构,是资金需求双方的直接对接。在这种情况下,资金提供方之所以愿意将资金提供给融资主体,主要是因为政府监管机构的信誉担保——每一只上市的股票都是经过监管机构审核过的。但是,在注册制下,政府不能再发挥审核制下的那种功能,而主要变成一个中立的裁判者。那么,此时融资市场要健康发展,投资者主要的判断依据就是公司提供的信息,正如有学者所指出的,公司的信息披露就在注册制的推进中居于一种中心的地位。[②] 事实上,作为社会经济生活中最重要的经济组织形式,每一个公司对投资者而言都是一个抽象的主体,其认知和信赖这个主体的关键就在于这个主体披露的信息,特别是在公司上市时披露的有关信息。也正是在这个意义上,监管机构对公司信息披露的监管,可能需要在信息披露的个

① 曹凤岐:《从审核制到注册制:新〈证券法〉的核心与进步》,《金融论坛》2020年第4期,第3-6页。
② 唐应茂:《证券法、科创板注册制和父爱监管》,《中国法律评论》2019年第4期,第130-140页。

性化方面下更多的功夫——因为每一个公司都是一个独立的法人,都是有不同的企业文化和企业气质等,所以,真正能了解这个公司的,只能是关于这个公司才有的一些独特的信息——显示这个公司之所以是这个公司而不是其他公司的信息。这样一来,传统的那种千篇一律的信息披露方式和模式就需要得到根本的改变。同时,这种传统的由政府承担的诸多的上市条件的审查,在注册制下,因为对信息披露的强调,所以需要一种更为精练的表达方式。公司的信息是海量的,但是,与公司股票发行有关或者直接有关的信息是有限的。如果要实现从审核制向注册制的转变,一个很重要的节点就在于要重新思考证券上市的条件,应当从内容上适当减少上市的条件,这样既能实质性地减少证券交易所的工作,也能够提高披露的信息的精准性。

第三,要不断推进注册制的核心制度建设。从国际层面看,注册制的推行,其实应当从各国资本市场建设已经存在竞争的大背景下去理解。可以想象,如果我国还是实行审核制,美国等一众资本主义国家实行注册制,在这种情况下,在中国排队上市的企业,就会有很大一部分到美国去上市。从短期看,这并没有什么大的影响,因为刚上市的企业,基本上属于创业阶段的企业,但是,这些企业恰恰代表一个国家今后的发展潜力和趋势。如果从这个角度去审视注册制的推进,就会发现这并不是一个关乎当下经济发展的严峻问题,而是一个关系未来经济发展的重大问题。因此,在肯定注册制落地的同时,我们可能还要注重推进这一基础性制度安排中的核心制度建设,因为核心制度建设是金融市场化的重要发展保障。[①] 概言之,注册制中的核心制度包括:①关于注册制落地的技术性规则群。这一规则群的价值就在于为注册制如何切实落地提供基础保障,如在注册制背景下,证券发行的审核标准、审核程序、审核主体及其责任等,都需要精细化的制度建构。

---

① 刘利刚:《金融改革应循序渐进》,《经济导刊》2013 年第 z3 期,第 63-64 页。

②如何在注册制的背景下思考退市规则的问题。正如有学者指出的,在审核制下,退市规则存在的突出问题是"重上市轻退市,退市规则简陋,'壳公司'业务空心化、反复重组、僵而不退的问题非常突出"①。如果说注册制的推行,"壳"已经不那么重要的话——这个问题可以算不治而愈了,但其他问题可能依然存在。并且,既然上市变得更加简单,那么,很可能出现公司成立推进注册资本制一样出现更多的僵尸企业。如何解决这种新办法带来的新问题,可能还是需要进一步研究和思考。③如何在注册制的背景下加强对中介机构的监管。虽然注册制下更加强调中介机构的责任问题,将公司股票是否上市更多地交给中介机构来决定,但是,从整个经济社会发展的角度看,我们不能"坐等出事"。毫无疑问,出现违法违规行为,对中介机构进行处罚和规制是重要的,但是还远远不够,如何真正提升这些中介机构的业务水平、如何将一些风险控制在萌芽状态,可能是更加需要思考的问题。特别是在注册制推进的过程中,一些机制和体制的问题还没有完全理顺,如果再过度地依靠事后的责任追究,而不是防患于未然,那么,一旦爆发系统性风险或一些中介机构不能承受甚至整个社会都难以承受的风险,那肯定不是我们推进注册制的本意。因此,从完善注册制的核心制度的角度看,提供一些能够降低这些风险的制度安排,也是完善这一制度的应有之义。④如何应对在注册制背景下的金融创新问题。金融创新是保持金融系统活力的重要动力所在,不能简单地一禁了之,这样不仅不科学,效果也不好。同时,正如有学者所指出的,"与所有国家一样,中国的金融创新活动大多是还没有写入法律的金融交易活动,经常游走在合法、非法与违法性质之间"②。因此,在注册制背景下,如何思考和应对金融创新,也是一个需要重点关注的问题。此外,关于如何保护在注册制背景下的金融消费者的权益,虽然"新

---

① 陈洁:《科创板注册制的实施机制与风险防范》,《法学》2019 年第 1 期,第 148-161 页。
② 周莉萍:《金融结构理论:演变与述评》,《经济学家》2017 年第 3 期,第 79-89 页。

《证券法》中用专章规定了'投资者保护'可以认为是一个很大的进步"[1]，但是，如何具体落地，尚需进一步研究。

---

[1] 宋晓燕：《论有效金融监管制度之构建》，《东方法学》2020 年第 2 期，第 103-120 页。

结语 创立契合中国国情的虚拟经济有限发展法学理论

作为一般性的主张,理论是对解释对象术语或者变量的定义,以使该主张在逻辑上具有某种自洽性、在实践上具有某种倾向性或者预测性。伟大的行动需要伟大的理论,伟大的理论势必是符合世界潮流、契合本国国情、具有本国特色的时代精华。人们之所以重视和注重理论的推陈出新,正是因为看到了理论部分植根于时代的客观性和部分超越时代的穿透性,因为好的理论总是能让决策者看到很多当下看不到的东西。虚拟经济将向何处去? 什么是虚拟经济的理想图景? 虚拟经济的发展是否存在一个限度? 国家应当如何来发展虚拟经济……林林总总的问题,既是当今时代需要着力予以回应的重大现实,也是理论研究展示其解释力的重要方式。

虚拟经济为何要有限发展? 虚拟经济为何只能有限发展? 虚拟经济如何才能实现有限发展? 笔者以"五论"的方式,在一定程度上回答了这些问题:

(1)范畴论。虽然虚拟经济的范畴非常宽广,但是,虚拟经济的本质特性和虚拟经济的价值表现才是其最基本的范畴,这是解释虚拟经济是什么和只能是什么的重要理论前提。从虚拟经济的本质特性来看,作为所有权虚化的产物,虚拟经济以"交易—再交易"为主要运动形式,既具有高风险性,也具有弱寄生性。从虚拟经济的价值表现来看,作为现代实体经济发展的资本积聚器:虚拟经济既是保持实体经济活力的发动机,也是国家升级现代产业结构的助推器;既是一种环境友好型的经济形态,也是人类应对经济危机的重要手段。

(2)根据论。虚拟经济有限发展的根据是什么,这就必须在市场逻辑和政府规制中寻求答案。就虚拟经济的市场逻辑而言:我们既要看到虚拟经济对价值规律的异化,也要看到其对需求定律的扭曲;既要看到虚拟经济对市场经济非自洽性的放大,也要看到其引发的"脱实向虚"的发展风险。就虚拟经济的政府规制而言:一方面,保障虚拟经济的持续发展和遏制虚拟经济的异化均需要政府规制;另一方面,作为虚拟经济安全运行的兜底措施,政府规制既能实现虚拟经济和实体经济的有机联动,也是保障投资者权益的重要举措。

(3)目标论。虚拟经济为什么只能有限发展,从根本上讲,这是虚拟经济的发展目标所决定的。值得注意的是,虚拟经济有限发展这样一个目标不仅是理论的建构,而且是现实的必然逻辑:一方面,实体经济从根本上制约着虚拟经济的发展限度,如果虚拟经济过分扩张,也会造成虚拟经济走向泡沫化;另一方面,虚拟经济的发展本身就是制度"孕育"的产物,是一种制度的再造之物。

(4)程度论。倡导虚拟经济有限发展,势必需要衡量虚拟经济是否实现了有限发展,这就必须型构明线规则或者标准予以回应。要衡量虚拟经济是否实现了有限发展,可以从虚拟经济中市场主体的权益保护、公权力机构的责任配置、虚拟经济的宏观制度架构体系化程度三个层面得到解答。

(5)路径论。如何才能在宏观层面上实现虚拟经济的有限发展?一方面,我们需要对国家干预与市场决定进行双重强调,在规模上实现虚拟经济与实体经济的匹配,并注重直接融资市场的发展边界问题;另一方面,我们需要在维持大银行金融体制的同时,坚持以审慎监管为特色的虚拟经济监管体制。总之,在开放经济条件下,我们必须立足本国、放眼全球,发展好本国的虚拟经济,真正实现本国虚拟经济的有限发展,从而促进国家经济的进一步发展,更需要以一种系统思维、整体思维、镜鉴思维、发展思维来对虚拟经济的发展进行多角度和多层次的检视。

虚拟经济当如何发展?虚拟经济要发展到什么程度?虚拟经济可以像实体经济一样无限增长或者发展吗?在很长一段时间内,我国对这几个问题主要是基于一种学习的态度、后发国家的发展心态来对待的。同时,以美国和英国为代表的虚拟经济发展模式,在很长一段时间内,甚至是在今后很长一段时间内,都是我们学习甚至模仿的对象。但是,英国的兴衰轨迹和美国在虚拟经济过度发展之后对"再工业化"的倡导,从某种程度上揭示了我们的学习乃至模仿的限度。例如,在很长一段时间内,我国虚拟经济改革的主要着力点就是大力发展直接金融,对我国的大银行金融体制持一种较为怀疑的态度,甚至一度视这样一种融资体制为"落后"的金融体制,是需要"深化改革"的对象。但是,如果站在一种历史的角度、站在实现中华民族伟大复兴的角度来思考这个问题,我们就会发现,真正有生命力和管用的,都是经过实践检验的东西,这就是来自中国的经验总结、扎根中国现实的理论创新和匹配中国需要的制度建构。模仿是超越的必要阶段,但是纯粹的模仿永远不是超越的答案。如果我们再将英美的虚拟经济治理奉为圭臬,那么,我们永远只能亦步亦趋,或者重走这些国家走过的虚拟经济治理道路。在笔者看来,英美国家在虚拟经济治理和发展方面,最大的失误就是没有实现虚拟经济的有限发展,过度放任了虚拟经济的无节制增长,从而引发了整个国家经济的"脱实向虚"问题。当然,国家经济"脱实向虚"有没有问题?既有问题,也没有问题。说国家经济"脱实向虚"有问题,主要是基于我们的世界依然存在所谓的"文明冲突"①,民族国家依然林立全球,每个国家内部的发展不均衡依然客观存在,在这种情况下,国家经济的"脱实向虚"就不仅

---

① 塞缪尔·亨廷顿:《文明的冲突与世界秩序的重建》,周琪、刘绯、张立平等译,新华出版社,2010,第274页。

是危险的,而且对大多数普通老百姓也是不公平的——因为虚拟经济提供的就业机会远远少于实体经济。说国家经济"脱实向虚"没有问题,主要是考虑到第二次世界大战以来全球化的深入发展且成果丰硕,基于布雷顿森林体系(包括国际货币基金组织和世界银行两大金融机构)、巴塞尔协议等全球金融治理的深入发展与普遍性的接受(基本上是普遍接受的),基于虚拟经济的环境友好型魅力——这部分解释了英美这样的发达国家为何环境更好,而印度、中国这样的国家面临的环境挑战更大,因此,国家经济"脱实向虚"并没有显得那么不可救药甚至致命。但是,当今世界第一的虚拟经济强国美国在2008年爆发了金融危机,之后美国深受实体经济"脱实向虚"之困,以至于美国提出"再工业化"的政策,一系列情况表明:虚拟经济的无限增长(发展)并不是彼岸花而是镜花水月,不是现实也不能成为现实。与此同时,我们也必须意识到,我国的虚拟经济发展还存在很多问题,虚拟经济的发展在我国还具有相当重要的意义,借鉴国外特别是英美国家的成功经验和不迷信他们的经验至少是同等重要的。

基于全球性的视野和立足本地的方法,我们在充分认识和分析虚拟经济的利弊得失的基础上,提出了虚拟经济有限发展的法学新命题。深刻理解这个命题,需要特别注意以下五个方面:①这一理论命题需要在时代背景下阐释。《法治中国建设规划(2020—2025年):节录》指出,要"立足我国国情和实际,加强对社会主义法治建设的理论研究,尽快构建体现我国社会主义性质,具有鲜明中国特色、实践特色、时代特色的法治理论体系和话语体系"①。②倡导虚拟经济的有限发展,并不是忌讳虚拟经济的发展,也不是认为我国的虚拟经济发展已经到了极限,而是认为虚拟经济的发展必须基于中国的实践需要。③倡导虚拟经济的有限发展,并不意味着要不当束缚虚拟经济发展的手脚,因为是否有限的参照物并不是虚拟经济自身,而是实体

---

① 《法治中国建设规划(2020—2025年):节录》,中国法制出版社,2021,第34页。

经济。也就是说,虚拟经济是否实现了有限发展,是看它与实体经济的匹配程度,并不是看绝对的虚拟经济规模。④虚拟经济的有限发展是非常必要的。现代国家的经济体系几乎已经被固化为二元体系——实体经济和虚拟经济,虚拟经济不能离开实体经济而一路向前,实体经济同样不能离开虚拟经济的支撑而一枝独秀。要反对"脱实向虚",同样也要坚决反对"视虚如虎"。⑤尽管虚拟经济是环境友好型经济,但是,其增长并不能无限制和无节制。这包括两层意思:其一,虚拟经济是可以实现无限增长的;其二,虚拟经济很容易滑入没有节制的状态。在这个程度上,虚拟经济和实体经济还存在一个不可逾越的鸿沟:实体经济在理论上也可能实现无限增长,但是,鉴于实体经济是资源消耗型经济,而资源在一定时空之内是有限的,因此,实体经济要实现无限增长基本只存在于理论模型中。然而,虚拟经济作为一种社会价值运动,其本身是不需要实体经济那种资源支撑的,因此,其很容易滑入无限膨胀的泥潭,应当说,这也是我们倡导虚拟经济有限发展的根据之一。同时,"只有把虚拟经济的发展关在制度的笼子里,才能真正实现虚拟经济和实体经济的各得其所,也才能真正实现一国经济的安全发展与持久繁荣"①。当然,任何理论的提出,因为提供了新的解释范式,可能会解决某些问题,也可能会引发一些新问题,这种对先前理论的重建和再评价是一个革命的过程,不可能在一夜之间实现。② 时光不语,静待花开!

---

① 肖顺武:《中国虚拟经济安全发展的制度构造论纲》,《山西大学学报(哲学社会科学版)》2021 年第 6 期,第 137-145 页。

② 托马斯·库恩:《科学革命的结构》,金吾伦、胡新和译,北京大学出版社,2003,第 6 页。

参考文献

一、中文类参考文献

（一）著作类

[1] 《法治中国建设规划（2020—2025 年）：节录》，中国法制出版社，2021。

[2] 彼得·斯坦、约翰·香德：《西方社会的法律价值》，王献平译，中国法制出版社，2004。

[3] 布莱克：《法律的运作行为》，唐越、苏力译，中国政法大学出版社，1994。

[4] 陈志武：《金融的逻辑》，国际文化出版公司，2009。

[5] 成思危主编：《虚拟经济概览》，科学出版社，2016。

[6] 程燎原、江山：《法治与政治权威》，清华大学出版社，2001。

[7] 道格拉斯·C.诺思：《经济史上的结构和变革》，厉以平译，商务印书馆，1992。

[8] 德鲁克：《管理的前沿》，许斌译，上海译文出版社，1999。

[9] 弗雷德里克·勒雷艾弗、弗朗索瓦·比雷：《高频交易之战：金融世界的"利器"与"杀器"》，李宇新、刘文博译，机械工业出版社，2015。

[10] 高鑫：《虚拟经济视角下的金融危机研究》，人民出版社，2015。

[11] 哈耶克：《自由秩序原理（上）》，邓正来译，生活·读书·新知三联书店，1997。

［12］胡光志:《内幕交易及其法律控制研究》,法律出版社,2002。

［13］胡光志:《虚拟经济及其法律制度研究》,北京大学出版社,2007。

［14］康芒斯:《制度经济学(上册)》,于树生译,商务印书馆,1962。

［15］克拉勃:《近代国家观念》,王检译,商务印书馆,1957。

［16］李昌麒:《经济法——国家干预经济的基本法律形式》,四川人民出版社,1995。

［17］李昌麒:《经济法学(第二版)》,法律出版社,2008。

［18］李昌麒:《经济法学(第三版)》,法律出版社,2016。

［19］李昌麒:《经济法学(第四版)》,中国政法大学出版社,2011。

［20］李多全:《虚拟经济基本问题研究》,经济日报出版社,2015。

［21］梁慧星、陈华彬:《物权法(第二版)》,法律出版社,2005。

［22］林继恒:《金融消费者保护法之理论与实务》,台湾法学出版股份有限公司,2012。

［23］林毅夫、蔡昉、李周:《中国的奇迹:发展战略与经济改革(增订版)》,格致出版社、上海三联书店、上海人民出版社,2014。

［24］马怀德:《国家赔偿法的理论与实务》,中国法制出版社,1994。

［25］中共中央马克思恩格斯列宁斯大林著作编译局:《马克思资本论(第3卷)》,人民出版社,2004。

［26］卡佩莱蒂编:《福利国家与接近正义》,刘俊祥等译,法律出版社,2000。

［27］乔治·萨拜因:《政治学说史》,盛葵阳、崔妙因译,商务印书馆,1986。

［28］秦晖:《市场的昨天与今天:商品经济·市场理性·社会公正》,东方出版社,2012。

［29］塞缪尔·亨廷顿:《文明的冲突与世界秩序的重建(修订版)》,周琪、刘绯、张立平等译,新华出版社,2010。

［30］沈朝晖:《证券法的权力分配》,北京大学出版社,2016。

［31］斯蒂格利茨:《经济学(第二版)》,梁小民、黄险峰译,中国人民大学出

版社,2000。

[32] 斯坦利·L. 布鲁:《经济思想史(原书第6版)》,焦国华、韩红俊译,机械工业出版社,2003。

[33] 孙宪忠:《德国当代物权法》,法律出版社,1997。

[34] 汤因比、池田大作:《展望二十一世纪:汤因比与池田大作对话录(第二版)》,荀春生、朱继征、陈国梁译,国际文化出版公司,1999。

[35] 托马斯·霍布斯:《利维坦》,黎思复、黎廷弼译,商务印书馆,1985。

[36] 托马斯·库恩:《科学革命的结构》,金吾伦、胡新和译,北京大学出版社,2003。

[37] 王全兴:《经济法基础理论专题研究》,中国检察出版社,2002。

[38] 王卫国主编:《金融法学家(第九辑)》,中国政法大学出版社,2018。

[39] 威利·莱顿维塔、爱德华·卡斯特罗诺瓦:《虚拟经济学》,崔毅译,中国人民大学出版社,2015。

[40] 威廉·戈兹曼:《千年金融史:金融如何塑造文明,从5000年前到21世纪》,张光亚、熊金武译,中信出版社,2017。

[41] 吴敬琏:《呼唤法治的市场经济》,生活·读书·新知三联书店,2007。

[42] 吴树青、卫兴华、洪文达主编:《政治经济学(资本主义部分)》,中国经济出版社,1993。

[43] 伍聪:《英美金融道路的历史经验与中国启示》,中国社会科学出版社,2016。

[44] 肖顺武:《中国粮食安全的倾斜性金融支持法律机制研究》,法律出版社,2019。

[45] 亚当·普沃斯基:《国家与市场:政治经济学入门》,郦菁等译,格致出版社、上海人民出版社,2009。

[46] 亚当·斯密:《国民财富的性质和原因的研究(下卷)》,郭大力、王亚南译,商务印书馆,1974。

［47］亚里士多德:《政治学》,吴寿彭译,商务印书馆,1965。

［48］野口悠纪雄:《泡沫经济学》,金洪云译校,曾寅初译,生活·读书·新知三联书店,2005。

［49］张守文:《经济法学(第二版)》,中国人民大学出版社,2012。

［50］张维迎:《信息、信任与法律》,生活·读书·新知三联书店,2006。

［51］张五常:《经济解释 卷一:科学说需求(神州增订版)》,中信出版社,2010。

［52］中共中央马克思恩格斯列宁斯大林著作编译局:《马克思恩格斯全集(第23卷)》,人民出版社,1972。

［53］中共中央马克思恩格斯列宁斯大林著作编译局:《马克思恩格斯全集(第35卷)》,人民出版社,1972。

［54］中共中央马克思恩格斯列宁斯大林著作编译局:《马克思恩格斯全集(第46卷)》,人民出版社,1972。

［55］中共中央马克思恩格斯列宁斯大林著作编译局:《马克思恩格斯全集(第4卷)》,人民出版社,1972。

［56］中共中央马克思恩格斯列宁斯大林著作编译局:《马克思恩格斯文集(第1卷)》,人民出版社,2009。

［57］中国人民银行金融稳定分析小组:《中国金融稳定报告(2020)》,中国金融出版社,2020。

［58］中国社会科学院语言研究所词典编辑室编:《现代汉语词典(第7版)》,商务印书馆,2016。

［59］周枏:《罗马法原论(上)》,商务印书馆,1994。

［60］周其仁:《货币的教训:汇率与货币系列评论》,北京大学出版社,2012。

［61］周莹莹、刘传哲:《虚拟经济与实体经济协调发展研究》,经济管理出版社,2013。

（二）论文类

［1］蔡守秋:《论环境友好型社会的法制建设》,《甘肃政法学院学报》2006 年
　　第 5 期,第 14-29 页。

［2］曹凤岐:《从审核制到注册制:新〈证券法〉的核心与进步》,《金融论坛》
　　2020 年第 4 期,第 3-6 页。

［3］陈红:《美国证券市场发展的历史演进》,《经济经纬》2006 年第 1 期,第
　　133-136 页。

［4］陈洁:《科创板注册制的实施机制与风险防范》,《法学》2019 年第 1 期,
　　第 148-161 页。

［5］陈彦斌、刘哲希、陈伟泽:《经济增速放缓下的资产泡沫研究——基于含
　　有高债务特征的动态一般均衡模型》,《经济研究》2018 年第 10 期,第
　　16-32 页。

［6］成思危:《虚拟经济的基本理论及研究方法》,《管理评论》2009 年第 1
　　期,第 3-18 页。

［7］成思危:《虚拟经济探微》,《管理评论》2005 年第 1 期,第 3-8 页。

［8］程璐:《证券法中民事责任制度研究——评〈证券法原理〉》,《广东财经
　　大学学报》2020 年第 2 期,第 117 页。

［9］褚敏、靳涛:《为什么中国产业结构升级步履迟缓——基于地方政府行
　　为与国有企业垄断双重影响的探究》,《财贸经济》2013 年第 3 期,第
　　112-122 页。

［10］崔建远:《论合同的目的及其不能实现》,《吉林大学社会科学学报》
　　2015 年第 3 期,第 40-50 页。

［11］戴金平、朱鸿:《金融周期如何影响经济周期波动?》,《南开学报(哲学
　　社会科学版)》2018 年第 5 期,第 142-151 页。

［12］单飞跃、肖顺武:《市场极端主义的经济法矫正研究》,《北方法学》2011

年第 4 期,第 79-88 页。

[13] 邓创、徐曼:《中国金融周期与经济周期的交互影响作用分析——基于动态溢出指数方法的实证研究》,《上海财经大学学报》2018 年第 6 期,第 63-76 页。

[14] 邓秋菊:《如何保护上市中小投资者权益》,《财经科学》2002 年第 S1 期,第 175-176 页。

[15] 范从来:《重塑金融交易关系:中国金融制度建设的核心》,《南京社会科学》1999 年第 5 期,第 7-10 页。

[16] 范小云:《系统性金融风险的监管策略》,《改革》2017 年第 8 期,第 48-51 页。

[17] 冯果、袁康:《后危机时期金融监管之反思与变革》,《重庆大学学报(社会科学版)》2011 年第 1 期,第 90-96 页。

[18] 冯金华:《正确处理虚实关系 推动经济高质量发展》,《学术研究》2019 年第 12 期,第 81-88 页。

[19] 高艳东、张琼珲:《论共享使用权的保护必要性及路径》,《浙江大学学报(人文社会科学版)》2019 年第 1 期,第 227-240 页。

[20] 耿欣:《金融风险处置中财政与央行职能协调配合问题研究》,《山东社会科学》2013 年第 9 期,第 133-137 页。

[21] 顾欣:《由次贷危机引发对虚拟经济的思考》,《金融经济(理论版)》2009 年第 5 期,第 39-40 页。

[22] 何青、钱宗鑫、刘伟:《中国系统性金融风险的度量——基于实体经济的视角》,《金融研究》2018 年第 4 期,第 53-70 页。

[23] 何文龙:《经济法的安全论》,《法商研究》1998 年第 6 期,第 16-18 页。

[24] 何余长、潘超:《经济发展高质量重在实体经济高质量》,《学术月刊》2019 年第 9 期,第 57-69 页。

[25] 何宗樾、宋旭光:《直接融资、间接融资与经济增长——基于中国季度

数据的实证研究》,《云南财经大学学报》2019 年第 11 期,第 40-48 页。

[26] 洪艳蓉:《公共管理视野下的证券投资者保护》,《厦门大学学报(哲学社会科学版)》2015 年第 3 期,第 58-66 页。

[27] 洪艳蓉:《我国证券监管独立性的检讨与制度完善》,《法律适用》2018 年第 3 期,第 82-92 页。

[28] 洪银兴:《市场秩序和市场规则》,《南京大学学报(哲学·人文科学·社会科学)》2002 年第 3 期,第 23-33 页。

[29] 洪银兴:《虚拟经济及其引发金融危机的政治经济学分析》,《经济学家》2009 年第 11 期,第 5-12 页。

[30] 胡滨:《系统性金融风险来源及防范》,《改革》2017 年第 8 期,第 41-44 页。

[31] 胡光志、雷云:《法律制度供给与地方虚拟经济立法问题》,《重庆社会科学》2008 年第 9 期,第 55-60 页。

[32] 胡红:《防止实体经济与虚拟经济撕裂倾向的机制研究》,《经济研究导刊》2017 年第 9 期,第 1-2 页。

[33] 化定奇:《纳斯达克市场内部分层与上市标准演变分析及启示》,《证券市场导报》2015 年第 3 期,第 4-11 页。

[34] 黄辉:《中国金融监管体制改革的逻辑与路径:国际经验与本土选择》,《法学家》2019 年第 3 期,第 124-137 页。

[35] 黄顺武、胡贵平:《保荐制度、过度包装与 IPO 定价效率关系研究》,《证券市场导报》2013 年第 8 期,第 23-30 页。

[36] 黄鑫、彭雪梅:《混业经营、金融牌照与保险公司经营效率》,《保险研究》2017 年第 7 期,第 22-37 页。

[37] 江胜名、江三良、吴石英:《市场化、地方政府努力方向与产业结构升级》,《福建论坛(人文社会科学版)》2017 年第 2 期,第 81-90 页。

[38] 江小涓:《理论、实践、借鉴与中国经济学的发展——以产业结构理论

研究为例》,《中国社会科学》1999 年第 6 期,第 4-18 页。

[39] 江世银:《论中国的最优金融体系》,《财贸经济》2006 年第 9 期,第 81-
85 页。

[40] 蒋大兴、王首杰:《共享经济的法律规制》,《中国社会科学》2017 年第 9
期,第 141-162 页。

[41] 蒋大兴:《金融"脱实向虚"之规制逻辑——以上市公司并购重组规制
为例》,《现代法学》2018 年第 5 期,第 79-94 页。

[42] 黎四奇:《对美国救市法案之评价及其对我国之启示》,《法律科学(西
北政法大学学报)》2009 年第 1 期,第 123-131 页。

[43] 黎毅、邢伟健、魏成富:《规范运作背景下 PPP 项目资本金融资的反思
与重构》,《经济问题》2018 年第 8 期,第 32-39 页。

[44] 李春涛、刘贝贝、周鹏等:《它山之石:QFII 与上市公司信息披露》,《金
融研究》2018 年第 12 期,第 138-156 页。

[45] 李东方:《论股市危机后中国股票发行注册制改革的对策》,《中国政法
大学学报》2017 年第 5 期,第 52-65 页。

[46] 李华:《我国股权众筹投资者权益保护机制之完善》,《南京社会科学》
2018 年第 9 期,第 101-107 页。

[47] 李俊慧:《泡沫的经济分析》,《学术研究》2018 年第 2 期,第 97-102 页。

[48] 李俊青、刘帅光、刘鹏飞:《金融契约执行效率、企业进入与产品市场竞
争》,《经济研究》2017 年第 3 期,第 136-150 页。

[49] 李巍、蔡纯:《地区金融发展协同性与国内就业状况的改善——中西部
金融发展优先次序的再思考》,《世界经济研究》2013 年第 12 期,第
67-71 页。

[50] 李泽广、范小云:《新时代的金融体制改革与系统风险化解——首届中
国金融学者论坛综述》,《经济研究》2018 年第 6 期,第 204-208 页。

[51] 李志生、金凌、张知宸:《危机时期政府直接干预与尾部系统风险——

来自 2015 年股灾期间"国家队"持股的证据》,《经济研究》2019 年第 4 期,第 67-83 页。

[52] 林毅夫、孙希芳、姜烨:《经济发展中的最优金融结构理论初探》,《经济研究》2009 年第 8 期,第 4-17 页。

[53] 刘超、马玉洁、史同飞:《我国实体经济发展困境与新动能探索研究——基于金融创新和技术创新视角》,《现代财经(天津财经大学学报)》2019 年第 12 期,第 3-19 页。

[54] 刘飞:《"脱实向虚"风险防范与抑制资产泡沫》,《改革》2017 年第 10 期,第 42-44 页。

[55] 刘金全、刘子玉:《中国经济新常态下的经济周期更迭与驱动因素转换研究——兼论新周期的形成与识别》,《经济学家》2019 年第 5 期,第 35-46 页。

[56] 刘峻峰、李巍:《金融新常态与经济新常态的协同发展分析——兼论金融供给侧结构性改革中解除金融抑制的进程》,《经济体制改革》2020 年第 1 期,第 21-28 页。

[57] 刘骏:《金融制度的地方性供给:源自民间金融的制度经验》,《社会科学》2018 年第 8 期,第 55-64 页。

[58] 刘骏民:《财富本质属性与虚拟经济》,《南开经济研究》2002 年第 5 期,第 17-21 页。

[59] 刘利刚:《金融改革应循序渐进》,《经济导刊》2013 年第 z3 期,第 63-64 页。

[60] 刘伟、王汝芳:《中国资本市场效率实证分析——直接融资与间接融资效率比较》,《金融研究》2006 年第 1 期,第 64-73 页。

[61] 刘晓欣、田恒:《虚拟经济与实体经济的关联性——主要资本主义国家比较研究》,《中国社会科学》2021 年第 10 期,第 61-82 页。

[62] 刘晓欣、熊丽:《从虚拟经济视角看 GDP 创造的逻辑、路径及隐患》,

《经济学家》2021 年第 9 期，第 31-40 页。

[63] 刘晓欣、张艺鹏:《虚拟经济的自我循环及其与实体经济的关联的理论分析和实证检验——基于美国 1947-2015 年投入产出数据》,《政治经济学评论》2018 年第 6 期，第 158-180 页。

[64] 刘玄:《金融衍生品功能的理论分析》,《中国金融》2016 年第 4 期，第 65-66 页。

[65] 刘志远、花贵如:《政府控制、机构投资者持股与投资者权益保护》,《财经研究》2009 年第 4 期，第 119-130 页。

[66] 卢宗辉:《中国股市调控政策研究——历史、走向与市场影响》,《数量经济技术经济研究》2006 年第 2 期，第 14-23 页。

[67] 罗来军、蒋承、王亚章:《融资歧视、市场扭曲与利润迷失——兼议虚拟经济对实体经济的影响》,《经济研究》2016 年第 4 期，第 74-88 页。

[68] 吕朝凤:《金融发展、不完全契约与经济增长》,《经济学（季刊）》2017 年第 1 期，第 155-188 页。

[69] 马捷、段欣、张维迎:《所有权与经营权分离情况下的自由进入均衡》,《经济研究》2013 年第 8 期，第 120-130 页。

[70] 马俊驹、江海波:《论私人所有权自由与所有权社会化》,《法学》2004 年第 5 期，第 83-91 页。

[71] 马玉洁、刘超:《金融监管系统的演化逻辑与改革框架探析》,《山东社会科学》2019 年第 6 期，第 82-87 页。

[72] 梅子惠:《虚拟经济与市场经济》,《中南财经政法大学学报》2002 年第 2 期，第 93-98 页。

[73] 美国财政部:《金融规制改革新基石:重构金融监管与规制》,韩龙、彭秀坤、包勇恩译,韩龙审校,《河北法学》2009 年第 10 期，第 8-41 页。

[74] 缪因知:《论中国的银行主导公司治理模式》,《政治与法律》2009 年第 1 期，第 120-127 页。

[75] 缪因知:《内幕交易民事责任制度的知易行难》,《清华法学》2018 年第 1 期,第 188-206 页。

[76] 聂庆平、蔡笑:《金融创新、金融力量与大国崛起——基于荷兰、英国和美国的分析》,《财贸经济》2008 年第 5 期,第 39-45 页。

[77] 聂正彦、吕洋、武志胜:《金融契约执行效率、资本区位选择与产业分布》,《产经评论》2018 年第 5 期,第 5-17 页。

[78] 彭冰:《魔鬼隐藏在细节中:证券法大修中的小条款》,《中国法律评论》2019 年第 4 期,第 155-162 页。

[79] 彭刚、聂富强:《SNA 视角下中国虚拟经济总量核算问题研究》,《统计与信息论坛》2019 年第 2 期,第 3-12 页。

[80] 钱雪松、袁梦婷:《银行业集中度、间接融资比例和银行脆弱性——基于 1990～2008 年跨国数据的实证研究》,《中南财经政法大学学报》2012 年第 4 期,第 48-53 页。

[81] 屈茂辉:《市场交易的内在需求与物权行为立法》,《中国法学》2000 年第 2 期,第 102-109 页。

[82] 屈源育、沈涛、吴卫星:《壳溢价:错误定价还是管制风险?》,《金融研究》2018 年第 3 期,第 155-171 页。

[83] 任瑞新:《论金融交易与金融监管制度》,《中央财经大学学报》1999 年第 8 期,第 54-57 页。

[84] 桑福德·格罗斯曼、奥利弗·哈特:《所有权的成本和收益:一个纵向和横向一体化理论》,阮睿编译,《经济社会体制比较》2017 年第 1 期,第 14-30 页。

[85] 邵冰、华猛:《金融监管机构问责机制探析》,《经济研究导刊》2008 年第 18 期,第 86-87 页。

[86] 盛斌、景光正:《金融结构、契约环境与全球价值链地位》,《世界经济》2019 年第 4 期,第 29-52 页。

［87］盛智明、周仁磊:《制度环境与证券监管——基于2001—2018年证监会行政处罚决定书的分析》,《社会学研究》2021年第6期,第179-199页。

［88］史小坤、贾丹丹、陶雨琴:《契约执行效率、金融发展与融资约束》,《哈尔滨商业大学学报(社会科学版)》2019年第5期,第35-45页。

［89］宋晓燕:《论有效金融监管制度之构建》,《东方法学》2020年第2期,第103-120页。

［90］苏洁澈:《论银行监管机构的侵权责任——以银行破产和英美法为例》,《法学家》2011年第1期,第163-175页。

［91］苏治、方彤、尹力博:《中国虚拟经济与实体经济的关联性——基于规模和周期视角的实证研究》,《中国社会科学》2017年第8期,第87-109页。

［92］孙慧宗、林丽敏:《金融自由化与经济危机:基于日本金融深化实践的再认识》,《当代经济研究》2019年第3期,第96-101页。

［93］孙立行:《"市场型间接融资"体系与中国融资体制改革取向》,《金融论坛》2019年第1期,第12-19页。

［94］孙龙、雷洪:《对策行为普遍化的原因——对当代中国一种隐性社会问题的剖析》,《社会科学研究》2000年第6期,第103-109页。

［95］唐应茂:《证券法、科创板注册制和父爱监管》,《中国法律评论》2019年第4期,第130-140页。

［96］托马斯·M.霍尼格:《金融市场的变化与央行职能的扩展》,蔡键译,包明友译校,《中国金融》2009年第8期,第32-34页。

［97］汪办兴、汪兴隆:《中国需要选择市场主导型金融体系吗》,《财经科学》2006年第1期,第20-28页。

［98］王常柏、纪敏:《金融资产同质性:关于全能银行的一个理论分析》,《金融研究》2002年第6期,第56-62页。

[99] 王青:《"脱实向虚"风险防范与推进市场化改革》,《改革》2017 年第 10 期,第 36-38 页。

[100] 王曦、金钊:《新中国金融宏观调控体系的演变与改革方向:1949— 2019》,《中山大学学报(社会科学版)》2019 年第 5 期,第 13-25 页。

[101] 王晓晗、杨朝军:《我国银行业市场约束有效性的实证分析——基于 银行融资来源的比较研究》,《上海交通大学学报(哲学社会科学 版)》2014 年第 4 期,第 105-112 页。

[102] 巫文勇:《金融监管机构的监管权力与监管责任对称性研究》,《社会 科学家》2014 年第 2 期,第 103-108 页。

[103] 巫文勇:《问题金融机构国家救助法律边界界定》,《法学论坛》2015 年第 1 期,第 106-117 页。

[104] 吴晓求、汪勇祥、应展宇:《市场主导与银行主导:金融体系变迁的金 融契约理论考察》,《财贸经济》2005 年第 6 期,第 3-9 页。

[105] 吴越:《现货与期货交易的界分标准与法律规制》,《中国法学》2020 年第 2 期,第 48-68 页。

[106] 席涛:《〈证券法〉的市场与监管分析》,《政法论坛》2019 年第 6 期,第 115-129 页。

[107] 项剑、王萌、肖少坤:《上市公司临时报告之重大交易披露标准研 究——基于股票上市规则的监管实践与思考》,《证券市场导报》2020 年第 1 期,第 71-78 页。

[108] 肖顺武:《刍议中小企业融资难的原因及法律对策》,《西南政法大学 学报》2010 年第 3 期,第 71-80 页。

[109] 肖顺武:《网络游戏直播中不正当竞争行为的竞争法规制》,《法商研 究》2017 年第 5 期,第 36-45 页。

[110] 肖顺武:《政府干预的权力边界研究——以消费者选择权为分析视 角》,《现代法学》2013 年第 1 期,第 99-108 页。

[111] 肖顺武:《中国虚拟经济安全发展的制度构造论纲》,《山西大学学报(哲学社会科学版)》2021 年第 6 期,第 137-145 页。

[112] 谢哲胜:《契约自治与管制》,《河南省政法管理干部学院学报》2006 年第 4 期,第 28-33 页。

[113] 信春鹰:《我国〈证券法〉的发展历程及其修改完善》,《证券法苑》2014 年第 1 期,第 8-11 页。

[114] 邢会强:《证券期货市场高频交易的法律监管框架研究》,《中国法学》2016 年第 5 期,第 156-177 页。

[115] 徐军辉:《精英决策到公共选择:中国民间金融制度供给分析》,《财经问题研究》2013 年第 8 期,第 65-70 页。

[116] 徐祥民、梅宏:《环境友好型社会建设的法制保障》,《当代法学》2010 年第 4 期,第 129-135 页。

[117] 阳建勋:《我国金融机构惩罚性赔偿责任落空的反思与制度完善》,《法律科学(西北政法大学学报)》2019 年第 5 期,第 156-170 页。

[118] 杨海珍、程相娟、李妍等:《系统性金融风险关键成因及其演化机理分析——基于文献挖掘法》,《管理评论》2020 年第 2 期,第 18-28 页。

[119] 杨松、王勇:《中国问题银行公共资金救助体系的法律构建——以金融危机中美国的救助行为为鉴》,《法律科学(西北政法大学学报)》2010 年第 6 期,第 98-108 页。

[120] 杨子晖、李东承:《我国银行系统性金融风险研究——基于"去—法"的应用分析》,《经济研究》2018 年第 8 期,第 36-51 页。

[121] 杨子晖、周颖刚:《全球系统性金融风险溢出与外部冲击》,《中国社会科学》2018 年第 12 期,第 69-90 页。

[122] 姚远:《用好"看不见的手"和"看得见的手"防范股市暴涨急跌异常波动的风险——对 2015 年股市维稳系列政策措施的思考》,《经济研究参考》2016 年第 12 期,第 5-20 页。

[123] 叶林:《证券投资者保护基金制度的完善》,《广东社会科学》2009 年第 1 期,第 194-200 页。

[124] 叶祥松、晏宗新:《当代虚拟经济与实体经济的互动——基于国际产业转移的视角》,《中国社会科学》2012 年第 9 期,第 63-81 页。

[125] 应飞虎:《弱者保护的路径、问题与对策》,《河北法学》2011 年第 7 期,第 8-12 页。

[126] 余能斌、范中超:《所有权社会化的考察与反思》,《法学》2002 年第 1 期,第 45-48 页。

[127] 袁淼英:《证券中小投资者权益保护制度的构建路径》,《暨南学报(哲学社会科学版)》2018 年第 11 期,第 57-66 页。

[128] 张红:《走向"精明"的证券监管》,《中国法学》2017 年第 6 期,第 149-166 页。

[129] 张旭昆:《制度的实施收益、实施成本和维持成本》,《浙江大学学报(人文社会科学版)》2002 年第 4 期,第 101-108 页。

[130] 赵向琴、陈国进:《从金融交易的信息摩擦看金融制度、金融管制与经济增长的关系》,《南开经济研究》2003 年第 4 期,第 71-74 页。

[131] 郑金麟、张业圳、谢八妹:《我国系统性金融风险的衡量与识别》,《金融监管研究》2019 年第 12 期,第 54-65 页。

[132] 种明钊、曹阳:《如何运用制度克服信息失灵——〈信息失灵的制度克服研究〉评介》,《现代法学》2006 年第 1 期,第 185-192 页。

[133] 周国红:《金融系统风险研究与控制的混沌理论探索》,《浙江大学学报(人文社会科学版)》2001 年第 3 期,第 84-88 页。

[134] 周莉萍:《金融结构理论:演变与述评》,《经济学家》2017 年第 3 期,第 79-89 页。

[135] 周小川:《保护投资者权益是证券监管部门的首要任务和宗旨》,《经济社会体制比较》2002 年第 4 期,第 1-4 页。

（三）其他类

［1］《中国、美国历年 GDP 年度增长率比较》，2022-04-10（https：//www.
kylc. com/stats/global/yearly_per_country/g_gdp_growth/chn-usa. html）

［2］中国证券投资基金业协会：《关于私募股权、创业投资基金管理人会员
信用信息报告功能正式上线的通知》，2020-02-07（http：//www. amac.
org. cn/aboutassociation/gyxh_xhdt/xhdt_xhtz/202002/t20200207_6637.
html）

［3］中国证券监督管理委员会：《证监会简介》，2021-10-18（http：//www.
csrc.   gov.   cn/csrc/c100002/c5c05724baf164183a5c1c7ab0da7eb34/
content. shtml）

［4］中国银行：《中国银行关于原油宝业务情况的说明》，2020-04-22
（https：//www.   bankofchina.   com/fimarkets/bi2/202004/t20200422_
17781867. html）

［5］中国银行：《中国银行关于"原油宝"产品情况的说明》，2020-04-24（ht-
tps：//www.   bankofchina.   com/custserv/bi2/bi2o/202004/t20200424_
17793210. html）

［6］中国证券监督管理委员会：《2019 年证监稽查 20 起典型违法案例》，
2020-05-09（http：//www.   csrc.   gov.   cn/pub/newsite/jcj/aqfb/202005/
t20200511_376138. html）

［7］江聊：《黄炜：体系化构建中小投资者损害赔偿救济制度》，《证券时报》
2017 年 9 月 2 日第 A002 版。

［8］肖钢：《保护中小投资者就是保护资本市场》，《证券时报》2013 年 10 月
16 日第 A001、A004 版。

［9］李子木：《中国经济脱实向虚严重 金融改革须防国外插手》，《中国产经
新闻报》2012 年 2 月 24 日第 2 版。

［10］中国人民银行货币政策分析小组:《中国货币政策执行报告(二〇一九年第一季度)》,2019 年 5 月 17 日。

［11］中国人民银行货币政策分析小组:《中国货币政策执行报告(二〇一九年第二季度)》,2019 年 8 月 9 日。

［12］中国人民银行货币政策分析小组:《中国货币政策执行报告(二〇一九年第四季度)》,2020 年 2 月 19 日。

［13］蔺捷:《欧盟〈金融工具市场指令〉研究》,武汉大学 2010 年博士学位论文。

［14］中国证券投资者保护基金有限责任公司:《2018 年度中国资本市场投资者保护状况白皮书》,2019 年 9 月。

二、外文类参考文献

(一)著作类

［1］Lukas Menkhoff, *Financial Market Drift*: *Decoupling of the Financial Sector from the Real Economy*? (Germany: Springer Science & Business Media, 2000).

［2］Herbert Simon, *Administrative Behavior*, 3rd ed (New York: The Free Press, 1976).

［3］Joseph A. Schumpeter, *Business Cycles*: *A Theoretical*, *Historical*, *and Statistical Analysis of the Capitalist Process* (New York: McGraw-Hill Book Company, 1939).

［4］Aoki Masahiko & Patrick Hugh eds., *The Japanese Main Bank System* (Oxford: Oxford University Press, 1994).

(二)论文类

［1］Agata Aleksiejuk & Janusz A. Holyst, "A Simple Model of Bank Bankruptcies，" *Physica A：Statistical Mechanics and its Applicantions*，No. 1-2，2001：198-204.

[2] Barrell R. & Hurst I. & Kirby S，"Financial Crises，Regulation and Growth，"*National Institute Economic Review*，No. 10，2008：56-65.

[3] Gabriel Zucman，"Annual Review of Economics：Global Wealth Inequality，"*Annual Review of Economics*，No. 11，2019：109-138.

[4] Michael D. Bordo & Christopher M. Meissner，"Fiscal and Financial Crises，"*Working paper：Monetary economics*，No. 2，2016：355-412.

[5] Peter L. Strauss，"The Place of Agencies in Government：Separation of Powers and The Fourth Branch，"*Columbia Law Review*，No. 3，1984：573-669.

[6] Standard & Poor，"Measuring Corporate Governance Standards，"*Asiamoney*，No. 10，2000：94-95.

[7] Sylvester C. W. Eijffinger & Bilge Karataş，"Currency Crises and Monetary Policy：A Study on Advanced and Emerging Economies，"*Journal of International Money and Finance*，No. 5，2012：948-974.

（三）其他类

[1] De Bandt O. & Hartmann P.，"Systemic Risk：A Survey，" *European Central Bank Working Paper*，No. 35，2000.

[2] Virgiliu Midrigan & Daniel Yi Xu，"Finance and Misallocation：Evidence from Plant-Level Data，" *American Economic Review*，No. 2（2014）：422-458.

[3] Bureau of Economic Analysis：Gross Domestic Product，2020-08-18（https://www. bea. gov/resources/learning-center/what-to-know-gdp）

[4] Department of the Treasury：Historical Debt Outstanding—Annual 2000-

2021, 2021-10-04（https://www. treasurydirect. gov/govt/reports/pd/hist-debt/histdebt_histo5. htm）